T0194891

J.B.METZLER

1682

Sammlung Metzler
Band 337

Dagmar Lorenz

Journalismus

2., aktualisierte und erweiterte Auflage

Verlag J.B. Metzler Stuttgart · Weimar

Die Autorin

Dagmar Lorenz (geb. 1957), Studium der Sinologie (M.A.) und Germanistik (Dr. phil.); 1991 Promotion; arbeitet u. a. als Journalistin, Autorin und Dozentin. Bei J.B. Metzler ist erschienen:»Wiener Moderne«, SM 290, 2. Auflage, 2007.

Bibliografische Information der Deutschen Nationalbibliothek
Die Deutsche Nationalbibliothek verzeichnet diese Publikation in der Deutschen Nationalbibliografie; detaillierte bibliografische Daten sind im Internet über http://dnb.d-nb.de abrufbar.

ISBN 978-3-476-12337-4
ISBN 978-3-476-05235-3 (eBook)
DOI 10.1007/978-3-476-05235-3

© 2009 Springer-Verlag GmbH Deutschland
Ursprünglich erschienen bei J. B. Metzler'sche Verlagsbuchhandlung und Carl Ernst Poeschel Verlag GmbH in Stuttgart 2009
www.metzlerverlag.de
info@metzlerverlag.de

Inhaltsverzeichnis

1. Einleitung

Die gute Nachricht zuerst: Als vor sieben Jahren dieser Band in erster Auflage erschien, fand sich in meiner Einleitung noch der Hinweis auf die Spaltung der deutschsprachigen Journalismus-Darstellungen in »**zwei Kulturen**« (vgl. dazu auch Haller 2000b, 101ff.). Während die Kommunikations-, Publizistik- oder Medienwissenschaft, jeweils verschiedene Aspekte journalistischen Arbeitens theoretisch-reflektierend untersuche, so schrieb ich damals, werde in den journalistischen Praxis-Ratgebern noch häufig eine Auffassung von der Berufsrolle des Journalisten vertreten, die in der akademischen Journalismusforschung schon längst obsolet sei. Schier unüberwindbar, so schien es jedenfalls, sei die Lücke zwischen Theorie und Praxis des Journalismus.

Dies hat sich inzwischen zumindest auf der Darstellungsebene teilweise geändert. Neuere Gesamtdarstellungen, wie etwa das ausgezeichnete Lehrbuch *Journalistik* von Klaus Meier (2007), vereinen durchaus praxis- und anwendungsorientierte Aspekte des Journalistischen mit theoriebezogener Reflexion: Dass letztere für Journalisten unabdingbar ist, erklärt zu Recht Klaus Maier in seinem Buch, denn

[…] in der Tat ist ein zielgerichtetes […] praktisches Handeln nicht möglich ohne ein theoretisches Konzept, das zumindest durch Nachdenken gewonnen wurde. Wer sagt, er arbeite ohne Theorie, ist sich seiner Theorie nur nicht bewusst (Meier 2007, 24).

Es wäre nun zu wünschen, dass solch gedankliche Reflexion als grundlegende Kategorie journalistischer Professionalität Eingang fände in die gängigen Anforderungskataloge für angehende Journalisten. Doch die Anforderungen, die im redaktionellen Alltag an Journalisten gestellt werden, sind meist anderer Art. Das bestätigt indirekt Claudia Mast im Vorwort zur aktuellen Ausgabe des von ihr herausgegebenen Standardwerks zum *ABC des Journalismus*. Es genüge nicht mehr, so Mast, »nur gute Artikel oder Sendungen zu produzieren, sondern Journalisten müssen sich mehr und mehr auch um das redaktionelle Marketing, die Effizienz ihrer Arbeitsorganisation, wettbewerbsfähige Formate und das Kostenmanagement kümmern« (Mast 2008, 11).

In solchen Sätzen verbirgt sich die schlechte Nachricht zur Praxis des Journalismus. Wie problematisch der journalistische Arbeitsalltag sein kann, wenn etwa der genannte Aspekt der wettbewerbsfähigen Formatierung dominiert, dokumentiert eine erst kürzlich erschienene Studie über *Deutsche Auslandskorrespondenten* (Hahn/Lönnendonker/Schröder 2008). Darin berichten erfahrene Auslandskorrespondenten über manche Zumutungen, denen sie sich seitens ihrer Heimatredaktionen ausgesetzt sehen: Der »Wettlauf um das beste Bild« und »die Jagd nach dem ersten Bericht« (Armbruster 2008, 449) auf Kosten des Informationsgehalts zählen ebenso dazu, wie die Nachfrage nach den immergleichen, häufig klischeebehafteten Themen, sowie die Unmöglichkeit, komplexe Sachverhalte in »einer Minute und dreißig Sekunden« (Storch 2008, 430) angemessen darzustellen. Solche Bedingungen tragen sicherlich dazu bei, dass, wie die Autoren der Studie feststellen, »nur noch sehr selten nachhaltige: sprich, hintergründige Auslandsberichterstattung geboten« wird (Hahn/Lönnendonker/Scherschun 2008, 31). Dies aber wirft die Frage auf, ob Journalismus unter solchen Bedingungen überhaupt noch künftig in der Lage sein wird, die ihm zugeschriebene Funktion von Information und Bildung (s. dazu Kap. 2) zu erfüllen.

Bei aller kritischen Beobachtung des heutigen Medienbetriebs besteht allerdings kein Anlass, in kulturpessimistische Larmoyanz zu verfallen. Ein Blick auf die Geschichte des Journalismus (s. Kap. 3) zeigt, dass Kommerzialisierung und ›Infotainment‹ durchaus altbekannte Erscheinungen sind. In dieser Hinsicht erkenntnisfördernd ist es, journalistische Routinen, Geschäftsmodelle und Selbstbilder in ihren historischen Entstehungszusammenhängen zu betrachten (s. z.B. Kap. 6.2.2 zum investigativen Journalismus). Dass journalistische Berufsbilder, Arbeitsroutinen und Normen sich in Wandlungsprozessen technologischer, sozialer, organisatorischer und ökonomischer Art immer wieder neu konstituieren ohne dabei ihre historischen Modellierungen völlig abzustreifen, zeigen gerade neuere Entwicklungen, wie etwa der Online-Journalismus oder die zahlreichen ›social media‹-Aktivitäten im Internet (s. Kap. 4.6.2).

Was dieses Buch bietet

Dieses Buch versteht sich als Leitfaden für alle diejenigen, die sich über unterschiedliche Aspekte des Journalistischen informieren

wollen. Es handelt sich dabei weder um ein kommunikationstheo-
retisches Werk, noch um Ratgeberlektüre etwa für ›richtiges‹ journalistisches Schreiben, wie sie geradezu idealtypisch Wolf Schnei-
ders beliebter Bestseller *Deutsch für Profis* (1999) repräsentiert.

Hier hingegen soll ein Einblick gegeben werden in Arbeitsfel-
der, Routinen und Bedingungen von Journalismus. Erwähnung
finden zugleich jene Fragestellungen, mit denen sich heutzutage
wohl jeder und jede journalistisch Tätige im eigenen Arbeitsalltag
auseinandersetzen muss.

Dem summarischen Überblick zu den medientheoretischen Positionen der wichtigsten Schulen im deutschsprachigen Raum in
Kapitel 2 folgt eine kurze Geschichte des Journalismus. Die historische Herausbildung des Journalistenberufes, die Geschichte der
Presse und die Entstehung der modernen Massenmedien münden
in einen Überblick über die journalistischen Medien in unserer
Gegenwart – einschließlich des Kommunikationsraums Internet,
der ja nicht nur andere Wege der Informationsvermittlung, sondern auch andere Arten journalistischer Selbstbeobachtung hervorgebracht hat. Institutionen und nicht-institutionelle Zirkel (etwa
journalistische Blogs und Web-Communities) werden ebenso behandelt wie die Frage nach dem Verhältnis von Journalismus und
Public Relations.

Ein gewichtiger Teil dieses Buches ist der Darstellung journalistischer Berichterstattungsmodelle, journalistischer Rollenbilder und Textsorten gewidmet. Diskutiert werden auch markt-
wirtschaftliche Bedingungen professionellen Arbeitens. Andere
Themen, wie etwa journalistische Ausbildungswege können allerdings nur kursorisch abgehandelt werden.

Der Komplex ›Journalismus‹ wird medienübergreifend behandelt. Dies ist also kein Buch über Zeitungs-, Fernseh-, Radio- und
Onlinejournalismus, sehr wohl aber ein Buch zu journalistischen
Stilformen, Arbeitsweisen und Berufsaspekten, die sich weitgehend
in allen Medien wiederfinden, wobei der Presse als dem historisch ältesten unter den genannten Medien in unserem Zusammenhang die Funktion eines ›Basismediums‹ zukommt, ohne dass
deshalb schon ein Werk über Zeitungsjournalismus entstanden wäre. Journalistische Genres beispielsweise, haben sich im Verlauf der
Pressegeschichte herausgebildet – und danach erst Eingang gefunden in die historisch jüngeren Medien wie Hörfunk, Fernsehen
oder Internet. Dem entsprechend werden sie erst einmal als Bestandteile des Printmedien-Journalismus behandelt. Auf die spezifischen Abwandlungen dieser Genres in den übrigen Medien,
auf jeweils eigenständige Darstellungsformen in Hörfunk, Fernse-

hen oder Internet wird gegebenenfalls eingegangen – nicht jedoch
auf Detailfragen wie Schnitt-Techniken, Drehplan, Bildersprache,
Layout-Probleme, Ressort-Einteilungen oder Zeitungsdesign. Hier
muss der Verweis auf weiterführende Literatur genügen.

Das Buch nimmt Bezug auf den deutschsprachigen Journalismus und hier insbesondere auf die Situation des Journalismus
in Deutschland. Einflüsse etwa des amerikanischen Journalismus
werden erwähnt, können aber in diesem Rahmen nicht näher untersucht werden. Hier sei auf vergleichende Untersuchungen zu
Einzelaspekten verwiesen (s. Bibliographie).

Journalismus: ein Begriff, viele Definitionen

Was ist Journalismus? Ein ›Handwerk‹? Ein Geschäftsfeld? Eine
Schreibweise? Ein soziales System? Eine ethische Forderung? – So
verschieden die Aspekte sind, unter denen Journalismus in unterschiedlichen Bereichen unserer modernen Gesellschaften betrachtet wird, so unterschiedlich fallen die Ansichten darüber aus, was
Journalismus sei und worin er sich von anderen Ausprägungen
unserer Kommunikations- und Informationsgesellschaft unterscheide.

Es gibt nicht mehr den Journalismus, es gibt »Journalismen« als Vielfalt
von Formen und Funktionen in der Gestaltung öffentlicher Kommunikation.

Resümierte beispielsweise schon vor gut einem Jahrzehnt Irene Neverla (Neverla 1998, 60). Die Schwierigkeit, eine eindeutige definitorische Bestimmung zu finden, spiegelt sich auch in der häufig
gebrauchten Kategorie der Entgrenzung. Gemeint ist damit die
Entgrenzung des Journalistischen etwa hin zu Unterhaltung (*Infotainment*), Public Relations und ›Moderation‹ (vgl. dazu S. Weber 2000, 9). Die Konstatierung von Entgrenzungsprozessen setzt
freilich schon ein Verständnis von Journalismus voraus, das einen
unveränderlichen Kern des Journalistischen behauptet: also etwas,
das Hans Wagner einmal als das »Unwandelbare im Journalismus« bezeichnet hat (Wagner 1998, 101). Für Wagner definiert
sich ›Journalismus‹ über vier Merkmale. Der Journalist, so Wagner, habe (erstens) in seiner Tätigkeit mit Nachrichten zu tun, er
sei ein »Nachrichtenarbeiter«. Er leiste (zweitens) zudem »Nach-
richtenarbeit« über (räumliche) »Distanz« hinweg. Er sei (drittens) ein »Vermittler von Nachrichten« in dem Sinne, dass er dem

Publikum gegenüber »Vermittlungsoptimierung« betreibe und so
zur »Konzentration des ›Zeitgespräches‹« beitrage – und zwar unabhängig von dem jeweiligen Medium, in dem er arbeite. Und
schließlich (viertens) agiere und vermittle der Journalist »nach dem
Arbeitsprinzip der Unparteilichkeit« (ebd., 101ff.).

Dass zumindest die »**Unparteilichkeit**« zwar als ideale Forderung ihre Berechtigung haben mag, in der Medienrealität aber keineswegs ein »unwandelbares« Fixum journalistischer Arbeitsauffas-
sung und Arbeitspraxis darstellt, zeigt zum einen die Geschichte
der Presse selbst, deren Erzeugnisse häufig durchaus ›parteilich‹
waren und von den jeweiligen Zeitgenossen als solche auch verstanden wurden: Politische Rücksichten, wirtschaftliche Interessen
oder unverhohlene staatliche Zensurverordnungen prägten zu allen
Zeiten die Bedingungen journalistischer Berichterstattung. Zum
anderen aber empfanden sich auch die Journalisten zuweilen selbst
als gesellschaftliche Vertreterinstanzen eines moralischen Gewis-
sens. Verwiesen sei hier auf eine Untersuchung von Renate Köcher,
die – wohl vor allem im Hinblick auf die 1960er und 1970er Jahre – noch 1985 zu der Auffassung gelangte, dass in Westdeutschland der publizistisch agierende »Missionar« vorherrsche, während
die angelsächsische Medienlandschaft eher die Rollenauffassung
vom »journalistischen Spürhund« pflege (Köcher 1985). Auch die
in der Fachliteratur häufig bemühte Definition des Journalisten als
»**Gesprächsanwalt**« (Glotz 1969), dessen Aufgabe in der »Beför-
derung gesellschaftlicher Zeit-Kommunikation« bestehe (ebd., 54;
vgl. auch Langenbucher 1980), suggeriert doch eher das Rollenbild
des aktiv in die Gestaltung des Gesellschaftlichen eingreifenden
Akteurs als das des unparteiischen Beobachters.

Solch begrifflichen Fallstricken suchen neuere Journalismus-
Bestimmungen zu entgehen, indem sie Journalismus nicht unter
dem Aspekt normativer Aufgaben betrachten, sondern im Hinblick
auf seine gesellschaftlichen Funktionen und Leistungen erklären
(s. auch Kap. 2). Nach Siegfried Weischenberg stellt Journalismus
»Themen für die öffentliche Kommunikation zur Verfügung, die
Neuigkeitswert und Faktizität besitzen und an sozial verbindliche
Wirklichkeitsmodelle und ihre Referenzmechanismen gebunden«
sind (Weischenberg 1994, 429f.). »Neuigkeit«, »Faktizität« (indem
auf tatsächliche Ereignisse, nicht auf Fiktionen Bezug genommen
wird) und »Relevanz«, (d.h. die ausgewählten Themen beziehen
sich auf die vermuteten augenblicklichen Interessen des jeweiligen
Zielpublikums) nennt Klaus Meier als Kriterien des Journalistischen. Seine Definition berücksichtigt zudem den Gedanken, dass
Journalismus nicht nur über Fakten berichtet, sondern vielmehr

selbst Fakten schafft, beziehungsweise Wirklichkeit konstruiert.
Sie lautet:

Journalismus recherchiert, selektiert und präsentiert Themen, die neu,
faktisch und relevant sind. Er stellt Öffentlichkeit her, indem er die Gesellschaft beobachtet, diese Beobachtung über periodische Medien einem
Massenpublikum zur Verfügung stellt und dadurch eine gemeinsame
Wirklichkeit konstruiert. Diese konstruierte Wirklichkeit bietet Orientierung in einer komplexen Welt. (Meier 2007,13).

Wie aus all dem ersichtlich, führt bereits die Suche nach fixen Kriterien für die journalistische Arbeit mitten hinein in die Auseinandersetzungen, die in der Moderne um die soziale und kulturelle
Funktion von Journalismus sowie den Beruf des Journalisten geführt werden. Sie spiegeln die Veränderungen im Selbstverständnis
von Journalisten ebenso wider, wie die Paradigmenwechsel in der
Journalismusforschung (s. Kap. 2).

2. Journalismus und seine Theorien: Positionen der Forschung

Die akademisch institutionalisierte Reflexion über Journalismus kann bis ins 18. Jahrhundert zurückverfolgt werden, als sich im deutschsprachigen Raum erste **Zeitungskollegien an den Universitäten** gründeten. Ein solches Zeitungskolleg leitete etwa August Ludwig von Schlözer, der Staatsrechtslehre an der Universität in Göttingen lehrte und ein Buch über die *Kunst, Zeitungen zu lesen* (1777) verfasste. Schlözer beabsichtigte einerseits, die eingehenden Staatsrechts-Materialien auf dem jeweils aktuellen Stand zu halten, andererseits war es ihm um die kritische Prüfung der (Nachrichten-)Quellen zu tun (vgl. Blöbaum 1994). Dabei zeigte er sich dem aufklärerischen Geist seiner Epoche verpflichtet, in der Schriftsteller und Intellektuelle wie Karl Philipp Moritz in ihren Schriften über das *Ideal einer vollkommenen Zeitung* (1784) oder *Über Zeitungen* (Joachim von Schwarzkopf, 1795) räsonierten (s. auch Kap. 3). Zu erwähnen sind in diesem Zusammenhang auch die Betrachtungen zur *Geschichte des deutschen Journalismus* von Robert E. Prutz (1845), die den »Journalismus als Totalität, in welcher Politik und Literatur nur verschiedene Formen Eines Inhalts sind« charakterisierten (Prutz 1845, 60), und ihn als Ausdruck einer (politisch verstandenen) öffentlichen Meinung sahen (vgl. ebd., 19).

Spätestens seit Ende des 19. Jahrhunderts war es üblich geworden, zeitungskundliche Seminare an den Universitäten im Rahmen staatswissenschaftlicher Fächer abzuhalten. 1899 gründete Richard Wrede eine »Journalisten-Hochschule« zur Ausbildung des journalistischen Nachwuchses. Im Jahr 1916 dann folgte das erste deutsche »Institut für Zeitungskunde«, das von dem Redakteur und Ökonom Karl Bücher mit finanzieller Unterstützung des Verlegers Edgar Herfurth am nationalökonomischen Seminar der Universität in Leipzig gegründet wurde.

Der zunehmenden gesellschaftlichen Bedeutung des Mediums Presse entsprechend, hatte Max Weber bereits 1910 eine »Soziologie des Zeitungswesens« (vgl. Langenbucher 1988, 18-24) gefordert. Der Einfluss, den die Presse auf die öffentliche Meinung ausübte, die ökonomischen Bedingungen, unter denen Zeitungsunternehmen miteinander konkurrierten, die Herkunft der Nach-

richten und die Rolle der Agenturen, die berufliche Stellung der
Journalisten, der Vergleich der politischen Traditionen im Hinblick auf die Presse etwa in Deutschland und Frankreich – all
dies waren Fragestellungen, deren empirische Untersuchung Max
Weber allerdings weitgehend vergeblich anmahnte.

Auch die westdeutsche Publizistikwissenschaft der 1950er und
1960er Jahre ignorierte diese Anregungen. Stattdessen pflegte man
einen **personenbezogenen Journalismusbegriff**, der den Journalismus auf das Handeln von Journalisten reduzierte. Für Otto Groth,
den Verfasser von mehrbändigen Standardwerken wie *Die Zeitung*
(1928) und *Die unerkannte Kulturmacht* (Bd. 1, 1960), war die
Zeitungsredaktion eine »geistige Unternehmung«, welche die einzelnen Journalisten zu einem harmonisch ideal gedachten Ganzen
verbinden sollte. Walter Hagemann bemühte das Bild eines idealisierten Organismus (vgl. W. Hagemann 1947; 1950). Großen Einfluss übte auch Emil Dovifat aus, der die Medien und den Journalismus durch die »publizistische Persönlichkeit« normativ und
geprägt sah. Letztere definierte er als Teil einer Elite, die den pri-
vilegierten Zugang zu den Medien genieße und daher einer besonderen Verantwortung verpflichtet sei (vgl. Dovifat 1968; 1990).

Harsche Kritik an diesem »traditionellen Praktizismus« übte
vor allem Manfred Rühl, der Dovifat ein »naives Realismuskon-
zept« vorwarf, das davon ausgehe, »daß Journalismus als ein bereits
real konstituierter Gegenstand vorfindbar ist, der nur noch durch
sprachliche Einfühlung zu begreifen ist«. Ein solcher »Denkstil«
aber, so Rühl, stehe jeder empirischen Forschung feindlich gegenüber (Rühl 1980, 13f.). Als problematisch wertete Rühl auch, dass
Dovifat die positive oder negative Haltung der Medien zum Staat
zum Maßstab seiner Beurteilung erhebe und von da aus morali-
sierende Wertungen zwischen »positiver«/aufbauender und »nihi-
listischer«/zerstörerischer Kritik vornehme (ebd.).

2.1 Wende in der deutschen Publizistikwissenschaft seit den 1960er Jahren

Rühls Kritik an dieser normativ-individualistischen Journalismus-
Definition, die sich um ein diffuses »Wesen des Journalismus« müh-
te, ging einher mit einem grundlegenden Wandel der westdeut-
schen Publizistikwissenschaft hin zu einer empirisch-analytischen
Journalismusforschung. Inspiriert wurde sie von den empirischen
Untersuchungen, die in den USA bereits in den 1940er und 1950er

Jahren zur Wirkungsweise der Medien und zur Nachrichtenselektion, dem sogenannten ›gatekeeping‹, durch Journalisten in den Massenmedien durchgeführt wurden (vgl. Scholl/Weischenberg 1998, 39ff; H. Haas, 1999, 61ff.). Publizistikforscher wie etwa Gerhard Maletzke widmeten sich der Erforschung der Kommunikator-Rolle in den Massenmedien und forderten die Hinwendung zu soziologischen Forschungsmethoden (Maletzke 1963; 1967). Herausragendes Thema wurde die Frage nach der **Wirkung der Massenmedien** auf ihr Publikum (Prokop 1972; Bonfadelli 1999 u. 2000; M. Schenk 2007). Ebenfalls von angelsächsischen Forschungen angeregt, entspann sich in der deutschsprachigen Publizistik eine »**Professionalisierungsdebatte**« (vgl. dazu H. Haas 1999, 64ff; Saxer 1974; 1975; Saxer/Kull 1981; Maletzke 1972; Koszyk 1974; Langenbucher 1974; Kepplinger/Vohl 1976; Steindl 1978), die sich u.a. mit Fragen der Berufsrolle, der beruflichen Sozialisation und der Veränderung des Berufsbildes des Journalisten befasste. Neben der Einrichtung spezieller Fach-Studiengänge für Publizistik bzw. Journalistik an mehreren deutschen Universitäten in den ›reformorientierten‹ 1970er Jahren führten vor allem die seit den 1960er Jahren betriebenen Journalistenstudien zur Auseinandersetzung mit der Bedeutung des Journalistenberufes für eine demokratisch verfasste Gesellschaft – und zu der Frage nach der Legitimation journalistischen Handelns. Namhaften Vertretern der »österreichischen Schule« (H. Haas 1999) war es hier insbesondere um die Möglichkeiten zu tun, das Publikum an der durch die Massenmedien vermittelten gesellschaftlichen Kommunikation teilhaben zu lassen (Fabris 1979; Gottschlich 1980). Wolfgang R. Langenbucher und Hannes Haas betrachten zudem Journalismus als spezifische Kulturleistung, »vergleichbar Literatur, Theater, Kunst, Philosophie oder Wissenschaft« und akzentuieren den Werkcharakter journalistischer Arbeit (vgl. Langenbucher 1994).

Den Einfluss von Journalisten und die Wirkung der Massenmedien auf die Gesamtgesellschaft hingegen betont der »legitimistische **Empirismus**« (Löffelholz 2004, 62) **der ›Mainzer Schule‹**, vertreten etwa durch Elisabeth Noelle-Neumann, Renate Köcher, Hans Mathias Kepplinger und Wolfgang Donsbach (vgl. Noelle-Neumann u.a. 1990, 360ff., 381ff.). Ausgehend von der Überlegung, dass den Massenmedien in demokratischen Gesellschaften eine bestimmte Aufgabe zukomme (Donsbach 1982), ja, dass sie selbst politische Macht ausübten, die Politik mithin abhängig sei von den Massenmedien (Kepplinger 1983), wird danach gefragt, von welchen Faktoren sich Journalisten bei der Erstellung der Medieninhalte leiten lassen – und was letztere bei ihren Rezipienten bewirken. Dabei wird vorausgesetzt, dass Medieninhalte in erheblichem Maße von den subjektiven und ›professionellen‹ Wertvorstellungen der Journalisten geprägt seien (Donsbach 1987). Journalismus wird in dieser Sichtweise mit dem Handeln von Journalisten gleichgesetzt. Dass deren persönliche Wertvorstellungen im Mittelpunkt von Untersuchungen stehen sollen und nicht etwa die organisatorischen Kontexte oder die technischen Bedingungen journalistischer Arbeit, hat der ›Mainzer Schule‹ heftige Kritik seitens der systemtheoretisch orientierten Journalismusforschung eingetragen (vgl. dazu Blöbaum 1994, 66ff.).

2.2   Neuere Journalismuskonzepte

Seit den 1970er Jahren haben sich zahlreiche Konzepte herausgebildet, die Journalismus aus unterschiedlichen Perspektiven beschreiben. Dabei handelt es sich keineswegs immer um umfassende Theorien, die aufgrund von Annahmen allgemeine Gesetzmäßigkeiten erklären, sondern häufig um Begriffssysteme, Modelle oder Typologien, denen eher ordnender Charakter zukommt (vgl. Löffelholz 2004, 60). Journalismustheoretische Diskurse, aber auch empirische Forschung (vgl. dazu z.B. Brosius/Koschel 2003) finden institutionell sowohl in der Kommunikationswissenschaft, als auch in der Publizistik, bzw. Journalistik statt: Letztere fungiert dabei als »Wissenschaft über den Journalismus« (Löffelholz ebd.), die Arbeitsweisen und Regeln des Journalismus im Kontext gesellschaftlicher Kommunikationsverhältnisse untersucht (vgl. Weischenberg u.a. 1992; 2004), und zudem als fächerintegrierendes Studiengangmodell fungiert (vgl. Meier 2007). Martin Löffelholz versteht Journalistik hingegen als Teil der Kommunikatorforschung im Kontext eines auf Harold D. Lasswell (1948) zurückgehenden Kommunikationsmodells, das zugleich wichtige Felder der Kommunikationsforschung (z.B. Medieninhaltsforschung, Wirkungsforschung, Publikums-Nutzungsforschung, Medienstrukturforschung) systematisiert (vgl. Löffelholz 2003).

Die in den jeweiligen Disziplinen diskutierten theoretischen Analysen orientieren sich heutzutage meist an sozialwissenschaftlichen Ansätzen, die häufig mit unterschiedlichen Denkmodellen korrespondieren: Neben dem traditionellen, aus den Naturwissenschaften entlehnten Ursache-Wirkungs-Prinzip, existieren nebeneinander diverse konstruktivistische Ansätze, empiristische Modelle,

Handlungstheorien, Einflüsse der ontologischen Erkenntnistheorie und etliche Systemtheorien. Insgesamt, so schätzt etwa Klaus Meier, lägen »mehrere Dutzend Theorien des Journalismus« vor (Meier 2007, 27). In seiner Synopse theoretischer Konzepte der Journalismusforschung listet Martin Löffelholz acht konzeptionelle Richtungen auf (Löffelholz 2004, 62), die von Klaus Meier noch um einen berufsorientierten Journalistik-Ansatz ergänzt werden (Meier 2007, 26). Sie können in diesem Buch nicht en detail behandelt werden. Lediglich die gegenwärtig einflussreichsten Großströmungen werden im Folgenden kurz zusammengefasst.

Systemtheorien und Konstruktivismus

Für die **systemtheoretische Journalismusforschung** steht nicht der Journalist als Individuum im Zentrum der Betrachtungen, sondern ›der Journalismus‹, der als ausdifferenziertes soziales »autopoietisches« System begriffen wird, das nach eigenen Regeln funktioniert, sich aber dennoch auf andere Teilsysteme der Gesellschaft bezieht. In seinem »funktionalistischen« (H. Haas 1999, 71) Theorieentwurf aus dem Jahr 1980 spricht Manfred Rühl von den »besonderen Leistungen« des Journalismus im Hinblick auf seine gesellschaftliche Umwelt. Diese Leistungen und Wirkungen, »durch die sich sein Handeln von anderen, an der Öffentlichkeit orientierten Sozialsystemen unterscheidet, bestehen in der Ausrichtung auf die Herstellung und Bereitstellung von Themen zur öffentlichen Kommunikation« (Rühl 1980, 323). Insofern steht die Informationsfunktion von Journalismus, neben der Kritik- und Kontrollfunktion, im Zentrum der systemtheoretischen Betrachtung – während die Unterhaltungsfunktion von Journalismus nur eine untergeordnete Rolle spielt. Der von Niklas Luhmann (*Die Realität der Massenmedien* 2. Aufl. 1999) inspirierte strukturelle Ansatz verweist in diesem Zusammenhang auf die Leitdifferenz Aktualität: darauf müssen sich andere Teilsysteme wie beispielsweise Politik oder Wirtschaft einstellen, wollen sie vom Journalismus wahrgenommen werden. Die spezifische soziale und zeitliche Kopplung des Journalismus an andere Teilsysteme repräsentiert auch die Einteilung von Themenfeldern in vier journalistische Kernressorts (Politik, Wirtschaft, Sport, Kultur). In solchen Beobachtungsstrukturen ermöglicht Journalismus einem Massenpublikum den Zugang zu den Funktionen und Leistungen anderer Teilsysteme (vgl. Meier 2007, 33), synchronisiert Ereignisse und Zustände (vgl. z.B. auch Görke 2002).

Der systemtheoretische Ansatz (vgl. auch Bentele/Rühl 1993) findet seine Fortsetzung, aber auch diverse Abwandlungen u.a. in den Arbeiten von Siegfried Weischenberg (Weischenberg 1992; 1994; 1995; Scholl/Weischenberg 1998). Um die Faktoren und Kontexte, die in einem Mediensystem bestimmend für den Journalismus sind, zu verdeutlichen, hat Weischenberg ein »Zwiebelmodell« entworfen, das gleichsam aus vier Schalen besteht. Von außen nach innen angeordnet, steht die äußere Schale für den Normenkontext, d.h. die gesellschaftlichen Rahmenbedingungen und Standards von Mediensystemen. Die nächste Schale verdeutlicht den Strukturkontext, d.h. die Bedingungen für journalistische Arbeit innerhalb der Medieninstitutionen. Es folgt der Funktionskontext, d.h. damit sind die Medienaussagen, wie Informationsquellen, Darstellungsformen, Konstruktionen von Wirklichkeit gemeint. Den innersten Kern der »Zwiebel« schließlich bildet der Rollenkontext der Medienakteure (Weischenberg u.a. 1992, 67-70).

Systemtheoretisch und teilweise konstruktivistisch inspirierte Ansätze vertreten Frank Marcinkowski (1993), Bernd Blöbaum (1994) und Stefan Weber (2000).

Journalismus, so der Ausgangspunkt des Konstruktivismus, stellt Themen zur öffentlichen Kommunikation bereit, indem er Wirklichkeit thematisiert, aufbereitet und in den Medien präsentiert. Ihm ist dabei ein spezifisches Wahrnehmungsspektrum zu eigen, das von »binären Codes«, wie aktuell/nicht aktuell, Information/Nicht-Information, nachrichtlich/nicht nachrichtlich ausgeformt wurde. Insofern werden Welt und Gesellschaft nicht eins zu eins abgespiegelt, sondern als Medienwirklichkeit mit ganz bestimmten Regeln und Gesetzmäßigkeiten neu konstruiert. In der Sichtweise des »radikalen Konstruktivismus« sind die Medien zu Instrumenten der Wirklichkeitskonstruktion geworden (vgl. Schmidt 1994; 1996; 1998; Weischenberg 1994; Pörksen 2005; 2006) bzw. zu sozialen Systemen, die ihren Nutzern und Rezipienten Wirklichkeitsentwürfe anbieten (vgl. auch Haller 1991). Insofern kann ihnen auch nicht abverlangt werden, was sie sowieso nicht leisten können: nämlich, ein ›wahres‹ Abbild einer naiv empfundenen Wirklichkeit zu liefern. Gefordert werden kann von ihnen allenfalls die Offenlegung von Zielen, Wertigkeiten und Maßstäben – und ein verantwortlicher Umgang bzw. die offene Auseinandersetzung damit (vgl. dazu auch Stadler/Kruse 1994; 1996).

Auf Kritik stößt der systemtheoretisch-konstruktivistische Ansatz vor allem wegen seiner Tendenzen zur »Entpersonalisierung« (H. Haas 1999, vgl. auch Haller 2004, 142). Als »Schwächen des

systemtheoretischen Blicks« nennt Irene Neverla dessen Empirie-
ferne, das Fehlen eines handelnden Subjekts sowie seine »Abwehr
gegenüber jeglichen normativen Wertungen« (Neverla 1998, 54f.).
Hermann Boventer kritisiert die Ausklammerung ethischer Gesichtspunkte und sieht im Verzicht auf normative Kategorien wie
›Wahrheit‹ oder ›Objektivität‹ eine Hinnahme ideologischer Einsei-
tigkeit (Boventer 1984; 1986; 1992; 1995). Die Gefahr, dass die
Aufgabe des Postulats nach journalistischer Objektivität letztlich
einer Beliebigkeit im Umgang mit Fakten Vorschub leiste, sieht
auch Ulrich Saxer (1992).

Kritische Theorie und Cultural Studies

Parallel zu diesen Diskussionen um den ›systemtheoretischen Paradigmenwechsel‹ existiert der von der Kritischen Theorie und
hier insbesondere von Jürgen Habermas geprägte Ansatz einer
»*Theorie des kommunikativen Handelns*« (vgl. insbesondere Habermas 1981; 1983; 1991). Im Mittelpunkt steht dabei die Rolle der Massenmedien innerhalb der modernen Gesellschaft, die
Ermöglichung, aber auch die Steuerung von Kommunikation im
öffentlichen Raum durch die Entwicklung von Medien, wobei
Massenmedien und Öffentlichkeit im Kontext einer umfassenden
Kulturanalyse gesehen werden. Der Gedanke, dass journalistisches
Handeln eine Möglichkeit kommunikativen Handelns innerhalb
einer demokratisch verfassten Gesellschaft darstelle, der Journalist
also »Gesprächsanwalt« der Gesellschaft sei, findet sich bei Peter
Glotz (1969) und Wolfgang R. Langenbucher (1980). In jüngerer Zeit wendet Achim Baum diesen kommunikationstheoretisch
begründeten Gedanken des journalistischen Handelns gegen die
Systemtheorie (Baum 1994).
    Weitere Impulse erhält die deutschsprachige Journalismusfor-
schung seit den 1990er Jahren von den ursprünglich in den USA
formulierten Konzepten der feministischen *gender studies* und jenen der *cultural studies* – und folgt damit jenen intellektuellen
›Trendströmungen‹, die auch Eingang in die übrigen Kulturwissen-
schaften gefunden haben. Die These, dass der Journalismus »gen-
dered«, also mit dem Geschlecht verbunden sei, ist beispielsweise bei Elisabeth Klaus nachzulesen, deren Arbeiten sich mit dem
Handeln von Journalisten, der Forschung über Journalismus sowie
den Strukturen, Normen und Werten des Medienbetriebes unter
dem Einfluss der Kategorie ›Geschlecht‹ befassen (Klaus 1998;
2000, vgl. auch Klaus/Röser/Wischermann 2001).

Im Ansatz der *cultural studies* wird Journalismus als kultureller Diskurs begriffen (vgl. Renger 2000a und 2000b, Hepp/Win-
ter 1997 u. 1999; Hepp 1999), wobei ›Kultur‹ hier ›Lebensweise‹
meint, in dem Sinne, dass letztere sich bezieht auf »die Bedingungen
und die Formen, die spezifischen Ressourcen und die Codes, wonach in der Gesellschaft Bedeutungen, Werte und Normen strukturiert und artikuliert sind bzw. werden« (Renger 2000b, 471). In
bewusster Abgrenzung von der traditionellen Kommunikationsforschung fordert etwa Rudi Renger eine veränderte Perspektive in der
wissenschaftlichen Analyse von Journalismus (ebd., 469). Letztere,
so Renger, sei schon deshalb erforderlich, weil sich der Journalismus unserer Tage aufgrund der Logik des Marktes »zu einem nicht
unbeträchtlichen Teil zu einem ›Objekt der Populärkultur‹ entwickelt« habe (ebd.) – und auch vom Publikum als solches konsumiert
werde. Medien komme nicht nur die Aufgabe zu, eine (sozial konstruierte) Realität zu reflektieren, sie repräsentierten auch kollektive
Ängste, Wünsche und Fantasien. Sie erfüllten daher eine mythi-
sche und rituelle Funktion. Journalismus produziere also einerseits
Bedeutungen (im Sinne von Sinngehalten, Mythen etc.), fungiere
aber andererseits auch als »Instanz der kommunikativen Beziehung
zwischen Text und Publikum«. Im Zentrum der cultural studies
stehen daher immer auch die »Kulturen des Publikums« und dessen »selbstgesponnene Bedeutungsgewebe« (Hepp/Winter 1997, 7).
Medienformate wie Doku-Soaps oder Doku-Dramen zeigen, dass
die Trennung von Information und Unterhaltung kaum noch halt-
bar ist. Die Einbindung von Fakten in fiktionale Erzählungen ist
nicht nur längst Teil des journalistischen Geschäfts, sondern schafft
auch Annäherungen an die Wirklichkeit, die mit einer rein faktischen Rekonstruktion des Geschehens so gar nicht möglich wäre
(Klaus 2008; Lünenborg 2005).

Die Denkansätze der cultural studies wären dazu angetan,
die bereits seit einigen Jahren innerhalb der Publizistik währende
Debatte über **Qualität im Journalismus** (vgl. z.B. Weischenberg
2006; Fabris 2000; Pöttker 2000; Ruß-Mohl 1994; 1996) in eine neue Richtung zu lenken: In deren Mittelpunkt würde dann
freilich nicht mehr eine generalisierend-normative »journalistische
Berufsideologie« (Fabris 2000, 372) stehen, sondern die Erarbei-
tung von Qualitätskriterien, welche etwa neuere Untersuchungen
von Fengler/Ruß-Mohl zur Ökonomie des Journalismus (2005)
oder empirische Forschungen zum Journalismus in Deutschland
(Weischenberg/Malik/Scholl 2006) um eine analytisch-reflektie-
rende Sicht auf die jeweiligen Konstruktionen ›symbolischer‹ Diskurse erweitern könnte.

Bei aller Unterschiedlichkeit der medientheoretischen Ansätze, wie sie sich in den vergangenen drei Jahrzehnten herausgebildet haben, ist – laut Siegfried Weischenberg – doch den meisten von ihnen eines gemeinsam: Sie alle tendieren zu einer »Makrotheorie«, die weit über den engeren Bereich der Medien und des Journalismus hinausweist. Dazu passt auch, dass sich inzwischen die Vertreter von höchst unterschiedlichen Fachrichtungen mit Medienspezifika befassen, »was einerseits zeigt, daß die Publizistik- und Kommunikationswissenschaft bzw. Journalistik ihr Zuständigkeitsmonopol für das Thema ›Medien und Journalismus‹ längst verloren hat, und andererseits, daß dieser Ansatz den interdisziplinären Diskurs stimuliert« (Scholl/Weischenberg 1998, 50).

Die Tatsache, dass die Beschäftigung mit Medien und Journalismus inzwischen zu einer fast selbstverständlichen Domäne gerade auch der Philosophie geworden ist, lässt jedenfalls Rückschlüsse zu auf den ungeheuren Bedeutungszuwachs, den – systemtheoretisch gesprochen – ›das System der Medien‹ in unseren Gesellschaften erlangt hat: ein Bedeutungszuwachs, der mitsamt seinen symbol- und sinnvermittelnden Elementen – zweifellos auf Kosten anderer sozialer Bereiche, wie etwa dem ›System Politik‹ – erfolgt ist (vgl. dazu etwa Kepplinger 1998). Darüber hinaus stellen Internet und vielfältige Formen der Online-Kommunikation nicht nur tradierte Begriffe von Öffentlichkeit in Frage, sondern bilden auch wichtige Herausforderungen für die gegenwärtige Journalismustheorie (vgl. z.B. Quandt/Schweiger 2008).

3. Die Herausbildung des Journalistischen. Zur Geschichte der Presse

»Es bleibt schon dabei: Wir haben eine tragfähige Journalismustheorie nicht, weil wir keine grundlegende Journalismusgeschichte haben«, klagte Hans Wagner noch 1998 in einem Aufsatz (in: Duchkowitsch 1998, 99). Der letzte, der eine solch umfassende Darstellung versucht habe, sei Dieter Paul Baumert mit seiner Gesamtdarstellung aus dem Jahr 1928 gewesen, ansonsten müsse man sich mit Einzeldarstellungen begnügen. Hier ist längst nachgearbeitet worden. Jürgen Wilke (2000 u. 2008) und Rudolf Stöber (2000 u. 2005, sowie 2003) haben jeweils Gesamtdarstellungen zur Medien- bzw. Pressegeschichte vorgelegt. Zudem behandeln Darstellungen wie etwa jene über die Herausbildung des Journalistenberufes im 19. Jahrhundert von Jörg Requate (1995), über *Journalismus als soziales System* von Bernd Blöbaum (1994) oder auch über Pressezensur im 20. Jahrhundert von Jürgen Wilke (2007), zentrale historische Aspekte. Als erste umfassende Journalismusgeschichte in Deutschland gilt die von Robert E. Prutz verfasste *Geschichte des deutschen Journalismus* aus dem Jahr 1845. Dass sie überhaupt entstanden ist, verdankt sich wohl einem ähnlichen Erkenntnisinteresse, wie es Hans Wagner in seinem Aufsatz angedeutet hat. Nach Prutz nämlich, stellt sich der Journalismus »als das Selbstgespräch dar, welches die Zeit über sich selber führt«, als »tägliche Selbstkritik, welcher die Zeit ihren eigenen Inhalt unterwirft; das Tagebuch gleichsam, in welches sie ihre laufende Geschichte in unmittelbaren, augenblicklichen Notizen einträgt« (ebd., 7). Eine Geschichte des Journalismus, so Prutz, sei zugleich eine »Geschichte der öffentlichen Meinung in Deutschland«, sei es doch dem »Zeitungswesen« zu verdanken, dass sich »das Publikum« für die »Geheimnisse des Staats« und die politischen Zustände interessiere. In dieser durch die Presse geweckten Neugier aber sieht Prutz »das gewisse Unterpfand einer künftigen praktischen Theilnahme« der informierten Öffentlichkeit an den Staatsgeschäften selbst (ebd., 19). Prutz, der mit seiner Darstellung auf die Selbstaufklärung einer sich zunehmend demokratisierenden Öffentlichkeit abzielt, steht dabei natürlich in der liberalen Tradition des 19. Jahrhunderts und der demokratischen Oppositionsbewegungen der Jahre um 1848, die sich den Kampf gegen die obrigkeitlichen Pressezensur-Bestimmungen auf die Fahnen geschrieben hatten. Dem entsprechend sind es eben vor allem Fragen nach der Herausbildung einer unabhängigen, gleichwohl politisch orientierten Berichterstattung und ihrer Rezeption durch ein wissbegieriges Publikum, die im Mittelpunkt seiner historischen Untersuchung stehen – Fragen, die gleichzeitig legitimatorisch-normativen Charakter haben und bis in unsere Gegenwart hinein fortwirken, wenn es sich darum handelt, ethische Forderungen mit dem Beruf des Journalisten zu verknüpfen. Dass aber diese Fragen und Forderungen eigentlich erst im 18./19. Jahrhundert in den Vordergrund drängten, zeigt der Blick auf frühere Epochen der Journalismusgeschichte.

3.1 Vom Buchdruck bis zur Zeitung: Nachrichtenwesen in der Neuzeit

Die Medien- und Pressegeschichtsschreibung datiert den Beginn der Pressegeschichte auf die Mitte des 15. Jahrhunderts – lässt sie also zu dem Zeitpunkt einsetzen, da Johannes (Gensfleisch) Gutenberg um 1450 den Druck mit beweglichen Lettern erfand (vgl. Stöber 2000; Wilke 2000). »Zeitungen« freilich hatte es auch schon vor diesem Zeitpunkt gegeben: vorausgesetzt, man verwendet den Begriff ›Zeitung‹ in seiner ursprünglichen inhaltlichen Bedeutung als Synonym für ›Nachricht‹. Nachrichten wurden traditionell per Brief übermittelt. Staatsbeamte, Kaufleute, Diplomaten pflegten ihren Adressaten häufig jene Neuigkeiten, die weder persönlichen noch unmittelbar geschäftlichen Charakter hatten, in einem gesonderten Abschnitt am Ende des Briefes oder auf beigelegten Zetteln mitzuteilen. Diese Beilagen konnten somit an Geschäftspartner, Freunde und Verbündete weitergegeben, abgeschrieben und vervielfältigt werden. Als »Neue Zeitung« – die Bezeichnung tauchte erstmals 1502 auf und bezeichnete eine einzelne Meldung (Stöber 2000) – und Vorläufer der gedruckten »Neuen Zeitungen« zählten sie um die Wende zum 16. Jahrhundert zum festen Bestandteil des Briefverkehrs, wie er vor allem an den Höfen und in den Handelszentren gepflegt wurde (vgl. auch Schottenloher/Binkowski 1922, Nachdr. 1985, 152f.).

Die Wende vom 15. zum 16. Jahrhundert, so Rudolf Stöber, erinnere an »unsere Zeit der Globalisierung« (Stöber 2000, 14). Sie war gekennzeichnet durch die Verknüpfung und die bereits im Mittelalter einsetzende Verdichtung des Handels, durch die Eroberung fremder Länder und fremder Märkte, durch Entwicklungen also, welche die großen Handelszentren Europas zu Zentren des Austausches, der Kommunikation und zu **Nachrichtenzentren** machten. So beispielsweise entwickelte sich Augsburg zu einem Sammelpunkt für Neuigkeiten aus Italien und der Neuen Welt. Die Tatsache, dass portugiesische und spanische Flotten von Augsburger Kaufleuten finanziert wurden, verbürgte deren Interesse an Neuigkeiten gerade aus diesen Breiten. Entsprechend liefen in Wien die Neuigkeiten vom Balkan, in Köln die »neuen Zeitungen« aus Westeuropa, Flandern, Frankreich, England und Spanien und in Hamburg, Lübeck und Danzig jene aus Skandinavien ein. Zu europäischen Nachrichtenzentralen entwickelten sich zudem Paris, Antwerpen, London und die norditalienischen Handelsstädte. Übermittelt wurden die Nachrichten entweder durch den Einzelkurierdienst, die Ordinari-Posten der Stadtbehörden oder die von der Familie Thurn und Taxis betriebene kaiserliche Reichspost (= Ordinari-Post), deren europaweites Netz von Relaisstationen bzw. Pferdewechselstationen immer engmaschiger wurde. Ab dem 17. Jahrhundert war diese Art der Postübermittlung auch Privatleuten zugänglich.

Mit der Weiterentwicklung überregionaler Postverbindungen bildeten sich auch Ansätze einer professionell betriebenen Zeitungsschreiberei heraus. Aus den Briefanhängen wurden regelmäßig eintreffende (und zunächst handschriftlich verfasste) »**Avisen**« (= geschriebene Nachrichtenbriefe, abgeleitet von »Avis« = »briefliche Mitteilung«). Viele von ihnen wurden verfasst von Diplomaten, Offizieren, Hofbeamten aus unterschiedlichen Regionen, die sich mit dem Verkauf von Nachrichten ein Zubrot verdienten, indem sie als Korrespondenten für einen festen Kundenstamm von Fürsten oder Kaufleuten schrieben. Die Fuggerzeitungen des 16. und 17. Jahrhunderts sammelten Nachrichten über Vorgänge in aller Welt, die ursprünglich für den Gebrauch in Handelskontoren bestimmt waren, jedoch auch an Geschäftspartner und politisch einflussreiche Personen weitergeleitet wurden (vgl. Stöber 2000).

Manchmal waren es auch die örtlichen Postmeister, die Neuigkeiten aus ihrem Amtsbezirk als Begleitschreiben zur versiegelten Post beisteuerten. Solche Nachrichten wurden häufig zusammengestellt und als »**Postzeitungen**«, wie es sie etwa in Frankfurt oder Hamburg gab, an Interessierte weiterverkauft (vgl. J. Weber 1994b, 16). Das Geschäft mit der Nachricht wurde aber zuweilen auch durch »Zeitunger« betrieben, welche die Nachrichtenbriefe einkauften, das darin enthaltene Material zusammenschrieben, kopierten und selbständig vertrieben (vgl. ebd.).

Ein quantitativer und qualitativer Sprung vollzog sich in der Medienentwicklung der Neuzeit mit dem Schritt von der handschriftlichen zur **typographischen Vervielfältigung** von Nachrichten nach Einführung der neuen Gutenbergschen Drucktechnik. Wohlgemerkt: Es handelte sich dabei nicht um die Einführung des Druckens an sich – Holzschnitt-Drucke etc. hatte es schon vorher gegeben –, sondern um ein Druckverfahren mit Lettern, die variabel einsetzbar waren und die mit einem Gießinstrument hergestellt wurden, das die gleichförmige, gleichsam normierte Reproduktion von Druckbuchstaben erlaubte. (Zu den sekundären Folgen der neuen Technik für die Standardisierung der Schriftsprache, die Traditionsbildung, den rationalisierten Umgang mit Texten etc. vgl. Eisenstein 1997; Giesecke 1991). Vervielfältigte man die Avisen handschriftlich, so ließ sich innerhalb eines bestimmten Zeitraums (etwa wöchentlich) nur eine geringe Zahl von Zeitungsexemplaren (etwa 15-20 Stück) herstellen. Ihr Bezug war teuer, der Abonnentenkreis entsprechend klein. Mit Hilfe der neuen Druckerpresse jedoch konnten jede Woche einige hundert Zeitungen entstehen. Die Stückkosten sanken, die »**neuen Zeitungen**« wurden auch für einen größeren Publikumskreis erschwinglicher, die geographische Reichweite der Kommunikation per medial vermittelter Nachricht erweiterte sich. Die Vervielfältigung von Nachrichten auf diese Weise war zudem wirtschaftlich attraktiv – und dies vor allem für die Inhaber von (Buch-)Druckereien, weil sie die Kapazitäten ihrer Druckmaschinen besser regelmäßig ausnutzen konnten. In der »Dynamisierung des Medienwandels« (Wilke 2000, 3) um die Mitte des 15. Jahrhunderts sieht Wilke wichtige Charakteristika einer künftigen modernen Massenkommunikation (einmal abgesehen vom Internet) heraufdämmern. Letztere nämlich, so Wilke, vollziehe sich indirekt (über ein technisches Medium), einseitig (vom Sender zum Empfänger), sei öffentlich (d.h. allgemein zugänglich) und richte sich zudem an ein sozial verstreutes Publikum (ebd.; Maletzke 1963). Und auch für Johannes Weber liegt in der typographischen Vervielfältigung der regelmäßig »einkommenden Nachrichten« eine Haupteigenschaft moderner Medien begründet, nämlich »die Publizität regelmäßiger aktueller Information« (J. Weber 1994b, 16). Es sei in diesem Zusammenhang an jene Kriterien erinnert, die schon Robert E. Prutz in seiner Abhandlung »Der deutsche Journalismus« (1854) als Merkmale der modernen Zeitung definierte. Diese Kriterien dienten übrigens später Otto Groth als Grundlage für seine Zeitungswissenschaft (vgl. Groth 1960; Pürer/J. Raabe 1996). Es sind dies:

- Periodizität (regelmäßige Erscheinungsweise),
- Publizität (allgemeine Zugänglichkeit),
- Universalität (inhaltlich-thematische Vielfalt) und
- (zeitliche) Aktualität.

Bei aller Vorläuferschaft: Das Sammeln, Verfassen und Verkaufen von Nachrichten in der frühen Neuzeit darf man sich keineswegs als Ausdruck eines modernen Bedürfnisses nach freier öffentlicher Artikulation vorstellen. »Die Zeitungen der Frühen Neuzeit waren primär Erwerbsunternehmen« (Stöber 2000, 74), von denen vor allem drei Berufsgruppen profitierten: Drucker (weil sie ihre Offizin besser ausnutzten), Postmeister (weil bei ihnen die Nachrichten einliefen und sie andererseits lukrative Nebengeschäfte mit der Verbreitung von Avisen tätigen konnten) und Briefschreiber (»Zeitunger«, die einzelne Neuigkeiten sammelten, zusammenschrieben, sie teilweise drucken ließen und dieses Endprodukt in einem bestimmten – oft wöchentlichen – Turnus an einen festen Abonnentenkreis verkauften). Für die Herausgabe und den Vertrieb solcher Avisen bedurfte es selbstverständlich einer Genehmigung durch die jeweils zuständige Obrigkeit – und die Erteilung einer solchen Erlaubnis entsprach beileibe nicht nur den Interessen der Regierungen. Für die Zeitungsunternehmer bedeutete ein staatliches Privileg oft auch ein örtliches Monopol für den Druck der eigenen Blätter. Mit einem solchen Privileg ließen sich lästige Konkurrenten abwehren. Die Regierungen wiederum besserten mit der Erteilung solcher Genehmigungen ihre Staatskassen auf. Gedruckte Nachrichtenblätter wurden zudem auch für die Verwaltungsbehörden abonniert: Sie waren billiger als teure schriftliche Korrespondenzen. Und da die Drucker zur politischen Loyalität verpflichtet waren, existierte weder eine redaktionelle Kommentierung noch eine Lokalberichterstattung im modernen Sinne (vgl. Stöber 2000, 23f.): Der trockene Lagebericht über auswärtige »Staatsaktionen«, Kaiser und Papst, Naturkatastrophen und Kriegsnachrichten dominierte. Ein Räsonnement über Staatsangelegenheiten fand nicht statt, insofern stellten die Avisen auch keine Gefährdung obrigkeitlicher Machtansprüche dar.

  Dennoch stieg rapide die Nachfrage nach diesen Blättern in Deutschland insbesondere nach Ausbruch des Dreißigjährigen Krieges (1618): Zwischen 1605 – dem Jahr, in dem der Straßburger Buchhändler und Drucker Johannes Carolus den Rat der Stadt um das Privileg bat, gedruckte Zeitungen herstellen zu dürfen (vgl. J. Weber 1994b, 15), – und 1700 existierten etwa 200 Zeitungsunternehmen an rund 80 Druckorten. Und Ende 1630 erschienen sogar über 30 Zeitungen gleichzeitig – viele davon zwei bis dreimal in der Woche, wobei die durchschnittliche Auflage der Zeitungen im 17. Jahrhundert 350-400 Exemplare betrug (vgl. Stöber 2000, 19ff.). Als **erste Tageszeitung in Deutschland** überhaupt gilt dabei das in Leipzig ab 1650 von Timotheus Ritzsch herausgegebene Blatt *Einkommende Zeitungen*, das sechs Mal wöchentlich erschien.

Den ›Nachrichtenhunger‹ des 17. Jahrhunderts hatten schon Zeitgenossen, wie etwa Ahasver Fritsch, auf den Dreißigjährigen Krieg zurückgeführt (ebd., 71): Als überlebenswichtig konnte es sich erweisen, wenn man wusste, in welchem Landstrich gerade Kämpfe tobten. Insofern erfüllte, so Weber, das gedruckte Tagesschrifttum dieser Zeit auch das Bedürfnis nach »defensiver Orientierung« (J. Weber 1997, 143f.).

Freilich waren die mit behördlicher Genehmigung erscheinenden Avisen und Nachrichtenblätter nicht die einzigen Schriften jener Zeit, die Neuigkeiten transportierten. Neben Jahreschroniken, Kalendern und Gelegenheitsdrucken gab es etwa die »Relationen« (abgeleitet von »relatio« = Berichterstattung, Referat), etwa in der Form von sogenannten »Messrelationen«. Letztere waren Chroniken, die halbjährlich erschienen und auf Verkaufsmessen feilgeboten wurden: Stöber bezeichnet sie als »die ersten Periodika« überhaupt (Stöber 2000).

Als neue Medien tauchten ab dem 15. Jahrhundert zudem **Flugblätter und Flugschriften** auf (ebd.): sporadisch erscheinende Einzelblattdrucke (Flugblatt) oder ungebundene Mehrblattdrucke (Flugschrift). Viele von ihnen waren bebildert, dienten – vor allem in den unruhigen Zeiten der Reformation und des Dreißigjährigen Krieges – der religiösen und politischen Agitation und wurden im Einzelverkauf durch fliegende Händler vertrieben. Als meist anonym und massenhaft verbreitete Populärliteratur, die sich häufig an den kirchlichen oder kaiserlichen Zensurbestimmungen vorbeimogelte, zielte sie auf ein breites Publikum. Manche Flugblätter waren Teil einer reformatorisch oder gegenreformatorisch betriebenen Propagandapolitik. Andere Flugblätter und -schriften bedienten die Neugier eines breiten Publikums nach Neuigkeiten aller Arten mit Sensationsmeldungen über Fabelwesen, Katastrophen und wunderliche Begebenheiten (vgl. dazu u.a. Adam 1999).

Es waren wohl die beiden Berichterstattungsmodelle des sensationsorientierten Flugblattes einerseits und der nüchtern-trockenen »Neuen Zeitungen« oder Avisen andererseits, an die Kaspar von Stieler gedacht haben mochte, als er 1697 sein berühmtes Kompendium über *Zeitungs Lust und Nutz* veröffentlichte, wobei er seinem Lehrbuch noch ein Lexikon mit über 1600 Stichwörtern beilegte. Stielers Werk ist Teil einer regelrechten **Zeitungsdebatte**, die über den Nutzen, Schaden und den Gebrauch der periodischen Blätter geführt wurde, unter anderem von Ahasver Fritsch (1676), Johann Ludwig Hartmann (1679), Christian Weise (1685), Daniel Hartnack (1688) und Tobias Peucer (1690) (vgl. auch Wilke 2000, 69). In seinem Werk lehnte Stieler die Sensationshascherei in den Druckwerken der Tagesschriftstellerei ab, befürwortete aber die Lektüre von Zeitungen, um sich über das aktuelle Geschehen auf dem Laufenden zu halten. Ausdrücklich wandte er sich dabei gegen jede Kommentierung dieser Informationen durch den Zeitungsschreiber, »denn man lieset die Zeitungen darüm nicht/ daß man daraus gelehrt und in beurtheilung der Sachen geschickt werden/ sondern daß man allein wolle/ was sich hier und dar begiebet« (Buch 1, Kap. 3, zit. nach J. Weber 1994b, 24).

Auch in der Folgezeit sollten solche Zeitungen auf die Rolle reiner Nachrichtenblätter festgelegt bleiben (vgl. J. Weber 1994b). Zensur und Privilegienwesen, aber auch die Binnenstrukturen dieser Presseunternehmen selbst verhinderten ihre Entwicklung zu meinungsbildenden Blättern: Der »Zeitunger« – im Hauptberuf häufig Buchdrucker oder Postmeister – war meist gleichzeitig Herausgeber, Verleger, Drucker, Händler und Transporteur. Die eintreffenden Nachrichten wurden kaum bearbeitet, einen Redakteur konnten sich die meisten Unternehmen finanziell nicht leisten. Ausnahmen, wie etwa der *Nordische Mercurius*, in dem Georg Greflinger die einlaufenden Nachrichten nach geographischen Gesichtspunkten ordnete, oder die *Relation aus dem Parnasso*, in dem der erste Leitartikel erschien, um sich von der Konkurrenz am Hamburger Markt abzusetzen, änderten erst einmal nichts an der Tatsache, dass sich erst in der zweiten Hälfte des 18. Jahrhunderts allmählich eine Trennung von Verlag und Redaktion vollzog (vgl. Stöber 2000). Erst mit der späteren Politisierung der Presse durch politische Gruppen, die vor allem ihre Meinung verbreitet sehen wollten und das Geschäftliche den Verlagskaufleuten oder den Druckern überließen, entwickelte sich ein anderes Profil.

3.2 »Lesewut« und bürgerliche Öffentlichkeit. Publizieren im Zeichen der Aufklärung. Vorformen journalistischer Schreibstile

Das 18. Jahrhundert war durch eine beachtliche **Zunahme des Lesepublikums** gekennzeichnet. Eine verbesserte Schulbildung in den auf verwaltungstechnische Effizienz bedachten absolutistischen Staaten hatte die Lesefähigkeit breiterer Bevölkerungsschichten gefördert. Entsprechend wuchs auch das Bedürfnis nach populären Lesestoffen. Die vielzitierte »**Lesewut**« des Publikums – in der Forschung oft als »Leserevolution« interpretiert (vgl. dazu beispielsweise Wittmann 1999a und b, P. Raabe 1984) – führte zu einem Aufschwung des Buchhandels. Die Zunahme lokaler Zeitungen wurde darüber hinaus noch durch die deutsche Kleinstaaterei gefördert: Jedenfalls war Deutschland im 18. Jahrhundert mit 250 wöchentlich oder mehrere Male in der Woche erscheinenden Blättern das zeitungsreichste Land überhaupt (Böning 1999, 94): In einer Untersuchung schätzt Martin Welke, dass etwa 300.000 Zeitungsexemplare wöchentlich die Druckereien verließen (Welke 1977, 71-99).

Neben die regelmäßig erscheinende Zeitung trat bald auch das »**Intelligenzblatt**«, wobei die Bezeichnung »Intelligenz« (von lat. »intellegere« = »einsehen«) für die Einsichtnahme in die Anzeigenblätter steht. Die Gattung des Intelligenzblattes war in Frankreich schon seit 1633 verbreitet: Damals hatte Théophraste Renaudot mit seinen *Feuilles du bureau d'adresse* einen ersten Stellenanzeiger geschaffen. In Deutschland erschienen die ersten Intelligenzblätter im ersten Drittel des 18. Jahrhunderts, so etwa die Frankfurter *Wöchentliche(n) Frag- und Anzeigungs-Nachrichten* im Jahr 1722 (Stöber 2000, 74). Die Intelligenzblätter erwiesen sich als lukrative Geschäftsmodelle, verbreiteten sich schnell – Rudolf Stöber schätzt, dass es im 18. Jahrhundert über 200 von ihnen gegeben haben dürfte – und verloren im 19. Jahrhundert schon wieder an Bedeutung, wobei einzelne Charakteristika der Intelligenzblätter in den Kreisblättern, dem Generalanzeiger des späten 19. Jahrhunderts, bis hin zu den Anzeigenblättern unserer Tage fortlebten (ebd.).

Die Intelligenzblätter des 18. Jahrhunderts waren periodisch erscheinende Schriften, die Anzeigen aller Art druckten: Annoncen für Warenverkäufe, bis hin zu Theaternachrichten, aber auch Bekanntmachungen der Behörden, sowie Gesetze. Beigefügt waren zuweilen »gelehrte Artikel«, Anekdoten, Erzählungen und Ratschläge zu Ökonomie und Medizin (vgl. auch Böning 1999). Ru-

dolf Stöber unterscheidet hier zwei Grundtypen: Im ersten Falle
kontrollierte der absolutistische Staat die Inhalte der Intelligenzblätter, verpflichtete Abonnenten und war maßgeblich an dem
aus dem Anzeigengeschäft erzielten Gewinn beteiligt. Allgemeine
Praxis war dies etwa in Preußen, wo Friedrich Wilhelm I. 1727
einen sogenannten »Intelligenzzwang« eingeführt hatte und die
Intelligenzblätter faktisch zu Amtsblättern machte, deren Einnahmen der Staatskasse zugute kamen. Solche Blätter besaßen ein
Anzeigenmonopol, enthielten bezahlte Anzeigen und amtliche Bekanntmachungen. Politische Nachrichten durften in ihnen nicht
erscheinen. Der zweite Typus war weniger reglementiert, verfügte
über keine garantierten Abnehmer und war auch nicht verpflichtet, Gewinne aus dem Anzeigengeschäft an staatliche Stellen ab-
zuführen. Solche Intelligenzblätter betonten den Nutzen für ihre
Leser, entwickelten Vorformen einer Lokalberichterstattung und
erfüllten – sofern ihre Betreiber von den aufklärerischen Ideen ihrer Zeit inspiriert waren – so etwas wie eine Bildungsfunktion für
breitere Schichten der Bevölkerung, indem sie praktische Ratschläge erteilten und nützliche wirtschaftliche Fragen erörterten. Manche Intelligenzblätter entwickelten sich zu regulären Zeitungen.
Und letztere zeigten manchmal sogar erstaunliche Qualitäten, wie
die *Stats- und Gelehrte Zeitung des Hamburgischen Unpartheyischen
Correspondenten*, deren unparteiische politische Berichterstattung
sich unter anderem einem eigenen europäischen Korrespondentennetz und qualifizierten Autoren verdankte (Stöber 2000, 79).

Für die meisten Zeitungen galt aber nach wie vor, dass sie in
erster Linie Wirtschaftsbetriebe waren. Das auf die Erörterung
öffentlicher Angelegenheiten abzielende Räsonnement fand daher
nicht im Medium der Zeitung sondern im **historisch-politischen
Journal**, der Zeitschrift, statt (J. Weber 1994b, 24), in einem Medium, das in seiner Rolle als »funktionale Erweiterung der Massenkommunikation« (Wilke 2000, 71) an die früheren Flug- und
Streitschriften anknüpfte.

Der Begriff ›Zeitschrift‹ taucht in Deutschland erstmals im
Jahr 1751 bei Peter Freiherr von Hohenthal auf, in der Vorrede zu
seinem Periodikum *Oeconomische Nachrichten* (vgl. Wilke 2000,
71). Für Druckerzeugnisse dieser Art wurden in Deutschland aber
meist unterschiedliche Bezeichnungen gebraucht. Man sprach von
»**Journalen**«, von »Wochenschriften«, »Monatsschriften« oder gar
von »Acta« oder »Ephemeriden«. Wilke und Böning verweisen auf
die komplexen Ursprünge unterschiedlicher Zeitschriftentypen,
die eine allgemein gültige normative Begriffsdefinition erschwe-
ren (Wilke 2000, 74ff.; Stöber 2000, 80ff.). Gemeinsam sind all

diesen Typen allenfalls die – im Vergleich zur Zeitung – wesentlichen Einschränkungen hinsichtlich ihrer publizistischen Merkmale: Zeitschriften zeichnen sich üblicherweise nicht durch derart
aktuelle Inhalte aus und erscheinen weniger häufig. Ihr Themenspektrum ist begrenzt (= eingeschränkte Universalität), insbesondere wenn es sich um fachspezifische Periodika handelt. Insofern
ist auch ihre Publizität auf einen kleineren Leserkreis beschränkt.

Als »früheste Publikation [...], die man als Zeitschrift zu definieren hat« (P. Raabe 1984, 107), gilt das *Journal des Sçavants,* das
seit 1665 in Paris mit Rückendeckung des Hofes herausgegeben
wurde. Das *Journal* diente der wissenschaftlichen Kommunikation
unter Gelehrten (Wilke 2000, 73). Sein Inhalt umfasste Berichte,
Anzeigen und Nachrichten aus unterschiedlichen Wissensgebieten,
wobei die Naturwissenschaften im Vordergrund standen. Ähnliche
Projekte folgten bald auch in anderen Ländern Europas: Noch
im gleichen Jahr wurden von der *Royal Society* in England die
Philosophical Transactions herausgegeben. In Italien folgten 1668
die *Giornale de' Letterati* und in Deutschland gab der Universitäts-
professor Otto Mencke die in lateinischer Sprache verfassten *Acta
eruditorum* heraus: Letztere erschienen seit 1682 in Leipzig. Ihr
bedeutendster Mitarbeiter war der Philosoph Gottfried Wilhelm
Leibniz (vgl. Schottenloher/Binkowski Nachdr. 1985, 303).

Indes entwickelte sich bald noch ein anderer Zeitschriftentyp,
der sich nicht mehr an ein spezialisiertes Fachpublikum, sondern
an einen gänzlich anderen Leserkreis richtete. In Frankreich gab
der Theaterdichter Donneau de Visé 1672 den *Mercure Galant*
heraus, ein »Salonblatt«, das Mitteilungen aus der Welt des Hofes
enthielt und sich natürlich vor allem an die höfisch-aristokratische
Gesellschaft wandte. In Deutschland erschien das in der Nürnber-
ger Offizin Felsenecker 1674/75 gedruckte Journal mit dem Titel
Der verkleidete Götter-Both Mercurius, das etwa Rudolf Stöber als
»bisher älteste deutsche Zeitschrift« gilt (Stöber 2000, 82; vgl. J.
Weber 1994a). Im *Mercurius* wurden politische Ereignisse in fiktiven Streitgesprächen diskutiert. Dieser aus der Antike überliefer-
ten Form bediente sich auch der Jurist Christian Thomasius, der
im Januar 1688 ein neues Periodikum publizierte, das üblicherweise unter der Abkürzung *Monatsgespräche* firmierte. Es sind die
*Schertz- und Ernsthafften Vernünfftigen und Einfältigen Gedanken
über allerhand Lustige und Nützliche Bücher und Fragen* (P. Raabe
1984, 108). Thomasius rezensierte darin, oft in satirisch-spötti-
schem Ton, die Neuerscheinungen auf dem Buchmarkt, erörter-
te aber auch die politischen Probleme seiner Zeit. Zeitschriften
dieses Typs werden häufig als **Gesprächspresse** bezeichnet, wo-

bei der Rückgriff auf die Formen des fiktiven Dialogs die Verfasser vor den Eingriffen der Zensur schützen sollte (Stöber 2000,
83f.). Welcher Zeitschriftentyp sich in dieser Frühzeit nun genau welchen Traditionen verdankt, darüber gehen die Meinungen in der Forschung auseinander. Im Gegensatz zu Wilke und
Schottenloher/Binkowski schlägt etwa Raabe die *Monatsgespräche*
noch jenen Zeitschriften zu, die sich an einen engeren Gelehrten-
kreis richteten und meint eine Traditionslinie erkennen zu können
von den Fachzeitschriften naturwissenschaftlichen oder geisteswis-
senschaftlichen Charakters, wie sie etwa Johann Christian Gott-
scheds *Beyträge zur Kritischen Theorie der Deutschen Sprache, Poesie und Beredsamkeit* (1732- 1744) repräsentierten, bis hin zu den
Zeitschriften der Aufklärung (P. Raabe 1984, 108). Für die ersten
deutschen historisch-politischen Zeitschriften im 17. Jahrhundert
meint Wilke nicht nur die Tradition des *Journal des Sçavans* an-
führen zu können, sondern auch »andere Wurzeln [...], die sich
als Abzweigungen der (politischen) Zeitung darstellen [...]« (Wilke 2000, 76). Stöber vertritt hingegen die These, dass politische
Zeitschriften in Deutschland zeitlich noch vor den gelehrten Zeitschriften existierten und »weder Adaption noch Import« gewesen
seien (Stöber 2000, 82).

Neben der literarisch-kritischen bzw. politischen Zeitschrift
wäre noch die **Zeitschrift von moralisch-belehrendem bzw. be-
lehrend-unterhaltendem Charakter** zu nennen. Ein Beispiel hierfür bieten etwa die *Erbaulichen Ruhstunden*, die der Redakteur der
Altonaischen Relation Johann Frisch von 1676-1680 in Hamburg
herausbrachte. Darin wurden menschliche Tugenden und Torhei-
ten abgehandelt, lehrhafte Aspekte in Form fiktiver Gespräche erörtert, Nachrichten angeführt als »Aufhänger« für moralische exempla, insbesondere im Hinblick auf die jungen Leser.

Zur »beherrschenden Form der Unterhaltungspresse« (ebd.,
84) zwischen Anfang und Mitte des 18. Jahrhunderts wurden
die »**Moralischen Wochenschriften**«. Sie appellierten an die Vernunft ihrer Leser, propagierten das Ideal einer sittlich-geläuterten
Lebensführung. Als europäische Vorbilder fungierten dabei der
Mercure Galant (1672-1724) und die von Richard Steele herausgegebenen Zeitschriften *The Tatler* (1709-1711), *The Spectator* (1711-
1712/14) – letztere wurde fast ausschließlich von dem englischen
Dichter und Gelehrten Joseph Addison verfasst – und *The Guardian*
(1713). Die Titel, unter denen die »Moralischen Wochenschriften« in Deutschland firmierten, verrieten bereits das erzieherische
Programm ihrer Herausgeber: *Der Vernünfftler, Der Patriot, Die
vernünftigen Tadlerinnen* (1725-1726), die übrigens als Wochen-

titel für Frauen von Johann Christoph Gottsched herausgegeben und 1738 und 1748 neu aufgelegt wurde. Ein wichtiges inhaltlich-formales Charakteristikum dieses Zeitschriftentyps bestand in seiner fiktiven Verfasserschaft: Der Autor sprach anonym in der Verkleidung seiner Titelfigur etwa als »Patriot« oder »Vernünftler« zu seinem Lesepublikum (Pürer/J. Raabe 1996, 27). Die geschätzte Zahl der unterschiedlichen Titel von im engeren und weiteren Sinne »moralischen« Wochenschriften bewegt sich für Deutschland zwischen 230 und 500 (vgl. Martens 1971; J. Kirchner 1969). Der Boom jener Zeitschriften veranlasste schon Gotthold Ephraim Lessing zu der Klage, dass »jeder junge Mensch, der nur ungefähr der deutschen Sprache gewachsen ist [...]«, eine »Wochenschrift« herausgebe (zit. n. Stöber 2000, 86).

Die Absichten der von Lessing ironisch beleuchteten Zeitschriften-Herausgeber sind dabei im Zusammenhang mit der um 1750 in Deutschland einsetzenden **Aufklärung** zu betrachten. Die Publizisten jener Epoche wollten aufklären, räsonieren und informieren – und sie wollten zugleich unterhalten und nützliche Kenntnisse verbreiten: Absichten, die sie mit den maßgeblichen Gelehrten ihrer Epoche teilten. So etwa sei daran erinnert, dass Immanuel Kants berühmte Replik (»Was ist Aufklärung?«) auf die Preisfrage der Berliner Akademie im Jahr 1784 in der *Berlinischen Monatsschrift* erschien, wobei Kant nachdrücklich den »öffentlichen Gebrauch« der Vernunft dem Lesepublikum gegenüber empfahl. Öffentlichen Gebrauch von dieser Vernunft machten als (oft mehrfache) Zeitschriften-Herausgeber etwa Gotthold Ephraim Lessing (z.B.: *Hamburgische Dramaturgie*) und Christoph Friedrich Nicolai (z.B. *Die Bibliothek der schönen Wissenschaften und der freien Künste*), Johann Georg Jacobi (z.B. *Iris*) und Christoph Martin Wieland (mit seinem *Teutschen Merkur*), Heinrich Christian Boie (z.B. *Das deutsche Museum*), Georg Christoph Lichtenberg und Georg Forster (*Göttingisches Magazin der Wissenschaft und Literatur*), Karl Philipp Moritz (*Vossische Zeitung, Magazin für Erfahrungs-Seelenkunde*): Schriftsteller, die den neuen Typus des nach außen hin wirkenden Gelehrten verkörperten und ihr Publikum zum eigenständigen Denken aufforderten (P. Raabe 1984, 109).

Charakteristisch für den neuen Zeitgeist im Hinblick auf die Forderungen an die zeitgenössische Publizistik ist die Kritik, die Sinold von Schütz, der Herausgeber der historisch-politischen Zeitschrift *Europäische Fama*, Anfang des 18. Jahrhunderts an den herkömmlichen »Avisen« und »Relationen« übte: Sie lassen es seiner Meinung nach an eigener Meinungsäußerung fehlen. Er selbst kündigt seinen Lesern an, es anders machen zu wollen

oder dem Leser doch wenigstens Gelegenheit zu geben, über die
»ietzigen Staats Begebenheiten desto scharffsinniger nachzuden-
ken« (zit. n. Stöber 2000, 93). Schütz bezog in seiner Zeitschrift
eindeutig Stellung für den Kaiser, gegen den Papst und Ludwig
XIV. von Frankreich – und erlaubte sich aus dieser Position heraus manchmal sogar Kritik an der kaiserlichen Politik. Nicht immer konnte man jedoch im 18. Jahrhundert so offen schreiben.
Zensur und Vorzensur (d.h. das jeweilige Werk hatte die Zensur
vor seiner Drucklegung zu passieren), die freilich in den einzelnen
Territorien und Städten Deutschlands zuweilen recht unterschiedlich gehandhabt wurden, setzten der aufklärerischen Kritik ihre
Grenzen. Dass das Misstrauen der jeweiligen Obrigkeiten gegenüber den massenhaft zirkulierenden Druckwerken durchaus seine
machtpolitische Berechtigung hatte, zeigt etwa eine Replik, die
der Pädagoge Joachim Heinrich Campe 1788 im *Braunschwei-
gischen Journal* veröffentlichte und in der er sich vehement für
die »Nützlichkeit periodischer Schriften« aussprach mit dem Argument, dass diese »ein wohlausgesonnenes und zweckmäßiges
Mittel« seien, um »nützliche Kenntnisse jeder Art aus den Köp-
fen und Schuhen der Gelehrten durch alle Stände zu verbreiten«
(zit. n. P. Raabe 1984, 111). Konnte eine absolutistische Obrigkeit
an einer egalitären Verbreitung von Wissen, das über die Kennt-
nis von Spezialfertigkeiten hinausreichte, schon wenig interessiert
sein, so mussten publizistische Aktivitäten, wie sie etwa der Dichter Christian Friedrich Daniel Schubart im Jahr 1774 mit seiner
Zeitschrift *Deutsche Chronik* entfaltete, vollends den Unmut der
Regierenden wecken. Schubart bezahlte seine Kritik am Soldaten-
handel des württembergischen Herzogs Carl Eugen denn auch mit
zehnjähriger Kerkerhaft (1777-1787). Auch August Ludwig Schlözer kämpfte gleichsam am Vorabend der Französischen Revolution mit seinen in Göttingen erscheinenden *Staatsanzeigen* für die
Gewissensfreiheit gegen die Intoleranz in Glaubensfragen, gegen
»öffentliche Übelstände« und sprach sich für das Recht auf öffentliche Beurteilung politischer Zustände aus: eine durchaus brisante
Forderung angesichts der absolutistischen Praxis, die »öffentlichen
Angelegenheiten« als Domäne einer exklusiven Arkanpolitik zu behandeln, in deren Zusammenhänge nur Wenige eingeweiht waren.
   Die Politisierung der aufklärerischen Publizistik sollte sich
während und nach der Französischen Revolution von 1789 noch
»radikalisieren«, und zwar dergestalt, dass – vor allem im Frankreich während der Revolutionsjahre – eine Art von parteiischer
Publizistik entstand, in deren Blättern die propagandistische Auseinandersetzung zwischen den unterschiedlichen politischen Frak-

tionen geführt wurde: eine Entwicklung, die bereits auf die moderne Parteipresse verweist (vgl. dazu Cunow 1912).

3.2.1 Die Anfänge professioneller Tagesschriftstellerei

Die Epoche der Aufklärung ab etwa 1750 wird von der Forschung gelegentlich als **Geburtsstunde des Journalismus** bezeichnet. Einer Einteilung von Dieter Baumert (1928) folgend, sprechen einige Autoren auch vom »**schriftstellerischen Journalismus**« (der das Räsonnement über die berichteten Gegenstände mit einschließt bzw. selbst redaktionelle Inhalte erstellt) in Abgrenzung vom »**korrespondierenden**«, also lediglich »referierenden« Journalismus (der um etwa 1600 die »präjournalistische« Periode ablöste), sowie vom »**redaktionellen Journalismus**« bzw. »redaktionstechnischen Journalismus« der Moderne (Wittmann 1999a, 160; Pürer/J. Raabe 1996, 32ff.; Wilke 2000, 291). Mit der zunehmenden Nachfrage nach allgemein unterrichtendem oder schöngeistigem Lesestoff wuchs die Zahl der – meist akademisch gebildeten – Autoren. Deren »Schreibdrang« verdankte sich allerdings nicht allein den Idealen der Aufklärung und des Fortschritts, sondern auch der Notwendigkeit, sich ein Zubrot zu sichern, denn von den Einkünften aus dem Hauptberuf konnten selbst Universitätsprofessoren und Pfarrer kaum existieren (Wittmann 1999a, 160f.). Dass die Schreibtätigkeit vieler Schriftsteller den Charakter eines fast schon fabrikmäßig betriebenen »Gewerbes« annahm, »so gut als die Tapetenmaler oder die Kunstpfeifer«, beschreibt der Verleger Friedrich Nicolai in seinem satirischen Roman *Das Leben und die Meinungen des Herrn Magister Sebaldus Nothanker* (1773-76):

Da ist mehr als ein Verleger, der seinen Autoren aufträgt, was er zu brauchen denkt: Geschichten, Romane, Mordgeschichten, zuverläßige Nachrichten von Dingen die man nicht gesehen hat, Beweise, von Dingen die man nicht glaubt, Gedanken, von Sachen die man nicht versteht. (Nicolai 1774, 2. Aufl. Bd.1, 93. Zit. n. Wittmann 1999a, 161).

Die Anfänge eines sich herausbildenden Berufsstandes von **kommerziell arbeitenden Auftrags- und Tagesschriftstellern** abseits der gelehrten Kommunikation, wie sie sich in Nicolais satirischer Schilderung andeuten, scheint zumindest im Fall jener Publizisten, die sich zugleich als Herausgeber und (meist) Alleinverfasser ihrer eigenen Zeitschriften betätigten, schon mit einer recht modern anmutenden ethischen Legitimierungsstrategie einhergegangen zu sein. Als Beispiel sei etwa der schwäbische Dichter Lud-

wig Wekhrlin genannt. Wekhrlin (auch: Weckherlin, 1739-1792)
wirkte als Herausgeber unterschiedlicher Periodika, gründete etwa
die Zeitung *Das Felleisen* (ab 1778) oder die Journale *Chronologen*
und *Das graue Ungeheur*. Seine *Hyperboräische(n) Briefe* edierte er
sogar aus der Haft heraus (vgl. dazu Haacke 1951, Bd. 1, 182ff.;
Fähler 1948). Wie viele andere aufklärerisch gesinnte Publizisten
begründete auch er sein Engagement mit der Absicht, Vorurteile
zu bekämpfen und seinen Lesern zu Einsichten in die wahre Natur
der Dinge zu verhelfen. In diesem Zusammenhang freilich nannte er Kriterien, die bereits auf eine Art von Berufsethik abzielten.
Wekhrlin schrieb:

Sie wollen also wissen, wodurch ich mich zum Beruf Obrigkeiten zu beurteilen, Privatfälle vor den Richterstuhl des Publikums zu ziehen, mich
zum Zensor der Regierungen aufzuwerfen, zu legitimiren wisse? Jeder
Schriftsteller ist ein geborener Advokat der Menschlichkeit; denn die Vorsicht gab ihm das Talent nur, um der Gesellschaft zu nützen und man
nützt der Gesellschaft nur, wenn man sie von ihrem Interesse unterrich-
tet. [...] Er ist das natürliche Organ der öffentlichen Gerechtigkeit, und er
macht sich dieses erhabenen Berufes nur in dem Grade würdig, in dem er
das Unrecht an seinen Mitbürgern fühlt (zit. n. Schottenloher/Binkowski
Nachdr. 1985, 326f.).

Selbstverständlich ist insbesondere die deutsche Literatur nicht
denkbar ohne den – sich oftmals dem Politischen oft ganz bewusst verweigernden – **Typus der literarischen Zeitschrift**, wie
ihn etwa die von Friedrich Schiller begründeten kurzlebigen *Ho-
ren* (1795/97) oder die von Goethe 1798 ins Leben gerufenen und
ebenfalls erfolglosen *Propyläen* verkörpern. Auch das spätere von
Heinrich von Kleist zusammen mit Adam Müller begründete *Journal für die Kunst* mit dem (Haupt-)Titel *Phoebus* zählt (noch) dazu
(vgl. auch Wilke 1978). Auf die Herausbildung des Journalistischen als Bestandteil des modernen massenmedialen Pressewesens
hatten sie jedoch ungleich weniger Einfluss als die populären Intelligenzblätter, moralischen Wochenschriften und politischen Zeitschriften. Die allmähliche Herausbildung der **Tagesschriftstellerei
als Profession**, das Entstehen einer ambitionierten Publizistik des
Räsonnements und die ersten Ansätze einer ›Ethik des Publizistischen‹ verweisen eher auf künftige moderne Entwicklungen. Letztere sind auch gekennzeichnet durch die Verwendung bestimmter
Text- und Darstellungsformen, die als »medial vermittelte kommunikative Prozesse« (H. Haas 1999, 227) ursprünglich aus der
Literatur in die periodische Presse übernommen wurden, damit
aber auch entscheidende Umwandlungen erfahren haben und im
Zuge zunehmender redaktioneller Spezialisierung und Ausdiffe-

renzierung schließlich zu den modernen journalistischen Textgattungen wurden, wie wir sie heute kennen.

3.2.2 Vorläufer journalistischer Textgattungen

Zu nennen wären hier etwa satirische und glossierende Darstellungsformen, die, ursprünglich aus der Literatur entlehnt, Eingang in die Flugschriften des 16. Jahrhunderts gefunden haben. Der politisierende ›gelehrte Artikel‹, der in den Zeitschriften, aber auch zuweilen in den anspruchsvolleren Zeitungen des 18. Jahrhunderts anzutreffen ist, mag als **Vorläufer des Leitartikels** betrachtet werden. Die bereits seit Montaigne anzutreffende **Form des Essays** in jeweils unterschiedlichen Ausprägungen (vgl. Müller-Funk 1995; Berger 1964) ist in den Zeitschriften des 18. Jahrhunderts ebenso vertreten wie die ›korrespondierende‹ Briefform von Reiseberichten und Buchkritiken. Hinzuweisen wäre hier etwa auf die *Briefe die neueste Literatur betreffend* (1759-1765), die Lessing gemeinsam mit Nicolai und Mendelssohn herausgab: als Teil einer »Gesprächspresse« gewissermaßen, die den Dialog mit dem Leser suchte und dabei auch inhaltliche Wandlungen erfuhr. Der Literaturkritiker Lessing entwickelte nämlich sein Urteil in kritischer Zwiesprache mit dem jeweiligen Werk und überließ das abschließende Urteil dem Leser. Seine Buchkritiken für die *Berlinische Privilegierte Zeitung* (die spätere *Vossische Zeitung*) bedeuteten zudem eine Abkehr von der Fachkritik, wie sie in den gelehrten Zeitschriften anzutreffen war, und eine Hinwendung zur allgemein publikumsorientierten Rezension (vgl. Haacke 1952, Bd. 2, 151).

Als wichtiger Vorläufer für moderne journalistische Textgattungen, wie etwa jene der **Reportage** sei noch der **Reisebericht** des 18. und 19. Jahrhunderts erwähnt (vgl. Brenner 1989; 1990). Seine literarische Ausprägung zeigt sich etwa in Heinrich Heines Pariser Korrespondentenberichten für die Augsburger *Allgemeine Zeitung*. Erstmals zwischen 1840-43 erschienen, wurden sie vom Autor selbst nachträglich bearbeitet und unter dem Titel *Lutetia* 1854/55 als Buch herausgegeben (vgl. H. Haas 1999, 197ff.; Geisler 1982). Charakteristisch für die zahlreichen Berichte aus der französischen Hauptstadt ist dabei, dass die geschilderten Begebenheiten dem Verfasser jeweils Anlässe zu subjektiven Betrachtungen und ironischen Reflexionen liefern. Noch ausgeprägter erscheint dies im dritten Teil von Heines *Reisebildern*. In *Die Bäder von Lucca* (1829) bildet der Schauplatz Italien eine Art von Hintergrundkulisse, vor der sich die satirische Schilderung der auswärtigen Kurgäste umso

wirkungsvoller entfaltet, wobei Heine in erster Linie natürlich auf
die politischen und kulturellen Zustände in Deutschland abzielt
(vgl. dazu H. Haas 1999, 197ff.).

Die Schreibweise Heines, die das Feuilleton im 19. Jahrhundert
nicht unwesentlich beeinflussen sollte, diente in der Folgezeit ihren
Kritikern immer dann als exemplarisches Argument, wenn es sich
darum handelte, ein vermeintliches Absinken des ›Dichterischen‹
(als Synonym für literarische Qualität) in die Niederungen des
›Journalistischen‹ (als Synonym für die Qualitätsminderung des
Literarischen zugunsten des effekthascherischen Witzes) zu belegen. So etwa resümierte Paul Fechter im Jahr 1924:

Heinrich Heine [...] ist der erste Journalist im heutigen Sinne. Nicht weil
er Briefe aus Paris und Berlin geschrieben hat, weil er aus dem Schreiben
einen Beruf machte: sondern um seiner inneren Haltung zum schaffen-
den wie zum deutenden Geist. Die eine ist, sobald es sich um ihn selbst
handelt, sentimental, die andere wandelt die Ironie der Romantik in den
Witz. [...] Das Wort wird aus einem Ausdrucksmittel reines Arbeitsmate-
rial, mit dem man unter Wahrung gewisser ästhetischer Prinzipien spie-
lend den vom Beruf geforderten Raum füllen kann (zit. n. Haacke 1951,
Bd. 1, 29).

Haacke hingegen kritisiert die Heine'sche Schreibweise vom Journalistischen her. Für ihn steht sie stellvertretend für eine sich im
19. Jahrhundert vollziehende Spielart des »Feuilletonismus«, »der
bei Heine als Abkehr von der beobachtenden oder zu beschreiben-
den Wirklichkeit zugunsten des Wortwitzes und des Bonmots willen begann [...]« – und deren »Folgen«, so könnte man ergänzen,
von Karl Kraus später so polemisch gegeißelt werden sollten (ebd.;
vgl. Kraus in: *Schriften* 1986).

Neben dem Einfluss Heinrich Heines auf das moderne Feuilleton sind noch zwei andere Ausprägungen des Reiseberichtes zu
nennen, die als **Vorläufer des modernen Reportagejournalismus**
gelten können. Als Beispiele hierfür seien Georg Forsters, freilich
in Buchform erschienene *Ansichten vom Niederrhein* (2 Bde. 1791)
und Johann Gottfried Seumes *Spaziergang nach Syrakus im Jahre
1802* (1803) genannt. Beide Schriftsteller bedienen sich in ihren
Berichten einer empirischen Methode der Wirklichkeitserkundung
– was insbesondere bei Forster nicht weiter verwundert: Schließlich hatte er einst gemeinsam mit seinem Vater an einer Expedition
von Kapitän Cook in die Südsee teilgenommen und über die neu
entdeckten Inseln und Landstriche einen Forschungsbericht verfasst. Zudem verfügte Forster über freundschaftliche Kontakte zu
führenden Naturwissenschaftlern seiner Zeit. Die Methodik na-
turwissenschaftlicher Recherche war ihm ebenso vertraut wie das

aufklärerische Engagement, das ihn nach Ausbruch der Französischen Revolution zum Jakobiner machen sollte. Seine Schilderung einer Reise, die ihn am Niederrhein entlangführt, kann geradezu als Gegenstück gelesen werden zu den Causerien, die Heinrich Heine immer wieder in seine Reiseschilderungen einstreut. Forsters Beschreibungen der besuchten Städte und Landschaften enthalten detaillierte Sachinformationen, die von der geologischen Beschaffenheit des für die Landwirtschaft und den Weinbau genutzten Bodens bis zu den gesprochenen Dialekten oder der Sozialstruktur des handwerklichen Zunftwesens in den rheinischen Städten reichen. Und dennoch stehen all diese Detailinformationen nicht unverbunden nebeneinander, sondern fügen sich zu einem Gesamtbild, das der Leser zu erkennen gleichsam aufgerufen ist und zu dem der Aufklärer Forster Hinweise liefert: Der Kölner Dom ist ihm eine eindrucksvolle Schilderung wert, doch nur wenige Seiten später verweist er auf die zahlreichen Bettler und die religiöse Intoleranz in dieser Stadt – und kontrastiert das in seinen Augen entwürdigende Almosenwesen dramaturgisch geschickt mit dem Bürgerfleiß im wohlhabenden und liberalen Düsseldorf (Werke Bd. 2 1979, 59). Für Forster repräsentiert die Einzelbeobachtung das Typische oder Allgemeine (vgl. H. Haas 1999, 189). Er beobachtet Zustände und Situationen von einem distanzierten Standpunkt aus, wobei er immer wieder die Beobachterrolle eintauscht gegen die Rolle des Forschers, der möglichen Gründen für die beobachteten Zustände nachgeht, subjektive Eindrücke diskutiert und Hypothesen entwickelt – was etwa Hannes Haas als Verbindung von »intuitivem Denken« mit »essayistischer Reflexion« deutet (ebd.).

Zu Reflexionen lässt sich auch der Reisende Seume anregen. Seine Methode des Erkenntnisgewinns lässt freilich eher an die moderne Sozialreportage à la Kisch denken. Ähnlich wie Forster bedient auch er sich der Form des fiktiven Briefes an den Leser-Adressaten. Anders aber als Forster, verlässt Seumes Autoren-Ich den Standpunkt des distanzierten Beobachters und begibt sich gleichsam als investigativ arbeitender Reporter selbst in die Verhältnisse hinein, die dann rückblickend beschrieben werden. Seume ist auf seiner Reise von Leipzig nach Syrakus zu Fuß unterwegs – und reist somit nicht anders als die überwiegende Mehrheit seiner Zeitgenossen. In den ärmlichen Wirtshäusern lauscht er den Gesprächen von Soldaten und Handwerkern. Seine Leser informiert er über Warenpreise, den Zustand der Straßen, über die Lebensschicksale von Zufallsbekanntschaften, über das gesellschaftliche Treiben in den Städten und Dörfern – und über die durchaus unsystematischen Gedanken, Erinnerungen und Assoziationen, die er, der Aufklärer, gelegentlich an das jeweils Erlebte knüpft.

So unterschiedlich sich diese beiden Berichterstattungsstile auch ausnehmen – sie entsprechen durchaus jenen Forderungen, die **Karl Philipp Moritz**, der zeitweise die Redaktion der *Vossischen Zeitung* übernommen hatte, in seinem Aufsatz aus dem Jahr 1784 über das »Ideal einer vollkommnen Zeitung« äußerte (in: Moritz, Werke 3. Bd. 1993, 171-177). Moritz empfiehlt darin ein im modernen zeitungswissenschaftlichen Sinne »universales« Themenspektrum zur Aufnahme in die Zeitung: Neben der Theaterkritik und einigen Artikeln wissenschaftlich-belehrenden Inhalts sollten Gerichtsurteile, Kriminalfälle, aber auch die Lebensbedingungen von Handwerksburschen zum Gegenstand der Berichterstattung werden. Letztere »sollte in alle Fugen der menschlichen Verbindungen einzudringen und aufzudecken suchen, was in jedem Zweige derselben Lob- oder Tadelnswertes [...] sei« (ebd., 172).

Um solche Zustände »aufzudecken«, bedarf es aber einer gründlichen methodischen Recherche. Moritz verlangt vom Zeitungsschreiber, dass dieser sich von den Tatsachen »mit eigenen Augen« überzeugt. Wenn dies aber nicht möglich sei, so Moritz, »muß er sich an die Männer halten, die eigentlich unter das Volk und in die verborgensten Winkel kommen [...]« (ebd., 175f.). Auch müsse er sich selber »unter das Volk mischen«. Er solle sich an Ärzte, Richter und Prediger wenden, denn diese hätten genug Gelegenheit, menschliches Elend und menschliche Tugenden kennen zu lernen. Die »Geschichte der Verbrecher« sei aus den Kriminalakten zu ziehen und publizistisch nachzuzeichnen – kurz: Moritz entwirft hier ein verblüffend **modernes Arbeitsprofil eines investigativen Journalismus**. Ganz im Sinne der Aufklärung weist Moritz einem solchen Organ die Funktion eines »unbestechliche(n) Tribunal(s)« und einer moralisch wirkenden öffentlichen Instanz zu. Bemerkenswert daran ist allerdings, dass er diese aufklärerische Programmatik nicht in einer Zeitschrift verbreitet sehen will, sondern im Medium einer massenhaft verbreiteten Zeitung, die ein »Volksblatt« gerade auch für die unteren Stände der Bevölkerung sein soll. Folgerichtig siedelt Moritz sein **visionäres Zeitungskonzept** genau dort an, wo es später tatsächlich seine Themen und seine Ausprägung finden sollte: in der modernen Großstadt.

3.3 Zwischen Geschäft, Zensur und Beschleunigung: Journalismus in der beginnenden Moderne

Die Entstehung des modernen, »redaktionellen Journalismus« in Deutschland wird meist auf die Periode nach der (zeitweisen) Aufhebung der Zensur (1848) datiert (Baumert 1928; Pürer/J. Raabe 1996). Der »redaktionelle Journalismus« ist gekennzeichnet durch das Zusammenwirken von Nachrichtenwesen und Tagesliteratur, sowie durch das Zusammenbinden der Arbeitsleistungen des »korrespondierenden« (= lediglich berichtend-referierenden) und des »schriftstellerischen« (= tageskritisch bewertenden) Journalismus, ergänzt um die Aufgaben des redigierenden Journalisten, der das eintreffende Nachrichtenmaterial selektiert, prüft, sichtet, kürzt, etc. (vgl. dazu Pürer/J. Raabe 1996, 37f.).

Die Bündelung der Funktionen der Nachrichtenübermittlung, der Meinungsäußerung, der Unterhaltung und der Anzeigenwerbung im Medium der (Tages)zeitung sowie die Funktionstrennung von Verleger und Autor/Redakteur hatte auch schon vor 1850 in einigen Organen der ausländischen Presse stattgefunden. Berühmte Beispiele sind etwa die *Neue Zürcher Zeitung* (seit 1780, seit 1785 unter dem bekannten Titel) und die in London gedruckte *Times* (1788). Beide Zeitungen unterhielten ein eigenes Korrespondentennetz und pflegten inhaltlich die Praxis, bei der Bewertung von Ereignissen unterschiedliche Standpunkte darzustellen, gleichzeitig jedoch Distanz zu allen Interessensgruppen zu wahren. In Deutschland war es der Verleger Cotta, der ähnliches mit seiner 1797 begründeten *Allgemeinen Zeitung* anstrebte: Ihr Erscheinungsort musste der drohenden Zensur wegen immer wieder verlegt werden. Die Zensur sorgte auch für das Verbot des 1814 von Joseph Görres gegründeten *Rheinische(n) Merkur(s)*: Als eine der ersten Zeitungen pflegte der *Rheinische Merkur* den Leitartikel als journalistische Stilform (vgl. Wilke 2000, 173). Später gegründete Qualitätsblätter waren im deutschsprachigen Raum die in Wien erscheinende *Neue Freie Presse* (seit 1864), die *Frankfurter Zeitung* (1866-1943), die *Norddeutsche Allgemeine Zeitung* (gegr. 1861), die *Deutsche Allgemeine Zeitung* (1919-1945) und das *Berliner Tageblatt* (1871-1939).

Neben dieser **Qualitäts- und Meinungspresse** bildeten sich in der zweiten Hälfte des 19. Jahrhunderts noch zwei andere Typen von Zeitungen heraus. Der erste Typus war die **Geschäftspresse**, die aus den »Avisen« hervorgegangen war und sich bis zum Ende des 19. Jahrhunderts zur »**Generalanzeiger**«-Presse entwickelte. Die politische Berichterstattung spielte in ihr nur eine untergeordnete Rolle, hingegen wurde der Lokalteil entwickelt, um möglichst viele Abonnenten innerhalb eines bestimmten Verbreitungsgebiets anzuziehen und damit Inserenten für den Anzeigenteil (Geschäftsanzeigen, Kleinanzeigen) zu gewinnen (vgl. Wilke/Noelle-Neumann 1990, 301). Der zweite Typus bestand in den **Parteizeitungen**, die in der ersten Hälfte des 19. Jahrhunderts als »Comité-Zeitungen« firmierten: Eine Gruppe politisch Gleichgesinnter beauftragte einen Kreis aus ihren Reihen mit der Zeitungsgründung. Letzterer ernannte einen Redakteur und garantierte die wirtschaftliche Grundlage. Wilke/Noelle-Neumann zählen daher die von der konservativen *Christlich-deutschen Tischgesellschaft* in Auftrag gegebenen und von Heinrich v. Kleist geleiteten »boulevardesken« *Berliner Abendblätter* (1810/11) ebenso zu den »Comité-Zeitungen« wie die 1842 von Karl Marx geleitete *Rheinische Zeitung* (Wilke/Noelle-Neumann 1990, 299f.). Freilich gewannen die Parteizeitungen erst nach Einführung des Parlamentarismus an Bedeutung: angefangen von der führenden Tageszeitung der Konservativen unter Bismarck, der *Neuen Preussischen (Kreuz-)Zeitung*, über die liberale *National-Zeitung*, die katholische *Germania* bis hin zu dem erst 1864 gegründeten *Sozialdemokrat* und dem ab 1876 gegründeten *Vorwärts*, der ab 1891 das Parteiorgan der Sozialdemokraten wurde.

Veränderungen vollzogen sich im ersten Drittel des 19. Jahrhunderts auch im Bereich der Zeitschriften. Zu nennen wären hier vor allem technische Neuerungen in Druck- und Bildreproduktion: Hinsichtlich der einsetzenden **Bildpublizistik** noch vor dem Aufkommen der neuen optischen Massenmedien spricht Wilke von einem »**Visualisierungsschub**« (Wilke 2000, 306ff.). Letzterer prägte etwa die neuen populären Familienzeitschriften wie etwa die seit 1853 herausgegebene *Gartenlaube*, aber auch das Erscheinungsbild von Witzblättern (*Kladderadatsch*) oder populär-allgemeinbildenden Zeitschriften (*Berliner Illustrirte Zeitung*).

3.3.1 Pressefreiheit und Zensur

Ein »deutsches Generalthema« (Rühl 1999, 176) der modernen Pressegeschichte ist der Kampf um die **Freiheit der Presse** von staatlichen und kirchlichen Zwängen. Pürer/J. Raabe zählen in ihrem Band über die Presse fünfzehn unterschiedliche, im Verlauf der Neuzeit angewandte Methoden der Zensur und Kontrolle auf, darunter:

– die Vorzensur (Prüfung von Schriften vor der Drucklegung),
– die Nachzensur (Kontrolle von bereits gedruckten oder im Handel befindlichen Schriften),
– die Impressumspflicht zur Identifikation von Druckwerken,
– der Kautionszwang, der es der jeweiligen Obrigkeit ermöglichte, das zwangsweise hinterlegte Geld bei unliebsamer Berichterstattung auch einzutreiben. Zugleich sorgte der Kautionszwang schon im Vorneherein dafür, dass die Berichterstattung nicht allzu kritisch ausfiel (vgl. Pürer/J. Raabe 1996, 48ff.).

Bei Übertretung drohten Strafen wie die Konfiszierung und Vernichtung verbotener Schriften, Berufsverbote für Drucker, Händler und Verleger, Geldbußen, Vermögensbeschlagnahmung, Freiheitsstrafen, ja zuweilen sogar die Todesstrafe (vgl. Stöber 2000, 105). Bei all dem ist freilich zu berücksichtigen, dass die Zensurbestimmungen in Reichsgesetzgebung und den jeweiligen Landesgesetzgebungen keineswegs einheitlich waren, häufig unterschiedlich strikt gehandhabt wurden und auch die »Frontlinien« zwischen Zensurgegnern und -befürwortern »keineswegs nur zwischen Publizisten und Staatsbediensteten« verliefen (ebd.). Auch innerhalb der Staatsverwaltungen fanden sich hier unterschiedliche Auffassungen. Die Forderung nach »**Preßfreiheit**« wurde in Deutschland erst seit dem späten 18. Jahrhundert öffentlich erhoben: Zu diesem Zeitpunkt war die Zensur bereits in England (Aufhebung der Zensur 1695), in Frankreich (Aufhebung der Zensur erstmals 1789) und in der *Bill of Rights* des amerikanischen Staates Virginia (1776) abgeschafft. In der sich entspinnenden Debatte über die Abschaffung der Zensur lassen sich **drei Verstehensweisen von Pressefreiheit** unterscheiden:

– Pressefreiheit wird als Gnadenerweis der Obrigkeit verstanden, was bedeutet: Sie wird seitens des absolutistischen Fürsten den Untertanen gegenüber gewährt.
– Pressefreiheit wird aus Gründen der Zweckmäßigkeit eingeführt, was bedeutet: Entsprechende Gesetze werden erlassen, weil es einer Regierung für die Entwicklung des Staates opportun erscheint.
– Pressefreiheit wird als fundamentales Menschenrecht begriffen, was bedeutet: Sie gilt als individuell einklagbares Recht (vgl. Pürer/J. Raabe 1996, 51; Rühl 1999, 176f.).

Die Auflösung des alten Deutschen Reiches im Jahr 1806 bedeutete zwar das Ende der jahrhundertelangen kaiserlichen Buch- und Pressezensur, ging jedoch einher mit einem von Napoleon ein-

geführten Pressekontrollsystem: Napoleon nutzte dabei geschickt
die propagandistischen und nachrichtenpolitischen Potenziale der
»Großmacht Presse«, wie er sie nannte. So führte er auf seinen
Feldzügen eine Druckerei mit sich, die Armeezeitungen herstell-
te, um Nachrichten über die eigenen militärischen Erfolge sofort
verbreiten zu können (vgl. Wilke 2000, 166). Auf der Seite seiner Gegner in den einzelnen deutschen Staaten wiederum suchte man etwa ab 1813 Zeitungsneugründungen zu befördern, um
die patriotische Stimmung gegen die napoleonische Herrschaft zu
verstärken: Die politische **Meinungspresse** begann sich zusehends
stärker zu profilieren.

Nach dem Sturz Napoleons stellte die Bundesversammlung in
Frankfurt 1815 die Pressefreiheit in Aussicht. In vielen deutschen
Einzelstaaten wurde die Zensur abgeschafft. Die restaurative Politik Metternichs und die »Karlsbader Beschlüsse« von 1819 machten jedoch den liberalen Bestrebungen ein Ende. Vorzensur und
Zensur wurden wieder eingeführt. In den folgenden Jahrzehnten
kam es zur Gründung von Exilblättern namhafter Publizisten. Erst
das Frankfurter Paulskirchen-Parlament hob im Zuge der bürgerlichen Revolution von 1848 die Zensurbestimmungen wieder auf.
Die nachfolgend verabschiedeten Pressegesetze enthielten aber wieder einschränkende Bestimmungen – wenn auch eine Vorzensur
nicht mehr stattfand (vgl. dazu u.a. auch Wadle 2006, 61-77).

Nach der Reichsgründung von 1871 schickte sich die kaiserliche Regierung an, auch die Pressegesetzgebung zu vereinheitli-
chen. Im Reichspressegesetz von 1874 wurden die landesrecht-
lichen Beschränkungen der Pressefreiheit aufgehoben – jedoch
behielt man sich vor, in Zeiten von Kriegsgefahr und Aufruhr
entsprechende Gesetze zu erlassen. Von diesem Vorbehalt machte Bismarck Gebrauch, als er nach dem Erlass des Sozialistenge-
setzes von 1878 gegen die sozialdemokratische Presse vorging: 42
Parteiblätter mussten zeitweise eingestellt werden. Mit Ausbruch
des Ersten Weltkriegs (1914) begann die Phase einer strikten Mi-
litärpressezensur mit Veröffentlichungsverboten und inhaltlichen
Anweisungen. Erst Artikel 118 der Weimarer Verfassung enthielt
ausdrücklich das Zensurverbot und die Gewährung der Mei-
nungsfreiheit, jedoch keinen Schutz der Pressefreiheit. Diese konnte durch das Notverordnungsrecht des Reichspräsidenten (Art. 48)
eingeschränkt werden (vgl. Pürer/J. Raabe 1996, 54).

Die rechtlichen Aspekte von Zensur und Pressefreiheit dürfen allerdings nicht darüber hinwegtäuschen, dass sich inzwischen
auch andere, moderne und in vielen Fällen weitaus effizientere Methoden der Presselenkung etabliert hatten: Bismarcks »Reptilien-

fonds« wäre hier ebenso zu nennen wie etwa die gezielte Nachrich-
tensteuerung (vgl. dazu Lückemeier 2001), mit deren Hilfe häufig
Machtkämpfe etwa innerhalb des Kabinetts ausgefochten wurden (Beispiel: die »*Kladderadatsch*-Affäre« (1892), vgl. dazu Wilke 2000, 289). Vielfach geübte Praxis seitens der Regierung war
auch der restriktiv gehandhabte Zugang zu Informationen durch
ausgesuchte Redakteure bzw. Journalisten. Doch auch die Akteure des Pressewesens sahen sich zusehends in der Lage, politischen
Einfluss auszuüben. Publizisten wie etwa Maximilian Harden (vgl.
dazu Bösch 2006, 99-120) liefern hierfür ebenso Beispiele, wie etwa die Rolle des Hugenberg-Konzerns: Letzterer prägte das Mei-
nungsklima in der Weimarer Republik auch durch seine marktbeherrschende Stellung bei der Belieferung deutscher Zeitungen
mit Nachrichten (vgl. dazu Neitemeier 1991; Stöber 2000, 128).

3.3.2 Die Zeitung als modernes Wirtschaftsprinzip, Beschleunigungsprozesse des Journalistischen

Die Hintergründe für die wachsende Bedeutung des Presse- und
Nachrichtenwesens ab der zweiten Hälfte des 19. Jahrhunderts
können hier nur skizziert werden. Mit zunehmender verkehrstech-
nischer (Bau der Eisenbahnen) und wirtschaftlicher Erschließung
(Industrialisierung) stieg auch der Bedarf an Nachrichten und deren tagesliterarische Erörterung. Das Wachstum der Gemeinden
machte zudem auch eine **ausführlichere Lokalberichterstattung**
erforderlich. Zunehmende Verstädterung, verschärfte gewerbliche
Konkurrenz und industrielle Entwicklung ließen zudem auf der
Seite potenzieller Anzeigenkunden das Bedürfnis nach möglichst
massenhaft verbreiteten Werbe-Inseraten für die eigenen Produkte
entstehen. Die »Avisen«-Zeitungen waren mit größeren regionalen Anzeigenmärkten konfrontiert, mussten also an der Ausweitung ihrer Leserschaft interessiert sein. Um jedoch möglichst viele
Menschen aus unterschiedlichen Schichten und Berufsgruppen zu
erreichen, schien es geboten, das inhaltliche Spektrum im redaktionellen Teil der Zeitung zu erweitern und redaktionelle Inhalte
möglichst allgemein verständlich zu formulieren.
　　Zu berücksichtigen ist auch der **veränderte Charakter von Öffentlichkeit**. Neue Themenstoffe für Nachrichten und Erörterungen boten die politischen Parteien, die öffentlichen Parlaments-
und Gerichtsverhandlungen, das florierende Theaterwesen mit
seinem modernen Starkult, später dann der Sport (Pürer/J. Raabe
1996; Wilke 2000).

Der Weg vom Generalanzeiger zur **modernen Massenpresse** war somit vorgezeichnet. Er beruhte auf dem Prinzip der Querfinanzierung, d.h. durch die Einnahmen aus dem Anzeigenverkauf war es möglich, den Preis der Zeitung herabzusetzen, sie also für ein immer breiteres Publikum zugänglich zu machen – und somit wiederum die Attraktivität des Blattes für die Anzeigenkunden zu steigern. Die Generalanzeiger, so hatte der Zeitungswissenschaftler Karl Bücher das Prinzip schon 1912 überspitzt umschrieben, seien Unternehmen, die Anzeigenraum als Ware produzierten, welche nur durch einen redaktionellen Teil absetzbar sei (vgl. Wilke 2000, 157, Nussberger 1984, 27ff.).

Die Verleger der entstehenden Massenpresse, die auch »**Marktpresse**«, und in England »Penny Papers« genannt wird, stammten nicht aus dem intellektuellen Milieu des schriftstellerischen Journalismus, sondern waren Kaufleute aus verwandten Geschäftszweigen: Annoncenvermittler (Rudolf Mosse, der seinen Aufstieg der »Annoncen-Expedition«, d.h. dem gewerbsmäßigen Verpachten von Anzeigen an diverse Presseorgane verdankte), Buchdrucker (August Madsack), Papierhändler (Leopold Ullstein) oder gar Textilkaufmann (Wilhelm Girardet) (vgl. Stöber 2000, 231, Wilke 2000, 249). Sie etablierten gegen Ende des 19. Jahrhunderts große marktbeherrschende Pressekonzerne (R. Mosse, L. Ullstein, A. Scherl), wobei Ullstein mit der *BZ am Mittag* die erste größere **Boulevardzeitung** herausgab, die im Straßenverkauf vertrieben wurde. Pressekonzerne wie Ullstein oder Mosse erwarben aber auch Qualitätsblätter wie die *Vossische Zeitung* und das *Berliner Tageblatt*, die aus den Einnahmen der Massenpresse wirtschaftlich gestützt wurden (vgl. Wilke/Noelle-Neumann 1990, 301).

Paradox mutet es an, dass die unbarmherzige Pressekritik, die Karl Kraus um 1900 am Pressewesen der Moderne übte, sich eben nicht am Beispiel der Boulevardblätter entfaltete, sondern am Beispiel einer der angesehensten europäischen Qualitätszeitungen überhaupt: der in Wien erscheinenden *Neue(n) Freie(n) Presse* (vgl. dazu Arntzen 1975; Goldschmidt 1981; Krolop 1994; B. Müller 1995). Gerade das bei derartigen Qualitätsblättern praktizierte »Seriositäts-Prinzip« der Trennung von Anzeigen- und Redaktionsteil wird bei Kraus als heuchlerische Veranstaltung gebrandmarkt. In seinem Gegen-Organ, der Zeitschrift *Die Fackel* (1899-1936), finden sich zahlreiche konkrete Beispiele, die für Kraus vor allem eines belegten: die Diskrepanz zwischen dem angemaßten kulturellen Selbstverständnis einer Qualitätszeitung und ihren (etwa im Anzeigenteil zutage tretenden) zwielichtigen kommerziellen Geschäften. Die Kritik am ›**Wirtschaftsprinzip Zeitung**‹ ist bei Karl Kraus verquickt mit der Kritik an dem, was man ›Kulturprinzip Zeitung‹ nennen könnte: Die Praktizierung des Wirtschaftsprinzips (etwa per Anzeigengeschäft) mündet, nach Kraus, in die Korrumpierung der journalistischen Berichterstattung selbst und wirkt zugleich auf die Korrumpierung der in der Presse gebrauchten Sprache. Da auch letztere dem wirtschaftlichen Prinzip von Verkäuflichkeit und industriell-rationalisierter Herstellung unterliegt, ist es für Kraus nicht verwunderlich, dass in den redaktionellen Artikeln die (vorgestanzte) Phrase, die schlampig angewandte Grammatik und eine den wahren Sachverhalt verschleiernde Metaphorik dominiert. Insofern zielte Karl Kraus mit der Gründung seiner Zeitschrift darauf ab, die in der Pressesprache verborgenen wahren Absichten ihrer Verfasser (die letzteren oft gar nicht bewusst sein mochten) zu entlarven – und befindet sich damit durchaus in der Tradition der aufklärerischen Zeitschrift des 18. Jahrhunderts. Dass *Die Fackel* trotz ihrer Anfangserfolge beim Publikum aber letztlich ein Solitär in der Pressegeschichte bleiben musste, ist wohl auf ihre einzigartige wirtschaftliche Unabhängigkeit ebenso zurückzuführen (Karl Kraus finanzierte sein Projekt aus seinem privaten Erbe) wie auf ihre ebenfalls einzigartige Organisationsstruktur: Karl Kraus war ihr einziger Redakteur und häufig sogar auch ihr einziger Autor.

Das ›Geschäftsprinzip Zeitung‹ war aber nicht zuletzt auch gebunden an den zunehmenden **Aktualitätsdruck**, der den Verlauf der modernen Mediengeschichte dynamisierte. Der Faktor Zeit stellte dabei ein kaum zu überschätzendes Element in diesem Modernisierungsprozess dar: als zeitliche Verkürzung bzw. Beschleunigung der Nachrichtenübermittlung und des Produktionsprozesses von Tageszeitungen, als Aktualität der Berichterstattung und als eine am Großstadtleben orientierte Wahrnehmung, die Schreibstile und Leseverhalten veränderte.

Einen geradezu bahnbrechenden Schub in der Beschleunigung der **Nachrichtenübermittlung** bedeutete in diesem Zusammenhang die **Erfindung der elektrischen Telegrafie** und des Morsealphabets in den vierziger Jahren des 19. Jahrhunderts. 1848 wurde die erste größere Telegrafenlinie zwischen Berlin und Frankfurt eingerichtet. Ein Jahr später veröffentlichten die ersten deutschen Zeitungen telegrafisch übermittelte Nachrichten (vgl. dazu Aschoff 1987; Flichy 1994). Die Telegrafie (die zunächst per Kabel, danach drahtlos bewerkstelligt wurde) und später dann das Telefon eröffneten erstmals die Möglichkeit, Nachrichten über nahezu beliebig große Entfernungen übertragen zu können. Dies erforderte schon frühzeitig eine internationale Zusammenarbeit auf dem Gebiet der Telekommunikation. Die nachrichtentechnische Verkabelung der Kontinente wurde bereits 1858 bewerkstelligt: Das erste Telegramm, das zwischen Nordamerika und Europa gewechselt wurde, enthielt übrigens die Kursnotierungen an der New Yorker Börse!

Die neue Technik veränderte auch die Bedeutung der übermittelten Nachricht selbst. Mehr noch als in früheren Zeiten wurde die aktuelle, telegrafisch übermittelbare Nachricht zur Ware, die es zu sammeln, aufzubereiten und an interessierte Kunden zu verkaufen galt. Die großen **internationalen Nachrichtenagenturen** wurden gegründet: die *Agence Havas* (später: AFP) in Paris (1835), die *Harbour News Organisation* (später: AP) in New York (1848), *Reuter's Telegram Company* (Reuters) in London (1851) und *Wolff's Telegraphisches Bureau* (WTB) in Berlin (1849). Ihr Konkurrenzkampf um Marktanteile auf dem Nachrichtenmarkt war teilweise verquickt mit dem außenpolitischen Kalkül jener Staaten, von denen sie protegiert wurden. Als 1867 die Agentur Reuters die preußische Regierung ersuchte, den Betrieb von Reuters-Zweigbüros in Berlin und Frankfurt zu erlauben, wurde dieses Gesuch abgelehnt mit der Begründung, dass Reuters als englisches Unternehmen keine Garantie für eine den preußischen Interessen entsprechende Behandlung des telegrafischen Zeitungsstoffes biete (Wunderlich 1991, 35; Wilke 2000, 248). Reuters gelang es dennoch, unter anderem Firmennamen verdeckt in Deutschland zu arbeiten. Die preußische Regierung bemerkte jedoch den Etikettenschwindel und ordnete an, die Nachrichtentelegramme der regierungshörigen Wolff'schen Agentur bevorzugt zu befördern. Diesem staatlich gelenkten Aktualitätsvorsprung unterlag die Reuters-Konkurrenz. Sie musste sich 1870 mit wirtschaftlichen Verlusten aus Deutschland – mit Ausnahme von Hamburg – zurückziehen. Im gleichen Jahr schlossen die großen internationalen Agenturen einen Kartellvertrag, indem sie den Nachrichtenmarkt der gesamten Erde in der Art der europäischen Kolonialmächte untereinander aufteilten und einander bestimmte Weltteile zur jeweils exklusiven Sammlung und Verbreitung von Nachrichten überließen (vgl. Neitemeier 1991, 107; Basse 1991, 48ff.; Wilke 2000, 247).

Das Geschäft mit der Nachricht beschleunigte sich jedoch auch auf der Seite der Agenturkunden. Die Erfindung der Schnellpresse im Jahr 1811, des Rotationsdrucks im Jahr 1860 (seit 1872 im Gebrauch), des Vierfarbendrucks (1896), der Setzmaschine (1896), der gebrauchsfertigen Linotype (1884) und der Monotype (1897) waren wichtige Stationen auf dem Weg zur **rationelleren und billigeren Herstellung der Zeitung**. Die Erfindung der Papiermaschine (1816) und des Holzschliffs (1844) trugen dem wachsenden

Bedarf an Druckmaterial Rechnung (vgl. dazu Wilke/Noelle-Neu-
mann 1990, 302; Welke u. Fuchs 2000). Auch der Einsatz der
Fotografie für die Zeitungs-Berichterstattung (erstmals 1880) sollte weitreichende Folgen haben: für die Wirkung einer Nachricht
auf den Leser ebenso wie für die Selbstdarstellung von politisch
handelnden Akteuren in der Öffentlichkeit unter dem Aspekt einer fortschreitenden »Ästhetisierung der Politik« (vgl. dazu Macias
1990).

All diese Entwicklungen berühren die Definition des Aktua-
litätsbegriffs als Faktor einer zunehmenden Beschleunigung, wie
ihn einst Paul Virilio beschrieben hat (vgl. Virilio 1993) – und
zwar im Hinblick auf eine immer schnellere Übermittlung von
Informationen, im Hinblick auf die Verkürzung der Zeitspanne
zwischen einem Ereignis und seiner Bekanntmachung (Beispiele
sind die »Extrablätter« und die mehrmals täglich erscheinenden
Großstadtzeitungen, aber auch die späteren Live-Übertragungen
in Radio und Fernsehen) und schließlich im Hinblick auf das Bemühen, die subjektive Wahrnehmung des Menschen selbst zu be-
schleunigen, damit er sich ›auf den ersten Blick‹ einen Überblick
verschaffe über Ereignisse, die außerhalb seines eigenen Gesichts-
kreises liegen: Die hierarchisierende, an Prioritäten orientierte
Gliederung des Nachrichtenstoffes im modernen Zeitungslayout,
eine differenzierende, die Bequemlichkeit und Schnelligkeit des
Lesens fördernde Textgestaltung (Gliederung in Überschrift, Un-
terzeile etc.) und nicht zuletzt die Herausbildung der modernen
journalistischen Textsorten kommen dem entgegen.

Hier freilich deutet sich zugleich an, dass der **Begriff der ›Aktualität‹** nicht nur das Kriterium ›Zeit‹, sondern auch das Kriterium ›Relevanz‹ beinhaltet. Es handelt sich dabei durchaus um
eine, wie Wilke schreibt, »relative Größe, die sich aus der Spannung zwischen dem Inhalt einer Aussage und dem Bewußtsein
des jeweiligen Empfängers ergibt« (Wilke 1979, 375). Aktualität
sei damit auf die Struktur der menschlichen Aufmerksamkeit zurückzuführen. Letztere aber sei nicht nur physiologisch oder psy-
chologisch, sondern auch sozial normiert (ebd.).

Im Zeichen solcher **Beschleunigungsprozesse** stehen nicht zuletzt auch jene sprachlich-literarisch-methodischen Wechselbeziehungen, die sich zwischen Literatur und den modernen Sozialwissenschaften und dem Journalismus seit der zweiten Hälfte des 19.
Jahrhunderts herauszubilden begannen und hier nur angedeutet
werden können (vgl. dazu Haas 1999; Schütz/Wegmann 1996;
vgl. auch Prutz 1845). Zusammengefasst könnte man hier vier
Bereiche nennen, in denen solche Prozesse zu beobachten sind:

in der Themenwahl, im Bereich der Darstellungsformen, im Bereich der veränderten Wahrnehmung infolge der erwähnten Be-
schleunigungs- und Technisierungsprozesse, und im Bereich der
Funktionalisierung von Texten in einer veränderten Medienlandschaft insgesamt. So entstand etwa seit den 1840er Jahren insbesondere in Frankreich eine »journalistische Großstadtliteratur«
(Haas 1999, 208), die durch »Stadtthemen«, wie die Schilderung
städtischer Milieus gekennzeichnet war (etwa bei Eugène Sue). In
den achtziger Jahren des 19. Jahrhunderts vollzog der literarische
Naturalismus nicht nur eine konsequente Hinwendung zur sozialen Wirklichkeit, sondern befleißigte sich auch der empirischen
Darstellung: inspiriert durch die modernen Wissenschaften (deren
Methodik ebenfalls Einfluss auf die journalistische Sozialreportage
haben sollte) und orientiert am reportierenden Genre. Dies veranlasste etwa Theodor Fontane, an Emile Zola zu bemängeln, dass
dieser »das Reportertum zum Literaturbeherrscher« gemacht habe
(zit. n. Schütz/Wegmann 1996, 69). **Elemente der Sozialreportage** sollten vor allem auch die spätere amerikanische Literatur der
Moderne prägen: angefangen vom sozialkritischen Roman eines
Upton Sinclair bis hin zur Kriegsreportagen-Literatur eines Ernest
Hemingway. Die Wahrnehmung im Zeichen medialer Beschleunigung durch Zeitungsaktualität, Fotografie und den später entstehenden Film sollte sich in der impressionistischen »Fixierung des
Flüchtigen als Ziel« (Haas 1999, 209) ebenso niederschlagen wie
in der »Analyse des Augenerlebnisses als Methode« (ebd.): Dies
ist der Fall etwa im »literarisch flanierenden« Zeitungsfeuilleton
der Wiener Moderne um 1900, in den kurzen Skizzen eines Peter
Altenberg oder in der Flaneurästhetik von Charles Baudelaire bis
hin zu Walter Benjamin. Schließlich wird der Einfluss etwa des
Mediums Zeitung/Zeitschrift auf die Funktion, die Struktur und
die Rezeption literarischer Texte augenfällig, wenn man bedenkt,
dass etliche von ihnen zunächst als Fortsetzungsroman im Medium Zeitung oder Zeitschrift erschienen.

3.4 Verkörperungen des Journalistischen: Professionalisierung, literarische Klischees und historische Galionsfiguren

Die Zunahme der Presse- und Zeitungstitel sowie der steigende
Bedarf an aktuellen Nachrichten im 19. Jahrhundert erforderten
die aktive Nachrichtenbeschaffung durch den vermehrten Einsatz

von Korrespondenten. Die zunehmende Themenvielfalt und der damit einhergehende **Ausbau der redaktionellen Sparten** (politische Berichterstattung, Lokales, Sport, Feuilleton etc.) sorgten aber auch für den Bedarf an hauptberuflich (!) tätigen Redakteuren, die das eingehende Material sichteten, prüften und allgemein verständlich umschrieben. Insofern kann man eine ›Verberuflichung‹ des Journalismus vor allem ab der zweiten Hälfte des 19. Jahrhunderts konstatieren. Die Forschung spricht in diesem Zusammenhang von einer Professionalisierung des Journalismus. »Gemeint ist damit ein Prozess, in dem daraus ein Hauptberuf mit bestimmten Funktionen, Rollen und Merkmalen wurde und dieser sich im Lande ausbreitete« (Wilke 2000, 292).

Wilke weist allerdings zu Recht darauf hin, dass der Begriff der Professionalisierung nicht in dem strengen Sinn zu verstehen sei, wie ihn die moderne Berufssoziologie definiere. Schließlich gilt für den Beruf des Journalisten in Vergangenheit und Gegenwart gleichermaßen immer noch das, was Walther von La Roche in seinem praxisbezogenen Standardwerk schreibt:

Journalist kann sich nennen, wer Lust dazu hat. Die Berufsbezeichnung ist nicht geschützt; es gibt kein gültiges Berufsbild, keine Mindestvoraussetzung der Qualifikation, nichts (von La Roche 1999, 15).

Verfehlt wäre es jedoch, aus dem Fehlen einer verbindlichen Berufsordnung zu schließen, dass es sich bei den hauptberuflichen Journalisten des 19. Jahrhunderts um Personen mit geringem Bildungsstand gehandelt habe. Das Gegenteil ist vielmehr der Fall. Aus dem vorliegenden (freilich vergleichsweise spärlichen) Zahlenmaterial geht hervor, dass die meisten von ihnen über ein abgeschlossenes Hochschulstudium verfügten, viele von ihnen promoviert, ja sogar habilitiert waren (vgl. Wilke 2000, 293). In der Forschungsliteratur ist oftmals behauptet worden, dass der Bildungsstand der Redakteure insbesondere in der Zeit des Vormärz, also im frühen 19. Jahrhundert, besonders hoch gewesen sei. Mit zunehmendem Bedarf an hauptberuflich tätigen Journalisten habe dann ein Bildungsverfall und somit ein sozialer Abstieg beziehungsweise eine »Verfemung« des Journalistenberufes eingesetzt: Nicht mehr der »Doktor, dem die Habilitation verbaut war«, sei die hervorstechende Gestalt dieser späteren Epoche gewesen, sondern »der Student, der es nicht zur Promotion gebracht hatte [...]« (Engelsing 1966, 57). In jüngerer Zeit hat aber Jörg Requate anhand eigener Quellenrecherchen nachgewiesen, dass der Anteil der Journalisten mit Hochschulbildung für das gesamte 19. Jahrhundert bei über 80 Prozent lag (Requate 1995; Wilke 2000, 293). Requa-

te stellt in diesem Zusammenhang fest, dass der Journalismus für
nichtbürgerliche Schichten keineswegs so offen gewesen war, »wie
das angesichts des ungeregelten Berufszuganges vermutet werden
könnte« (Requate 1995, 237). Ergänzend könnte man hinzufü-
gen: Für Angehörige des materiell weniger begüterten Bürgertums,
denen der Aufstieg in den alten ständisch geprägten Bahnen aus
unterschiedlichen Gründen verwehrt blieb, stellte der moderne,
ungeregelte Beruf des Journalisten sicherlich eine neue Existenz-
Chance dar. Ein berühmtes Fallbeispiel hierfür bietet etwa Theodor Fontane, der in seinem erlernten Beruf als (angestellter) Apo-
theker nie eine Familie hätte ernähren können – und sich daher
entschloss, als Journalist und Auslandskorrespondent zu arbeiten,
wie die Autobiographie seiner Jugendjahre bezeugt (*Von Zwanzig
bis Dreissig*. In: »Werke und Schriften« Bd. 35: »Erinnerungen, ausgew. Schriften. u. Kritiken«, hg. von Walter Keitel. Frankfurt a.M.,
Berlin 1980).

Ein anders gelagerter Fall ist jener des Publizisten und »Acht-
undvierziger«-Revolutionärs Otto von Corvin, der die Offiziers-
laufbahn wegen einer »unstandesgemäßen« Heirat quittierte und
dem dieselben Standesschranken die Ausübung eines »bürgerlichen Berufes« nicht gestatteten: Auch er betätigte sich als freier
Journalist (vgl. Otto von Corvin: *Erinnerungen aus meinem Leben*. 3. Aufl. Bd. 1-4. Leipzig 1880). Hier deutet sich übrigens an,
was auch Stöber anmerkt: dass nämlich die akademisch gebildeten Journalisten der Qualitätsblätter sich häufig aus Kreisen derer
rekrutierten, die als engagierte Liberale oder Demokraten keine
Anstellung an einer Universität zu erwarten hatten (vgl. Stöber
2000, 197f.). Und schließlich wäre noch anzumerken, dass der
ungeregelte Berufszugang es später auch zahlreichen Frauen ermöglichte, sich als professionell Schreibende in den Medien zu
betätigen (vgl. beispielsweise Gabriele Tergit: *Etwas Seltenes überhaupt. Erinnerungen*. Frankfurt a.M., Berlin, Wien 1983). Die publizistischen Aktivitäten der politischen Frauenbewegung mögen
dies ebenso befördert haben, wie die kommerziellen Produkte der
Zeitschriftenpresse, die sich speziell an Leserinnen wandten (vgl.
Klaus/Röser/Wischermann 2001; Wischermann 1998; Duttenhöfer 2006, 139-168).

Stöber weist darauf hin, dass sich auch die rechtliche Stellung
der Journalisten gegen Ende des 19. Jahrhunderts änderte: Das
frühere **Kautionswesen** hatte den Journalisten in den Augen der
Gerichte zum »Herausgeber« gemacht, der zwar von Staats wegen als Verantwortlicher zur Rechenschaft gezogen werden konnte, seinem Verleger gegenüber jedoch eine unabhängigere Stellung

einnahm, da der Verleger des Journalisten, auf den die Kaution ausgestellt war, bedurfte, um die Zeitung verlegen zu können. Das Reichspressegesetz von 1874 schaffte die Kaution ab und schuf so die Voraussetzung für die Festanstellung des Berufsjournalisten (Stöber 2000, 198).

Im Zuge der fortschreitenden Professionalisierung gründeten sich auch erste **Standesorganisationen**: In Wien wurde bereits 1859 der Journalisten- und Schriftstellerverein *Concordia* gegründet. Erste zentrale Gründungsbestrebungen in Deutschland gingen von den Deutschen Journalistentagen aus, die seit 1864 stattfanden. Daneben existierten lokale Vereinigungen. Erst 1895 aber kam es zur Gründung des *Verbandes deutscher Journalisten- und Schriftstellervereine*, der sich u.a. mit der Schaffung von Sachverständigenkammern, der Einführung von Berufsausweisen, Gesetzesfragen und Versicherungseinrichtungen befasste. 1902 wurde der *Verein Deutscher Redakteure* gegründet, von dem sich nur wenige Jahre später eine Gruppe abspaltete und schließlich in eine Neugründung mündete, dem *Reichsverband der deutschen Presse* (1910). Bis zum Ende der Weimarer Republik und teilweise noch bis ins ›Dritte Reich‹ hinein bildete er den zentralen Berufsverband der hauptberuflichen Journalisten in Deutschland (Wilke 2000, 296).

3.4.1 Journalistisches Selbstverständnis

In seiner Darstellung konstatiert Jürgen Wilke eine Wandlung des journalistischen Selbstverständnisses seit der zweiten Hälfte des 19. Jahrhunderts: Habe der Zeitungsschreiber noch im 18. Jahrhundert seine Aufgabe darin gesehen, unparteiisch zu berichten und sich eigener Urteile zu enthalten, sei es im Zuge von Aufklärung und der Revolution von 1848 gerade die »Gesinnungsfestigkeit« gewesen, die nun von einem Journalisten erwartet wurde, denn »Gesinnungslosigkeit« habe sich als vorauseilender Gehorsam der Zensur gegenüber selbst diskreditiert (Wilke 2000, 295; Requate 1995, 270). Es ist jedoch fraglich, ob die journalistische Praxis innerhalb dieser unterschiedlichen historischen Strukturen von Medialität und Öffentlichkeit durchgängig auf ein subjektives Selbstverständnis der schreibenden Akteure zurückgeführt werden kann. Das intellektuelle Aufklärungsethos war im 18. Jahrhundert vorwiegend in der Zeitschriftenpresse verbreitet. Zahlreiche Zeitungsschreiber der Intelligenzblätter hingegen betrieben das meist unstrukturierte Sammeln von Meldungen aller Art als Geschäft. Ein Kriterium wie die **Trennung von Meinungsäußerung und Bericht**

als **Qualitätsmerkmal** und ›Ethos‹ im größeren Stile wurde erst im
19. Jahrhundert praktiziert: etwa von der europäischen Qualitäts-
Tagespresse wie der englischen *Times*. Wiederum anders verhält es
sich mit der von politischen Interessen geleiteten **deutschen Par-
teienpresse des 19. Jahrhunderts**: Hier steht nicht die politische
Gesinnung des einzelnen Journalisten im Vordergrund, sondern
die politische Gesamtlinie des jeweiligen Blattes. Die entstehende
Massenpresse und das Nachrichtenagenturwesen wiederum erfordern nicht den »gesinnungsfesten«, sondern eher den »gesinnungs-
losen«, ja zuweilen (wie die Geschichte der Boulevardpresse oder
der Nachrichtenagenturen zeigt) sogar den »gesinnungsflexiblen«
Journalisten, der sein Schreiben an Kriterien wie Verkäuflichkeit
und (redaktionstechnischer) Effizienz ausrichtet.

Dass das professionelle Schreiben für die Zeitung modernen
Typs andere Eigenschaften erforderte, als das gelegentliche Verfassen gelehrter Artikel im Dienst eines aufklärerischen Bildungs-
ideals, wird in der Theorie des Öfteren beklagt. Schon Walter
Benjamin interpretierte in seiner Theorie des Erzählens den **Be-
richterstattungsjournalismus** im Zeichen der Populärkultur als
kulturellen Verfall. In seinem Werk über den empirischen Journalismus folgt Hannes Haas offenbar dieser Perspektive, wenn er
feststellt:

[...] die Praxis der liberalen Öffentlichkeit wurde ausgehöhlt durch die
Kommerzialisierung und die politische Funktionalisierung des Pressewesens. [...] Die journalistische Rolle veränderte sich vom Kommunikator
zum Mediator, der Informationen und Positionen vermittelte. [...] Mit
der Verberuflichung und den damit verbundenen Systemzwängen setzt
also der Prozeß der Instrumentalisierung von Journalismus ein. (Haas
1999, 204).

Ob die moderne Professionalisierung tatsächlich einen prinzipiel-
len Bruch mit den älteren, ebenfalls zweckgerichteten Traditionen
journalistischer Tätigkeit bedeutete, sei einmal dahingestellt. Dass
sie aber zweifellos bestimmte Rollenbilder des Journalistischen
hervorbrachte, wird besonders augenfällig, wenn der Journalismus
zum Thema der literarischen Gestaltung wird.

3.4.2 Rollenstereotypen in Literatur und Öffentlichkeit

So präsentiert etwa Gustav Freytags Lustspiel *Die Journalisten* (1853) eine Art von **Typologie des bezahlten Schreibens** im
Dienste der Tagespresse, die bis in unsere Gegenwart hinein als

Klischee fortlebt. Da ist etwa die Figur des Redakteurs Bolz, der vor der gezielten politischen Intrige ebenso wenig zurückschreckt, wie vor der Manipulation der öffentlichen Meinung. Allzu abgedroschene Fälschungen indes, werden von ihm nicht toleriert. Seine Berufsauffassung verlangt, dass die redaktionellen Inhalte – wenn sie schon nicht der Wahrheit der Tatsachen entsprechen – so doch einen Mindestgrad an Wahrscheinlichkeit aufweisen, denn:

Es gibt so vieles, was geschieht, und so ungeheuer vieles, was nicht geschieht, daß es einem ehrlichen Zeitungsschreiber nie an Neuigkeiten fehlen darf. (Freytag, Ausg. 1920, 24).

Bolz, der seine publizistischen Aktivitäten in den Dienst einer bestimmten politischen Gruppe stellt, ist gleichwohl kein politisch-idealistischer ›Überzeugungstäter‹ (von inhaltlichen politischen Positionen ist im Freytag-Stück bezeichnenderweise überhaupt nicht die Rede), sondern kühl kalkulierender Karrierist. Insofern ist er in ähnlicher Weise korrumpierbar wie der weitaus glücklosere Schmock, der sich rühmt, »nach jeder Richtung« zu schreiben, sofern man ihn dafür bezahle.

Ob der Typus des käuflichen und politisch intriganten Journalisten der damaligen historischen Wirklichkeit entsprach, was Wilke mit dem Hinweis auf die guten Verdienstmöglichkeiten bestreitet (Wilke 2000, 294), ist in diesem Zusammenhang weniger relevant. Die Kunstfiguren Freytags repräsentieren idealtypisch die Funktionsweise eines Pressebetriebs als Teil einer bestimmten Art von Öffentlichkeit. Nicht das moralisch verwerfliche Handeln einzelner Journalisten steht im Mittelpunkt, sondern das Zusammenspiel zwischen den Akteuren in Politik, Publizistik und Wirtschaft.

Was Christian Jäger und Erhard Schütz für die Journalismusdebatten der frühen zwanziger Jahre des 20. Jahrhunderts feststellen – dass nämlich der Journalismus in den zeitgenössischen Veröffentlichungen offenbar »nur defizitär zu bestimmen« sei (Jäger/Schütz 1999, 241) –, tritt bereits in den zahlreichen Journalistenporträts im europäischen Roman gegen Ende des 19. Jahrhunderts zutage. So exemplifiziert der englische Autor George Gissing in seinem dreibändigen Roman *The New Grub Street* (1891) – die deutsche Übersetzung trägt den Titel *Zeilengeld* (1986) – die Funktionsweise des modernen Pressebetriebs am Beispiel zweier Figuren: Da ist der Schriftsteller Edwin Reardon, dessen Name bereits auf die hoffnungslos veraltete »Produktionsweise« seiner geistigen Hervorbringungen anspielt: Reardon ist ein skrupulös – und angesichts des Aktualitätsdrucks des modernen Pressebetrie-

bes viel zu langsam – arbeitender Autor, dem es vor allem um die
Qualität seiner Texte zu tun ist. Als sein Gegenspieler fungiert der
»Zeilenschinder« Jasper Milvain, ein sozialer Aufsteiger aus dem
Kleinbürgermilieu, der im Hinblick auf die gute Verkäuflichkeit
seiner Texte schreibt und sich darüber hinaus noch die Sympathien
einflussreicher Kreise zu sichern weiß. Natürlich wird am Ende
der marktbewusst agierende Milvain reüssieren, während Reardon
alles verlieren wird.

Gissings Roman zitiert die bekannte Frontstellung »Dichter versus Journalist« – und damit eine **Journalistenschelte**, die
»mindestens so alt ist wie der Buchdruck, vor allem aber mit dem
Aufstieg der großen Presse epidemisch wurde«, wie Erhard Schütz
feststellt (Schütz 1998, 97). »Der Journalist als abhängiger, be-
zahlter Schreiber«, so schreibt Jutta Jacobi, »wird als Repräsen-
tant der kommerzialisierten Unkultur empfunden. Er steht im Widerspruch zu der angestrebten Autonomie des Geistigen« (Jacobi
1989, 9). In dieser Tradition stehen die zahlreichen »Journalisten«-
Romane und Dramen des ausgehenden 19. Jahrhunderts und auch
die zeitgenössische Kritik an einem Schriftsteller, wie dem Journalisten Theodor Fontane, dessen Romane manchen seiner Kritiker
als allzu feuilletonistisch galten (vgl. Schütz 1998, 97). In derselben Tradition stehen aber auch die Verfluchungen der vermeintlich
sprach- und literaturverderbenden Presse durch Karl Kraus (der
mit seiner »Fackel« eine Anti-Presse zu etablieren suchte), das Ne-
gativ-Stereotyp des Journalisten als »Schwein« im 20. Jahrhundert,
wie es etwa in den Romanen von Hans Fallada bis hin zu Hermann Hesse auftaucht (vgl. dazu Schütz 1984), sowie die Funda-
mentalkritik eines Gegenwartsschriftstellers wie Botho Strauß mit
seiner – übrigens fast wortgenau an einen Text von Joseph Roth
aus dem Jahre 1925 (vgl. Schütz 1997, 53) erinnernden – Polemik
gegen »die Sprache der Journalisten, jener platt gegen den Tag, im-
merzu gegen die Scheibe der Zeit stoßenden Fliegen des Geistes«
(Strauß 1995, 324). Erhard Schütz weist darauf hin, dass derartige
Polemik vor allem im 19. und 20. Jahrhundert »allermeist von sol-
chen kam, die mit dem eigenen Journalismus abspaltend haderten«
(Schütz 1998, 98), und sieht darin eine Auseinandersetzung um
Positionsbestimmungen innerhalb des Literaturbetriebs unter dem
Druck einer sich insbesondere im 20. Jahrhundert verschärfenden
Medienkonkurrenz. Mit der zunehmenden Durchlässigkeit der
»Reviergrenzen« etwa zwischen »Literatur/Dichtung« und »Jour-
nalismus/Reportage« seit Aufkommen der Massenpresse – wobei
Literaten journalistisch für den Zeitungsbetrieb arbeiten und Jour-
nalisten sich literarischer Techniken bedienen – und unter den

Bedingungen einer zunehmenden medialen Beschleunigung ent-
brennen die Distinktions-Kämpfe um »Signifikanz und symbolische Kapitalisierung dort, wo es keine gewachsenen und ererbten
Besitztümer mehr gibt« (ebd.).

Auch Jutta Jacobi interpretiert das in der Literatur des ausgehenden 19. Jahrhunderts thematisierte Konkurrenzverhältnis zwischen »Dichter« und »Journalist« als Kampf zweier Gruppen von
Textproduzenten um die Vorherrschaft in der Bildung des öffentlichen Bewusstseins (vgl. Jacobi 1989).

Im Hinblick auf die Rolle des Journalisten im modernen Pres-
sebetrieb wird dabei immer wieder das brisante »**Spannungsfeld
von Sittlichkeit und Kommerzialität**« (Jäger/Schütz 1999, 242)
berührt, wobei für den Begriff »Sittlichkeit« auch ›inhaltliche Qualität‹ oder ›anspruchsvolle Differenziertheit journalistischer Texte‹
stehen könnte. In diesem Spannungsfeld, so Jäger/Schütz, seien
die Publizisten als Beschäftigte eines an der Verkäuflichkeit des
Produktes ›Zeitung‹ orientierten Unternehmens situiert. Da sie
sich aber an beiden Polen orientieren müssten, erhalte ihre Position »etwas Changierendes, Ambivalentes« (ebd.). In der öffentlichen Meinung aber werde ihnen diese Wechselhaftigkeit, die aus
ihren beruflichen Bedingtheiten resultiert, als charakterliches De-
fizit angeheftet.

Es ist nun aber zu beobachten, dass sich das – gerade auch von
Journalisten fortgeschriebene – negativ konnotierte Charakter-Kli-
schee des korrumpierten, opportunistischen Journalisten (vgl. dazu
Schütz 1984) häufig selbst als überraschend wandelbar erweist, ja
sogar zuweilen eine positive Umdeutung erfährt: So etwa steht der
Figur des aufdringlichen, marktorientierten und zynischen Sensa-
tionsreporters (dessen aktualisierte Ausgabe etwa noch in Heinrich Bölls Erzählung *Die verlorene Ehre der Katharina Blum* (1974)
auftaucht) der wahrheitssuchende idealistische Detektiv gegenüber
(Haas 1999, 239). Letzterer findet in Deutschland – und fand bis
1990 in beiden deutschen Staaten gleichermaßen – seine geradezu legendäre Verkörperung im historischen Vorbild des **Egon Erwin Kisch** (1885-1948), der als Vertreter eines »Journalismus als
Kunst« eine Referenzgröße für exzellenten Journalismus darstellt.
Kisch gilt als »**rasender Reporter**« (eine Selbstcharakterisierung,
zugleich Titel einer seiner Reportagesammlungen), als »einer der
scharfsinnigsten und leidenschaftlichsten Chronisten seiner Zeit,
immer wahr und parteilich zugleich [...]« (Karasek 1998, 5f.), als
»sozialistischer Kämpfer«, wie ihn die Literaturwissenschaft in der
DDR pries (vgl. Schlenstedt 1959, 6), fungiert aber auch – verblüffend genug – als Namensgeber eines renommierten Journalisten-

preises, den *Stern*-Herausgeber Henri Nannen ursprünglich (1977)
einmal als Preis für Tendenzlosigkeit verstanden wissen wollte (vgl.
Patka 1997, 21). Die »Legende Kisch« speist sich nicht zuletzt aus
der »beispiellose(n) Selbststilisierung« (ebd., Vorwort) des Autors
Kisch, der seinem »Reporter-Sein« den Anstrich des Outlaws, des
Rebellen und des ruhelosen »Bänkelsängers seiner selbst« (Hans
Albert Walter, zit. n. Patka 1997, 26) gab – und diese Attitü-
de häufig medienwirksam inszenierte. Erstaunlich ist jedoch, dass
selbst die Brüche in den unterschiedlichen Phasen der Reporta-
gepraxis bei Kisch sich offenbar widerspruchslos mit der Legende
Kisch verweben lassen. Da ist das ironische (?) Credo zur Neuen
Sachlichkeit der zwanziger Jahre des 20. Jahrhunderts in seinem
vielzitierten Vorwort zu seinem Band *Der rasende Reporter*:

Nichts ist verblüffender als die einfache Wahrheit, nichts ist exotischer als
unsere Umwelt, nichts ist phantasievoller als die Sachlichkeit. Und nichts
Sensationelleres gibt es in der Welt als die Zeit, in der man lebt (Kisch
1925, Vorwort. Zit. n. Haas 1999, 257).

Und da sind die fiktionalen Elemente in den Kisch-Reportagen,
wobei manch dort angegebenes Faktum der Überprüfung nicht
standhält, wie die Kisch-Forschung schon recht früh konstatierte
(Queißer 1957; Schütz 1986). Die »Kisch-Reportage« wiederum,
so konstatiert Marcus G. Patka, sei »in mancher Hinsicht einzig-
artig in der Literaturgeschichte, vor allem wegen der Darstellung
des Autors im Text«, der »nicht nur dauernd präsent« sei, sondern
»auch immer wieder beim Namen genannt« werde (Patka 1997,
14) Die Reporterfigur im Text bedient sich bei Kisch häufig des
Mittels der Camouflage: Der Reporter nimmt etwa zeitweise die
soziale Identität jener Personen an, über deren Milieu er berichtet, übernachtet gemeinsam mit Obdachlosen im Asyl oder fährt
zusammen mit anderen Saisonarbeitern als Hopfenpflücker aufs
Land. Zudem berichtet er über Situationen, in denen sich im Sinne
der Sensationsreportage kaum etwas ereignet (vgl. Schütz 1977).
Das Kisch-Verfahren der Kostümierung und der Alltagsberichter-
stattung aus unterschiedlichen Milieus findet seine Wiederaufnah-
me in der Gegenwart etwa bei Günter Wallraff, wirkt also nach
als eine Art von idealtypischem Verständnis für einen bestimmten
Reporter-Typus (vgl. Patka 1997, 29).
     Eine solch identifikatorische Wirkung freilich war anderen pro-
minenten Journalisten, wie etwa dem als »literarisch« gleichsam
geadelten Joseph Roth, nicht beschieden (vgl. Westermann 1987;
Pätzold 1999, 155).

Das erwähnte positiv oder negativ besetzte »**Doppelstereotyp**«, das Helmut Kreuzer einst im Hinblick auf die Figur des Bohémiens beobachtete (Kreuzer 2000) und das sich – wie die Beispiele »rasender Reporter/selbstloser Detektiv« versus »korrupter Sensationsreporter« zeigen – auf die Figur des Reporters mühelos übertragen lässt, erstreckt sich aber auch auf die Rolle des »Feuilletonisten«. Dem bei Karl Kraus in gut schopenhauerscher Tradition bemühten Klischee des sprachverhunzenden, oberflächlichen und verantwortungslosen Feuilletonschreibers entspricht auf der Gegenskala das Bild des sensiblen Essayisten, dessen Hervorbringungen sich denen des Literaten annähern. Auch diese Tradition hält sich hartnäckig bis in unsere Gegenwart.

4. Medien und Mediensysteme

Professioneller Journalismus realisiert sich in Medien. Medien werden in der Forschungsliteratur zugleich als technische und institutionelle Systeme begriffen (vgl. Pürer 2003). Aus technischer Perspektive sind sie (als Print-, Funk-, audiovisuelle, digitale Medien etc.) Produktions- und Übertragungssysteme, die Kommunikation über räumliche und zeitliche Grenzen hinweg ermöglichen. Als institutionelle Systeme sind sie Medienorganisationen, die Inhalte produzieren und vertreiben. Sie tun dies auf der Basis verfassungsrechtlicher Grundlagen. In Deutschland sind dies: das Grundgesetz, die Verfassungen der Länder, die Rechtsprechung des Bundesverfassungsgerichts, völkerrechtliche Regelungen, wie etwa die Europäische Menschenrechtskonvention und die Allgemeine Erklärung der Menschenrechte der Vereinten Nationen.

4.1 Rechtliche Grundlagen

Die zentrale Rechtsgrundlage für die Arbeit der Medien, der Journalisten, aber auch für publizistische Aktivitäten jedes einzelnen Bürgers bildet der Artikel 5 des Grundgesetzes der Bundesrepublik Deutschland. Dort heißt es:

Jeder hat das Recht, seine Meinung in Wort, Schrift und Bild frei zu äußern und zu verbreiten und sich aus allgemein zugänglichen Quellen ungehindert zu unterrichten. (Art. 5 Abs. 1 GG).

Ergänzend dazu hat das Bundesverfassungsgericht in seiner Rechtsprechung mehrfach die besonders hohe Bedeutung der Pressefreiheit hervorgehoben. Sie ist demnach nicht nur ein Individualrecht, sondern stellt eine für den demokratisch-pluralistischen Staat konstitutive und unentbehrliche Einrichtung da. Sie ist als Schutz gegen Eingriffe des Staates zu verstehen. Mehr noch: Der Staat ist verpflichtet, für den Bestand einer freien Presse zu sorgen. Staatliche Eingriffe, wie etwa Sondersteuern für die Medien oder Papier-Zuteilungen nach politischen Gesichtspunkten sind daher verfassungswidrig (Mast 2008, 142).

Bedingt unter anderem durch die föderale Struktur der Bundesrepublik sind die Rechtsgrundlagen der Presse und der übrigen
Medien auf mehrere Gesetzesmaterien und Vereinbarungen etwa
zwischen Standesorganisationen, Tarifpartnern etc. verteilt. Neben
dem Grundgesetz zählen dazu die Urteile des Bundesverfassungsgerichts, die einzelnen Länderverfassungen, die Landespressegeset-
ze, medienrelevante zivil- und strafrechtliche Bestimmungen, das
Kartellgesetz, das Fernmelderecht, das Urheberrecht, das Betriebs-
verfassungsgesetz, die Tarifverträge und Betriebsvereinbarungen
(vgl. Branahl 2006; Petersen 2008). Die Rechtsordnung räumt
Journalisten zudem eine Reihe von Sonderrechten ein – nicht als
persönliche Privilegien, sondern allein im Rahmen der Erfüllung
ihrer Aufgaben. Zu diesen Schutzrechten zählt etwa der Schutz
der Informationsquellen und Informanten durch das Zeugnisver-
weigerungsrecht, die Wahrung des Redaktionsgeheimnisses durch
Beschlagnahme- und Durchsuchungsverbote. Es gibt aber auch
Rechte, welche die Freiheit der Medienberichterstattung begren-
zen. Zu ihnen gehört beispielsweise das Allgemeine Persönlich-
keitsrecht, das den Persönlichkeitsschutz der Bürger betrifft. In
jüngerer Zeit sorgte vor allem die Gesetzgebung zur Kriminali-
täts- und Terrorismusbekämpfung für heftige Debatten darüber,
inwieweit bestimmte behördliche Maßnahmen die oben erwähnten Schutzrechte beeinträchtigen können (z.B. Jakobs 2008)

Der Gesetzgeber hat Presse- und privatwirtschaftlichen Rund-
funkunternehmen im Hinblick auf die Erfüllung der öffentlichen
Aufgabe zur umfassenden Information der Bürger einen Status zugeschrieben, der sie von den übrigen Wirtschaftsunternehmen unterscheidet: Erstere gehören danach zu den »**Tendenzbetrieben**«,
denen das Gesetz den sogenannten »Tendenzschutz« gewährt, der
die innerbetrieblichen Mitbestimmungsrechte einschränkt. Damit
soll verhindert werden, dass etwa redaktionelle Mitarbeiter die publizistische Ausrichtung eines Unternehmens gegen den Willen seiner Leitung beeinflussen (Mast 2008, 164; Kloepfer 1996).

4.2 Mediensysteme: Klassifizierungsmodelle

Der Begriff des »Mediensystems« wird in der Forschung einerseits
als Abgrenzung gegenüber anderen Teilsystemen der Gesellschaft,
wie etwa dem politischen System oder dem Wirtschaftssystem
gebraucht. Zum anderen werden darunter die Strukturen, Ordnungen, Wertehaltungen verstanden, welche die Medien in einer

geografischen Region oder in einem Staatsgebilde charakterisieren.
Im internationalen Vergleich (vgl. Thomaß 2007) unterscheidet
man allgemein zwischen **offenen Mediensystemen**, welche – etwa
in pluralistischen, westlich-demokratischen Gesellschaften – die
Freiheit der Kommunikation vor allem in politischer und rechtli-
cher Hinsicht gewährleisten, und **geschlossenen Mediensystemen**
in autoritär regierten Staaten, in denen die Meinungs-, Informa-
tions-, und Medienfreiheit durch Gesetze und (staatliche) Auto-
ritäten beschränkt, bzw. autoritär/totalitär kontrolliert wird (vgl.
Meier 2007, 91f.).

Einige Autoren nennen noch zusätzliche Klassifikationen (vgl.
z.B. Faulstich 2004). Angelehnt an Modelle aus der amerikanischen Kommunikationsforschung der 1950er Jahre unterscheidet
beispielsweise Klaus Meier zwischen vier Typen (wirtschaftslibe-
ral, sozialverantwortlich, autoritär und totalitär), wobei sich aber
die Abgrenzung insbesondere der beiden erstgenannten Kategorien voneinander im Einzelfall zuweilen als schwierig erweist –
insbesondere wenn man in Betracht zieht, dass allein das deutsche Mediensystem mit seinen recht unterschiedlich strukturierten
Medien-Institutionen eine ziemlich große Bandbreite aufweist. Die
Fachliteratur unterscheidet im Hinblick auf die institutionelle Me-
dienorganisation hier allgemein zwischen **privatwirtschaftlich** und
öffentlich-rechtlich geführten Medienunternehmen (Pürer 2003,
228f.; Meier 2007, 125). Was die Mediensysteme in technischer
Hinsicht angeht (s. Kap. 4, oben) so unterscheidet die klassische
Medienliteratur zwischen den großen massenmedialen Übertra-
gungskanälen wie Presse/Printmedien, Rundfunk/Hörfunk, Film/
Fernsehen: eine Unterscheidung, die mit dem Aufkommen der
Online-Medien zunehmend an definitorischer Sinnhaftigkeit ein-
büßt.

Denn bisher waren Medieninhalte an bestimmte Übermitt-
lungsformen gebunden: Ein Zeitungsartikel wurde in einer Zei-
tungsausgabe gedruckt, ein Rundfunkbeitrag im Radio gesendet
etc. Doch die Digitalisierung und das Aufkommen neuer Kom-
munikationsplattformen (Internet, Mobiltelefone) haben dazu geführt, dass bestimmte Medieninhalte längst nicht mehr nur einer
einzigen Übermittlungsform vorbehalten sind: Inhalte liegen in
digitalisierter Form vor, können auf mehreren Medienplattformen
zugleich verbreitet und verwertet werden. Auf den neuen Plattformen können zudem unterschiedliche Medienformen (Text, Bild,
Audio, Video), die bisher getrennt voneinander existierten, zusam-
mengeführt werden: ein Phänomen, das unter dem Begriff der
»**Konvergenz**« firmiert und nicht nur das Zusammenwachsen von

Medienformen und Mediengattungen (Quandt/Schweiger 2008, 11). bezeichnet, sondern auch als »**convergent journalism**« (Quinn 2005) Veränderungen in der Arbeitsweise von Redaktionen und Journalisten anzeigt. (Matthes 2006; K. Meyer 2005). Es wäre freilich allzu kurz gegriffen, wollte man daraus schlussfolgern, dass das Aufkommen des »Multioptionsmediums Internet« (Meier 2007, 153) das Verschwinden der historisch älteren Massenmedien bedeute: Dem vielzitierten – wenn auch von der Medienwissenschaft inzwischen relativierten – sogenannten **Riepl'schen Gesetz** zufolge (vgl. Riepl 1913) verdrängen neue Medien niemals dauerhaft die alten Medien. Letztere jedoch werden unter dem Druck der neuen Konkurrenz zu einem publizistischen Strategiewandel gezwungen und übernehmen andere Funktionen als bisher (vgl auch Faulstich 2004b). So etwa mutierte die Tageszeitung spätestens mit dem Aufkommen des Rundfunks von einem Medium, das vorrangig das Kriterium der Aktualität erfüllen konnte, zu einem Medium, das beispielsweise die Leserbedürfnisse nach lokaler Berichterstattung erfüllte. In ähnlicher Weise wird seit den 1990er Jahren das Verhältnis von gedruckter Zeitung zu den Online-Medien diskutiert (vgl. Neuberger 2003, 16-109; s. auch Kap. 4.3.2).

4.3 Die (west)deutsche Presse nach 1945: Entstehung, Institutionen und Veränderungen

Die folgenden Teilkapitel beziehen sich vor allem auf die Herausbildung und aktuelle Situation der Medienlandschaft in Deutschland. Letztere ist vorwiegend von den Entwicklungen in Westdeutschland nach dem Zweiten Weltkrieg geprägt. Einige, wenngleich durchaus bedeutsame mediengeschichtliche Themenkomplexe können daher keine Berücksichtigung finden. Dies ist zum einen die Instrumentalisierung der Massenmedien Presse und Rundfunk als Bestandteile des Propagandaapparates während der Herrschaft des Nationalsozialismus zwischen 1933 und 1945 (vgl. Zimmermann 2007; Frei/Schmitz 1999; Uzulis 1995; Kohlmann-Viand 1991; Koszyk 1972; Hagemann 1970), zum anderen der staatlich gelenkte Journalismus in der DDR bis 1989 (vgl. Wilke 2007; 2007b; Holzweißig 2002; Grobe 1995; Haller/Puder/Schlevoigt 1991). Auch für die Phase des Medien-Umbruchs und der umstrittenen Neustrukturierung der Medienlandschaft in den fünf neuen Bundesländern unter Beteiligung der Treuhandanstalt sei lediglich auf weiterführende Literatur verwiesen: auf die Gesamtdarstellungen von Pürer/Raabe (2007) und Schrag (2007) etwa, oder auf Einzeldarstellungen wie bei B. Schneider (1999) oder Kapitza (1997).

4.3.1 Presse und Journalismus nach 1945

Für die historische Phase nach dem Zweiten Weltkrieg gilt allgemein:

Die deutsche Medienlandschaft nach dem Ende des Zweiten Weltkriegs wurde maßgeblich von den vier alliierten Besatzungsmächten geprägt. Während die Sowjets in den von ihnen besetzten Gebieten nur Parteizeitungen zuließen, wobei durch Papierzuteilungen etc. die KPD (später SED) bevorzugt wurde (vgl. Pürer/Raabe 2007), beruhten die Maßnahmen der Westalliierten (Großbritannien, USA, Frankreich) auf dem Konzept der politischen Umerziehung (»reeducation«) mit dem Ziel einer Entnazifizierung und Demokratisierung der deutschen Öffentlichkeit: Bei allem strukturellen Neuanfang kann freilich von einer »Stunde Null« (vgl. Hurwitz 1972) nicht die Rede sein. Obwohl die Zulassungsbedingungen der Alliierten ursprünglich vorsahen, dass alle Personen, die in der Zeit von 1933 bis 1945 in der nationalsozialistisch gelenkten Presse verantwortlich tätig gewesen waren – sei es als Redakteure, als Verleger oder als Publizisten –, fortan von der Mitwirkung in den Medien ausgeschlossen sein sollten, »hat es mehr personelle Kontinuität gegeben, als es die ursprünglichen alliierten Vorschriften intendiert hatten, und dies auch in nichtjournalistischen Funktionen«, wie Jürgen Wilke vorsichtig anmerkt (Wilke 1999, 17). Andere Untersuchungen belegen, dass zahlreiche ehemalige Propagandisten des NS-Regimes nicht nur »weiterschrieben« (nun allerdings natürlich im Sinne des demokratischen Aufbaus), sondern später beachtliche Karrieren in Presse, Rundfunk, Fernsehen und Medienforschung (!) durchliefen, dort als einflussreiche Journalisten die Kultur der öffentlichen Kommunikation im Nachkriegsdeutschland prägten – und mithin ihren Teil zum langen öffentlichen ›Beschweigen‹ der NS-Vergangenheit beitrugen (vgl. dazu Köhler 1995; Köpf 1995). Der Anteil der ehemals emigrierten, zurückgekehrten Publizisten blieb dem gegenüber gering (vgl. Biller 1994).

Dennoch wurde der westdeutsche Journalismus nach 1945 zweifellos durch das Bemühen beeinflusst, **angloamerikanische Grundsätze des Journalismus** in den deutschen Medien zu verankern, so etwa die Trennung von Nachricht und Meinung, und das

Prinzip objektiv-sachlicher Berichterstattung. Ob solche Prinzipien allerdings wirklich »deutschen Traditionen« so grundlegend widersprechen, wie in der Medienforschung immer wieder behauptet wird (vgl. beispielsweise Wilke 1999, 17; Donsbach 1990, 63ff.), wäre besser noch einmal im internationalen historischen Vergleich zu überprüfen. Rudolf Stöber jedenfalls weist darauf hin, dass sich die Ansicht, der deutsche Journalismus habe vor 1945 nicht zwischen Nachricht und Meinung unterscheiden können und stehe auch noch in der Gegenwart in dieser Tradition, vor allem im Blick auf die NS-Zeit verfestigt habe (Stöber 2000, 168ff.), und fordert eine differenzierte Sichtweise.

Was den strukturellen Neuaufbau des westdeutschen Pressewesens angeht, so war letzterer von dem Lizenzsystem der Alliierten geprägt, das wiederum an die älteren historischen Traditionen des deutschen Regionalismus und der »Kleinstaaterei« anknüpfte (vgl. dazu Schütz 1986; 1998; 1999).

Für die entstehende Zeitungslandschaft Westdeutschlands zeitigte dies jeweils unterschiedliche Konsequenzen: So etwa begünstigte die Lizenzpolitik in den amerikanisch besetzten Gebieten (Bayern, Hessen, nördliche Hälfte des heutigen Baden-Württemberg, Bremen) die Entstehung lokaler Monopole (vgl. Pürer/Raabe 2007). Hingegen wurden in der britischen Zone (Niedersachsen, Nordrhein-Westfalen, Hamburg, Schleswig-Holstein) ab 1946 sogenannte »Parteirichtungszeitungen« favorisiert: Lizenzen wurden an Personen erteilt, die politischen Parteien nahe standen, sie wurden jedoch nicht den Parteien selbst überlassen. Auf diese Weise sollte verhindert werden, dass sich diese Zeitungen zu reinen Parteiorganen entwickelten. Auch wurden Konkurrenzzeitungen zugelassen, jedoch orientierte sich die Papierzuteilung an den Wahlergebnissen, so dass auch hier nicht von einer freien Konkurrenz gesprochen werden kann. In der französischen Zone wiederum, wurden Lizenzen für unabhängige Lokalzeitungen, aber auch für parteipolitische Blätter vergeben (vgl. auch Koszyk 1999; 1988; 1986).

Derartige Maßnahmen bewirkten, dass die Zeitungsdichte in den ehemals amerikanisch besetzten Gebieten zwar geringer war als etwa in den früher britisch besetzten Gebieten Norddeutschlands, doch Westdeutschland insgesamt über eine beachtliche Anzahl an Zeitungen verfügte. Dazu kam noch, dass 1949, nach der Gründung der Bundesrepublik Deutschland, mit der Aufhebung von Lizenzpflicht und Zensur (die bei den Westalliierten eine Nachzensur war) eine erneute Gründungswelle einsetzte. 1954 erschienen in der Bundesrepublik immerhin 1500 redaktio-

nelle Ausgaben, die von 225 Vollredaktionen produziert wurden.
Doch Pressekonzentration, Kooperationen und diverse Übernah-
men trugen in den folgenden Jahrzehnten dazu bei, dass sich in
den westlichen Bundesländern die Zahl der Vollredaktionen seit
den 1950er Jahren fast halbiert hat: von 225 (1954) auf 118 im
Jahr 2007 (Mast 2008, 18). Dies bedeutet: Immer mehr unterschiedliche Ausgaben einer Tageszeitung verfügen über nur einen
einzigen, von einer Vollredaktion produzierten überregionalen
Mantelteil (was in der Pressestatistik als eine einzige publizistische
Einheit gezählt wird). Für Gesamtdeutschland nach der Vereinigung der beiden deutschen Staaten und den Umwandlungsprozes-
sen in der ostdeutschen Presselandschaft galt in der ersten Jahres-
hälfte 2008: 137 Vollredaktionen arbeiten für 354 Tageszeitungen,
28 Wochenzeitungen und 6 Sonntagszeitungen als Herausgeber,
die gemeinsam auf eine Auflage von 25,95 Mio. Exemplaren kommen (BDZV 2008a, 3). Der Medienwissenschaftler Horst Röper
weist indes nach, dass 58,5 Prozent dieser Auflage aus den zehn
größten Verlagsgruppen stammt: eine Entwicklung, die von vielen
Medienbeobachtern als Gefahr für die publizistische Vielfalt in
Deutschland betrachtet wird (Röper 2008, 420-437; Mast 2008,
18; vgl. auch May 2008).

4.3.2 Struktureller Wandel des Pressewesens

Als privatwirtschaftlich organisierte Medien sind Zeitungen und
Zeitschriften kommerzielle Unternehmen, die dem Gesetz von
Angebot und Nachfrage unterliegen. Ihre Erlöse erzielen sie traditionell auf zwei Märkten, sofern es sich nicht um reine, gratis
verteilte Anzeigenblätter handelt: dem Anzeigen- und dem Pub-
likumsmarkt. Zugleich jedoch wird ihnen – gerade auch in den
Pressegesetzen – eine wichtige Funktion in einer demokratisch verfassten, pluralen Gesellschaft zugeschrieben. Als normativ zu verstehende »Vierte Gewalt« sollen sie eine Kritik-, Kontroll- und In-
formationsaufgabe gegenüber Staat und Gesellschaft erfüllen (vgl.
M. Löffler 1963). Dieser »Doppelcharakter privatwirtschaftlicher
Medienorganisationen« (Meier 2007, 127) wird bereits seit den
Anfängen des modernen Pressewesens als konflikthafte Konstellation in öffentlich geführten Debatten und literarischen Erzeugnissen thematisiert. Personalisiert erscheint diese Konstellation im
Journalisten, der, im Zielkonflikt zwischen Profitorientierung und
ethischen Grundsätzen arbeitend, sich in den Augen der Öffentlichkeit entweder als moderne Pathosfigur des Ethischen zu be-

währen hat, oder als exemplarische Verkörperung eines zügellosen
Ökonomismus dient (s. dazu Kap. 3.3.2 und 3.4.2).

Im Hinblick auf das Lesepublikum allerdings, hat dieses traditionelle Geschäftsprinzip der Zeitung bisher wichtige gesellschaftliche Funktionen erfüllt. Dies jedenfalls belegen die Autoren Pürer/Raabe (1996, 316ff.) im Hinblick auf die Lokal- und
die Regionalzeitungen. In Anlehnung an Petra E. Dorsch (Dorsch
1984) listen sie folgende Spezifika auf:

- die **Informationsfunktion**: Besonderes Interesse entwickeln Leser für Informationen aus dem Bereich des Lokalen,
- die **Servicefunktion**: Veranstaltungshinweise, lokale Anzeigen
  werden aufmerksam gelesen,
- die **Orientierungsfunktion**: Leser halten sich durch Hinter-
  grundberichte auf dem Laufenden. Das Wissen um das Tages-
  geschehen vermittelt ihnen ein Gefühl der Sicherheit,
- die **instrumentelle Funktion**: die örtlich und zeitlich nahezu unbegrenzte Verfügbarkeit des gedruckten Mediums, sowie
  die Tatsache, dass die Zeitungslektüre individuell und situat-
  ionsabhängig der Aufnahmebereitschaft des Rezipienten ange-
  passt werden kann. Pürer/Raabe erwähnen in diesem Zusammenhang noch die **Kultur- und Ritualfunktion der Zeitung**,
  insofern Lesen als kultureller Akt wahrgenommen und die
  Zeitungslektüre häufig als ritualisierte Tätigkeit praktiziert
  wird, »die eine allgemein legitimierte Privatheit erlaubt« (ebd.,
  317),
- die **Kommunikationsplanungsfunktion**: Der Leser informiert
  sich auch über kommendes Geschehen (ebd., 318),
- die **Alltagsfunktion**: Die Tageszeitung trägt zur Integration des
  Einzelnen bei, verhilft zur Teilnahme am städtischen Leben
  und dient als Themen- und Gesprächsstoff-Lieferant,
- die **Identifikationsfunktion**: Sicherung der Bindung an die lokale Umgebung etwa bei Personen, die nicht mehr aktiv am
  gesellschaftlichen Leben teilnehmen. Hier kann die Zeitung
  an die Stelle von Realkontakten treten,
- die **Habitualisierungsfunktion**: Die gewohnheitsmäßig betriebene Lektüre der »eigenen Zeitung« führt zu einer emotionalen Leser-Blatt-Bindung und zur Kultivierung der emotionalen
  Bindung an eine bestimmte Region.

Die hier aufgelisteten Faktoren verdeutlichen die Ursachen für den
stabilen, über viele Jahrzehnte währenden Erfolg vor allem der in
Deutschland vorherrschenden regionalen Zeitungen, von denen einige (wie etwa die *Süddeutsche Zeitung*) zugleich überregionale Be-

deutung haben. Sie erklären indirekt aber auch zugleich, warum dieses Modell spätestens seit Ende der 1990er Jahre in eine tiefe strukturelle Krise geriet. Symptomatisch hierfür sind folgende Entwicklungen:

- Die Auflagen der meisten Zeitungstitel sinken kontinuierlich seit 1997 (vgl. dazu *Medien- u. Kommunikationsbericht d. Bundesregierung T.2*, 2008, 14). Und dies betrifft sowohl jene Zeitungen, die von ihren Lesern überwiegend im Abonnement bezogen werden, als auch traditionell erfolgreiche Straßenverkaufszeitungen, wie etwa die *Bild*-Zeitung. Dies ist unter anderem auf ein verändertes Leseverhalten, aber auch auf veränderte Lebens- und Freizeitgewohnheiten vor allem der jüngeren Generationen zurückzuführen (vgl. z.B. Groeben/Hurrelmann 2004). Mit den Auflagen aber gehen auch die Reichweiten zurück, was sich auf das Anzeigengeschäft auswirkt.
- Insofern sanken in den vergangenen Jahren auch die Werbeeinnahmen: zwischen 2000 und 2005 um ein Drittel (Meier 2007, 144).
- Mit dem Internet erwuchs den Zeitungen zunehmende Konkurrenz: und zwar sowohl auf dem Werbemarkt, als auch auf dem Lesermarkt. Insbesondere die Rubrikenanzeigen wanderten ab. Jugendliche und jüngere Erwachsene begannen zunehmend, das Internet als Informations- und Service-Medium zu nutzen.
- Doch auch im Printbereich formierten sich neue Konkurrenten um die finanziellen und zeitlichen Budgets von Werbekunden und Lesern. Neben Anzeigenblättern, die ihren Lesern auf regionaler und lokaler Ebene kostenfreie Informationen bieten, haben bereits in den 1990er Jahren ausländische Verlage oder verlagsfremde Unternehmen versucht, Gratiszeitungen in mehreren deutschen Städten zu etablieren. Die Zeitungsverleger in Deutschland reagierten unter anderem mit der Gründung eigener Ableger, die indes nur in ICE-Zügen und in den Flügen ausgewählter Fluglinien kostenlos verteilt werden (vgl. dazu *Medien- u. Kommunikationsbericht d. Bundesregierung T.2*, 2008, 16)

Einige Tageszeitungen suchten dem Leserrückgang durch die Umstellung des jeweiligen Blattes auf ein kleineres Tabloid-Format und die Herausgabe von Kompaktausgaben in städtischen Ballungsräumen zu begegnen. Etwa um die Jahrtausendwende investierten die großen Zeitungsverlage dann in den Aufbau jeweils eigener Online-Plattformen im Internet. Den Angaben des Bundesverbands

der deutschen Zeitungsverleger zufolge, existierten im Jahr 2007
etwa 630 Online-Angebote deutscher Tageszeitungen (ebd.): Nahezu sämtliche redaktionelle Inhalte solch **publizistischer Websites**
werden den Internetnutzern meist kostenfrei zur Verfügung gestellt – und müssten eigentlich durch zusätzliche Einnahmen (kos-
tenpflichtige E-Paper-Ausgaben, Online-Werbung, Handel, Anzeigen etc.) gegenfinanziert werden (vgl. z.B. Vogel 2008). Doch »der
Aufwand für das Netz zahlt sich immer noch nicht aus«, stellte erst
kürzlich der Redakteur einer deutschen Tageszeitung fest:

Eine Anzeigenseite in der Zeitung bringt um einiges mehr an Einnahmen
als eine Reklame auf der Homepage. […]. Weniger Geld in der Kasse der
Konzerne und Verlagshäuser ist die Folge, deren Folgen wiederum der-
zeit eine dramatische Dynamik angenommen haben: Verringerung des
Angebots wie auch des Personals. (Segler in: FR-online.de v. 1.12.2008).

4.3.3 Veränderungen in redaktionellen Organisationen

Die skizzierten Veränderungen zeitigen erhebliche Auswirkungen
auf Beschäftigungsverhältnisse, Arbeitsbedingungen und Arbeitsabläufe der Journalisten und Redakteure. So etwa zeichnet sich
medienübergreifend schon seit vielen Jahren der Trend ab, redaktionelles Personal einzusparen. Insbesondere die großen Zeitungsverlage gliederten häufig ganze Redaktionsteile aus der Gesamtre-
daktion aus und ließen sie als selbständige Firmen weiterarbeiten
(»Outsourcing«), wobei die ehemals festangestellten Redakteure nun als Dienstleister für ihren ehemaligen Arbeitgeber (der
meist als einziger Auftraggeber fungierte) tätig wurden. Einer von
Weischenberg/Malik/Scholl erstellten Studie zufolge fungierten
zwar noch im Jahr 2006 die Zeitungen mit ihren etwa 17.100
Beschäftigten als größte Arbeitgeber für hauptberufliche Journalisten in Deutschland (ebd., 257), doch den zunehmend personell
ausgedünnten Kernredaktionen steht eine wachsende Zahl journalistischer Dienstleister und Freelancer gegenüber, die häufig von
journalistischer Arbeit alleine nicht mehr leben können und daher
in den Statistiken oft nicht mehr als hauptberufliche Journalisten
gezählt werden (vgl. dazu Mast 2008, 114).
Doch auch innerhalb der Kernredaktionen selbst haben technische Innovationen und ökonomische Rahmenbedingungen zu einschneidenden organisatorischen und hierarchischen Umstrukturie-
rungen geführt. Letztere können hier nicht im Detail aufgeführt
werden. Genannt seien hier nur folgende Trends:

- Die **Ökonomisierung** redaktioneller Organisationen führt zu
  einem veränderten Verständnis redaktioneller Interessen gegenüber Verlagsleitung und Marketingbereichen. Für heftige
  Diskussionen sorgte beispielsweise vor einiger Zeit die in deutschen Zeitungsredaktionen bisher undenkbare Doppelrolle des
  Chefredakteurs der *Berliner Zeitung*, der vom Eigner des Blattes
  zugleich noch als Geschäftsführer eingesetzt worden war. Der
  sich daraus ergebende Zielkonflikt zwischen journalistischem
  Qualitätsanspruch und einer renditeorientierten Betriebsfüh-
  rung mag als symptomatisch für eine marketingorientierte
  Wandlung innerhalb redaktioneller Organisationen gewertet
  werden (vgl. dazu *Zapp/NDR* vom 20.2.2008, unter *http://
  www3.ndr.de/sendungen/zapp/archiv/printmedien/zapp880.html*,
  25.01.2009).
- **Veränderte Arbeitsabläufe** aufgrund technischer Innovationen,
  wie Content Management Systeme oder Redaktionssysteme berühren die traditionelle Autonomie der klassischen fünf Ta-
  geszeitungsressorts (Politik, Wirtschaft, Kultur, Sport, Lokales). Redakteure arbeiten zunehmend in ressortübergreifenden
  Teams. Sie produzieren zudem redaktionelle Inhalte »**crossme-
  dial**« für gleich mehrere Distributionskanäle: beispielsweise für
  mehrere Print-Ausgaben, die unterschiedliche Leser-Zielgrup-
  pen ansprechen sollen, für verschiedene Medienformen (Text,
  Video, Audio) im Internet, für mobile Kommunikation. Solche
  Arbeitsabläufe werden in immer mehr Zeitungshäusern in zen-
  tral gesteuerten »**Newsrooms**«, bzw. »**Newsdesks**« koordiniert.
  Die Einführung der neuen Organisationsformen wird in abseh-
  barer Zukunft zu einem weiteren Abbau von Redakteursstel-
  len führen: Wie erst kürzlich kolportiert wurde, werden nach
  erfolgter Umstrukturierung allein bei der Mediengruppe der
  Westdeutschen Allgemeinen über 200 Redakteure ihren Arbeitsplatz verlieren! (Schilder in *FAZ* vom 26.1.2009, 31).
- Die in vielen Verlagshäusern angestrebte crossmediale Verzah-
  nung zwischen Print und Online (vgl. K. Meyer 2005) wird
  möglicherweise auch die vielerorts erst vor etwa einem Jahrzehnt begründeten speziellen **Online-Redaktionen** in den jeweiligen Pressehäusern betreffen. Es bleibt abzuwarten, inwieweit dies Folgen für die Spezialisierung, Marktchancen und
  Ausbildung von Online-Journalisten haben wird.

4.4 Der Rundfunk als Hörfunk: vom staatlich gelenkten Massenmedium bis zur ›dualen Rundfunkordnung‹

Der Begriff ›Rundfunk‹ verweist etymologisch einerseits auf die ursprüngliche Erzeugung der »Ätherschwingung« mittels elektrischer Funken, andererseits auf eine nicht-zielgerichtete »runde Aussendung von Signalen« an mehrere Empfänger gleichzeitig. Der Begriff umfasst damit Hörfunk und Fernsehen zugleich (Donsbach/Mathes 1990, 330). In der Bundesrepublik hat der Rundfunkbegriff nicht nur technische Bedeutung, sondern »entscheidet darüber hinaus über die rechtliche Zuordnung von Kommunikationswegen und damit letztlich auch über die politische Regelungskompetenz« (ebd.). Diese **Regelungskompetenz** war – im Gegensatz etwa zu dem von Anfang an privatwirtschaftlich strukturierten Hörfunk in den USA – schon im deutschen Kaiserreich ausschließlich dem Staat vorbehalten, in dessen Hoheitsbereich die Funktechnik lag. Von einem Medium ›Radio‹ im modernen Sinne konnte damals freilich noch nicht die Rede sein: Es handelte sich vielmehr um Funktelegrafie, die auf der Entdeckung elektromagnetischer Wellen (Heinrich Hertz, 1888), ihrer Nutzung per Morsetechnik neun Jahre später (Guglielmo Marconi) und der Entwicklung der technischen Grundlagen für eine unverschlüsselte Übertragung (Fessenden und DeForest) basierte (vgl. Aschoff 1984/87; Flichy 1994).

Zu einem publizistischen Medium entwickelte sich der Rundfunk erst in der Weimarer Republik ab 1923, wobei die Programmgestaltung inhaltlich-politisch unter dem Einfluss zweier staatlicher Institutionen stand: der von Reichspost und Auswärtigem Amt gelenkten Firma »Deutsche Stunde«, die für musikalisch-literarische Darbietungen zuständig war, sowie der vom Innenministerium begründeten »DRADAG«, die den Kurs für die politische Berichterstattung vorgab. Die außerdem existierenden neun regionalen Rundfunkgesellschaften in den einzelnen Ländern konnten das auf Reichsebene ausgeübte Programm-Monopol nicht brechen. Konzeptionell wurde der Rundfunk als unpolitisches, neutrales Medium definiert, das dem Wohl der Allgemeinheit, nicht dem der Parteien, dienen sollte (vgl. Dussel 1999; Donsbach/Mathes 1990; vgl. auch Hickethier 1998, 19ff.).

Es sei darauf hingewiesen, dass in dieser Frühzeit des Mediums durchaus noch andere Konzepte diskutiert wurden. So etwa entwarf Bertolt Brecht in einer Rede aus dem Jahr 1932/33 seine berühmte **Radiotheorie**, wonach »der Rundfunk« von einem

»Distributionsapparat in einen Kommunikationsapparat zu ver-
wandeln« sei. Dieser »Kommunikationsapparat« sollte in der Lage
sein, »nicht nur auszusenden, sondern auch zu empfangen, also
den Zuschauer nicht nur hören, sondern auch sprechen zu machen
und ihn nicht zu isolieren, sondern ihn in Beziehung zu setzen«
(*Werke* 1992, 552ff.). Was Brecht damals forderte, ist die **Aufhebung der »Einwegekommunikation«**, welche die »klassischen Medien«, Radio und Fernsehen inbegriffen, charakterisiert. Die Rolle
des Mediennutzers sollte, nach Brecht, dagegen nicht auf die des
passiven Konsumenten beschränkt sein, sondern aktive Teilhabe
ebenso einschließen wie die Kommunikation der Mediennutzer
untereinander.

Der Brecht'sche Ansatz zeitigte keine Konsequenzen für das
Medium ›Radio‹ (beruht doch selbst die moderne Konzeption der
›offenen Kanäle‹ auf der eindeutigen Trennung der Rollen von Hörer und Programmgestalter), doch wurde er in den 1990er Jahren
erneut im Zusammenhang mit dem Aufkommen des Internets diskutiert (z.B. Roesler 1997). Hingegen mag man es als Ironie der
Mediengeschichte werten, dass ausgerechnet das von Brecht als
potenzielles Mehrwege-Kommunikationsinstrument eingeschätz-
te Medium Radio sich in der Folgezeit als geradezu ideales Instrument der politischen Beeinflussung erwies. Mit dem Bau eines
billigen »Volksempfängers« förderten nach 1933 die Nationalso-
zialisten gezielt die Entwicklung des Rundfunks zu einem Massenmedium, das den Machthabern die nahezu flächendeckende
Verbreitung ihrer Propaganda sicherte.

Die unter dem Einfluss der Westalliierten geschaffene Rund-
funkverfassung in der Bundesrepublik Deutschland nach 1949
war nach dem Vorbild der britischen BBC als öffentlich-rechtliche Konstruktion in bewusster Abkehr von den zentralistischen
Formen eines Staatsrundfunks konzipiert worden (dazu Bausch
1980; Stuiber 1998, Bd. 2/1). Es kam zur Gründung selbstän-
diger Landesrundfunkanstalten, die sich 1950 zur *Arbeitsgemeinschaft der öffentlich-rechtlichen Rundfunkanstalten in der Bundesrepublik Deutschland* (ARD) zusammenschlossen. Nach mehreren
Strukturreformen und der deutschen Vereinigung, in deren Gefolge 1991/92 noch zwei zusätzliche Länderanstalten geschaffen
wurden, gehören zur ARD nun neun Landesrundfunkanstalten,
die neben insgesamt 54 regionalen Radioprogrammen, außerdem
noch – mit Ausnahme von Radio Bremen – regionale Dritte Fernsehprogramme ausstrahlen und ein gemeinschaftliches ARD-Fern-
sehprogramm produzieren. Es sind dies: Bayerischer Rundfunk,
Hessischer Rundfunk, Mitteldeutscher Rundfunk, Norddeutscher

Rundfunk, Radio Bremen, Rundfunk Berlin-Brandenburg, Saarländischer Rundfunk, Südwestrundfunk, Westdeutscher Rundfunk. Dazu kommt noch die Deutsche Welle als Auslandsrundfunk, der in zahlreichen Sprachen sendet. Zudem ist die ARD gemeinsam mit dem *Zweiten Deutschen Fernsehen* (ZDF) Träger des Deutschlandradios mit seinen beiden bundesweit ausgestrahlten Radioprogrammen Deutschlandfunk und Deutschlandradio Kultur. ARD und das 1963 gegründete ZDF finanzieren sich zum überwiegenden Teil aus den Gebühren ihrer Nutzer und nur zu einem kleinen Teil über Werbung.

4.4.1 Struktur, Programmauftrag und Angebote des öffentlich-rechtlichen Hörfunks

Als Anstalten des öffentlichen Rechts verwalten sich ARD und ZDF selbst. Ihre **Aufsichtsgremien** – der Rundfunkrat und der Verwaltungsrat – setzen sich aus Vertretern gesellschaftlicher Gruppen zusammen wie politische Parteien, Kirchen, Gewerkschaften, Berufsverbände etc. Bei ihrer Gründung erhielten sie den Auftrag, Nachrichten und Darbietungen unterhaltender, bildender und belehrender Art zu verbreiten. In ihren Programmgrundsätzen war auch festgehalten, unter welchen Umständen Vertretern politischer Parteien, der Kirchen und der Sozialpartner jeweils paritätische Sendezeiten einzuräumen waren. Rundfunkjournalisten wurden verpflichtet, Nachrichten und Kommentar voneinander zu trennen. All dies verhinderte freilich nicht, dass in Programmgestaltung und Personalpolitik häufig das Proporz-Prinzip im Hinblick auf die in den Aufsichtsgremien vertretenen politischen Parteien vorherrschte (vgl. z.B. Hömberg 2003).

Ähnlich wie den Printmedien werden dem öffentlich-rechtlichen Rundfunk (Hörfunk wie Fernsehen) die »klassischen« journalistischen Funktionen normativ zugeschrieben: **Information, Unterhaltung, Kritik und Kontrolle** (deren konkrete Ausgestaltung innerhalb bestimmter Sendungen zuweilen heftige parteipolitische Debatten auslöste), **Bildung und Erziehung** (die in solcher Benennung inzwischen fast völlig aus den Programmschemata der meisten Hörfunksender verschwunden sind), sowie **Orientierungshilfe**. Diese normativen Funktionen sind als **Programmauftrag** der öffentlich-rechtlichen Anstalten in den Rundfunkgesetzen geregelt. Charakteristisch für das deutsche Rundfunksystem ist dabei der **Grundsatz der (politischen) Ausgewogenheit und Pluralität**. Dass die Aufgaben des öffentlich-rechtlichen Rundfunks

die »Grundversorgung« der Bevölkerung mit einem umfassenden
Programmangebot in Bildung, Information und Unterhaltung mit
einschließen, hat das Bundesverfassungsgericht im Jahr 1986 ausdrücklich hervorgehoben (vgl. Donsbach/Mathes 1990).

Das vielfältige Programmangebot des öffentlich-rechtlichen
Rundfunks prägte zweifellos die Kultur der Nachkriegszeit in der
Bundesrepublik Deutschland. Theodor W. Adorno hatte »das Radio« als Bestandteil der von ihm geschmähten »Kulturindustrie«
gegeißelt (vgl. Adorno 1985; Horkheimer/Adorno, Ausg. 1979) –
und verlas doch im Hörfunk seine Vorträge. Hörfunkspezifische
Gestaltungsformen wie das Feature oder das Hörspiel, die bereits
in der Weimarer Republik von einigen wenigen Literaten (Brecht,
Döblin, Kästner) erprobt worden waren, avancierten in den 1950er
und 1960er Jahren zu sprachlich-literarischen Ausdrucksmitteln
einer ganzen Nachkriegsgeneration junger Schriftsteller: von Günter Eich über Ilse Aichinger, Ingeborg Bachmann und Marie Lui-
se Kaschnitz bis hin zu Heinrich Böll und Friedrich Dürrenmatt.
Autoren wie Alfred Andersch und Helmut Heißenbüttel wirkten
überdies als Hörfunk-Redakteure. Ihre »Radio-Essays«, Nacht-
programme, Features und Gesprächs-Sendungen prägten die literarischen und intellektuellen Debatten jener Jahre (vgl. Dussel/
Lersch/Müller 1995; Halefeldt 1999).

Auch im Bereich des Musiklebens kam dem Hörfunk eine
wichtige Rolle zu: angefangen vom Aufbau eigener Rundfunk-
sinfonieorchester und Big Bands bis hin zur absichtsvollen Förderung Neuer Musik per Kompositionsauftrag (vgl. Betz 1977).
Veranstaltungen wie die *Donaueschinger Musiktage* wären ohne den
öffentlich-rechtlichen Hörfunk ebenso wenig denkbar, wie die späteren elektronischen Klangexperimente der Komponistengenerati-
on etwa eines Karlheinz Stockhausen im Studio für elektronische
Musik des Westdeutschen Rundfunks.

Bis in die 1960er Jahre hinein fungierte der Hörfunk als Leitmedium und wichtigstes Freizeitmedium: Allein im Sendegebiet
des ehemaligen Süddeutschen Rundfunks/SDR war in den 1950er
Jahren zwischen 19.00 und 21.00 Uhr eine Hörerbeteiligung von
mehr als 50 Prozent der Bevölkerung zu erreichen (Halefeldt 1999,
215). Dies änderte sich ab 1954 mit der Ausstrahlung eines bun-
desweiten Fernsehprogramms. Erste interne Programmreformen
wurden unternommen. Die ›vertikal‹ gegliederten **Programm-
strukturen**, die alle Hörergruppen erreichen und alle Hörerinter-
essen nacheinander befriedigen wollten, wurden allmählich aufge-
geben zugunsten eines ›horizontal‹ gegliederten Gesamtangebots,
dergestalt, dass nun mit unterschiedlichen Programmen gleichzei-

tig unterschiedliche Hörergruppen angesprochen wurden. Diese Diversifikation des Programmangebots erwies sich als durchaus erfolgreich, wenn auch nicht zu verhindern war, dass der Hörfunk sich zum »Begleitmedium« entwickelte.

4.4.2 Privatrundfunk, Formatradio und ihre Auswirkungen auf den Hörfunkjournalismus

Eine weitere einschneidende Veränderung fand statt mit der **Einführung des ausschließlich werbefinanzierten privatwirtschaftlichen Rundfunks** (ab 1985/86). Seitdem spricht man vom **Dualen Rundfunksystem** in Deutschland. Als Aufsichtsbehörden für die privaten Rundfunk- und Fernsehsender in den einzelnen Bundesländern wurden durch die Landesmediengesetze eigene Institutionen geschaffen: die Landesmedienanstalten. Im Hörfunk konkurrieren seitdem die vorwiegend regionalen Programme der Privatanbieter und die entsprechenden Wellen der ARD-Anbieter miteinander. Ähnlich wie bei den Tageszeitungen, die in den 1990er Jahren zwecks Leserbindung und Leserwerbung verstärkt auf ihre Lokalberichterstattung setzten, ist auch bei den Rundfunkanbietern ein **Trend zur »Regionalisierung«** und »Lokalisierung« zu verzeichnen. Als Teil dieses Trends und als historischer Ausfluss der diversen Bürgerbewegungen der 1970er und 1980er Jahre dürften auch die – inzwischen von den Landesrundfunkgesetzen – ermöglichten und zumeist von Nichtjournalisten bestrittenen nichtkommerziellen »Bürgerradios« und »offenen Kanäle« mit ihren lokal eng begrenzten Reichweiten zu verstehen sein (vgl. Altmeppen/Donges/Engels 1999; Stuiber 1998, Bd. 2/2).

Mit dem werbefinanzierten privaten Hörfunk hielt aber auch das Formatradio amerikanischer Provenienz Einzug. Das **Formatradio-Konzept** (vgl. Halefeldt 1999) ist gekennzeichnet durch:

– die Orientierung an einer nach Alter, Musikvorlieben und Kaufkraft eng definierten Hörer-Zielgruppe,
– die »Durchhörbarkeit« seiner Programme: Im Gegensatz zum »Einschaltprogramm«, dessen Konzeption darauf beruht, dass die Hörer gezielt einzelne Sendungen auswählen (und danach wieder abschalten), sind die Programme des »durchhörbaren Formatradios« darauf ausgerichtet, möglichst ununterbrochen gehört zu werden – und zwar als ständige akustische Hintergrundkulisse, die »alltagsbegleitend« nebenher konsumiert werden kann. Natürlich erfordert diese Konzeption ein Programm,

das beispielsweise auf längere, anspruchsvolle Wortbeiträge verzichtet (Breunig 2001),
- die Gliederung seines Programms in Stundenrastern, welche
  die Platzierung einzelner Programmelemente vorgeben,
- die Platzierung kurzer Nachrichten jeweils am Beginn einer
  Stunde - oder fünf Minuten früher, um schneller zu sein als
  die Konkurrenz,
- die Beschränkung der Musikauswahl auf einen Kanon von Titeln, die sich in relativ kurzen Abständen wiederholen,
- die konsequente Einbettung aller Programmelemente in das
  Gesamtkonzept: angefangen von der Art der Moderation über
  die Sprache der Nachrichten bis hin zum Charakter der jeweiligen Musik (vgl. Halefeldt 1999, 223).

Dieses Gesamtkonzept dient vor allem dazu, möglichst viele Hörer
aus einer marketingstrategisch ermittelten Zielgruppe an den jeweiligen Sender zu binden, um Einschaltquoten möglichst gewinnbringend an die Werbekunden verkaufen zu können. Im Hinblick
auf den öffentlich-rechtlichen Sektor (dessen Unterhaltungsprogramme ja teilweise ebenfalls als Werbeträger fungieren) bedeutet
dies harten Wettbewerb sowohl in ökonomischer, als auch in publizistischer Hinsicht.
    In der ›dualen‹ Rundfunklandschaft wird dieser Wettbewerb
um Marktanteile zu einem wichtigen Faktor in der redaktionellen
Planung, der zunehmend auch die Inhalte der öffentlich-rechtlichen Programme prägt: In der einschlägigen Literatur wird auch
in diesem Zusammenhang von »Konvergenz« gesprochen. »Im Vertrauen auf das einheitliche Format und die Durchhörbarkeit des
Programms nähern sich die Programminhalte [...] einander an«
(Altmeppen/Donges/Engels 1999, 44; Merten 1994).
    Die »**Konvergenzhypothese**«, die ebenso für den Hörfunk als
auch für das Fernsehen formuliert wird (ebd.), bezieht sich vor allem auf die Annäherung der Programme der öffentlich-rechtlichen
Sender an die Unterhaltungsformate privater Anbieter. Andere Untersuchungen im Hinblick auf das Medium Fernsehen zeigen indes,
dass auch die Privaten die Informationsprogramme der öffentlich-
rechtlichen Sender teilweise kopieren (vgl. Bruns/Marcinkowski
1997).
    Konstatiert werden auch die Auswirkungen der zunehmenden
Marketingorientierung auf die Arbeit und das Selbstverständnis
der Journalisten und Redakteure. Auf die »Dichotomie von publizistischem Selbstverständnis und ökonomischer Rationalität des
Mediums« (Altmeppen/Donges/Engels 1999) wird dabei ebenso

verwiesen wie auf die herausragende Bedeutung, die etwa im »Formatradio« der Person des Moderators zufällt (ebd., 46). Über den
Moderator soll Hörerbindung hergestellt werden. Seine Moderation wird zum Element der Unterhaltung und fungiert gleichzeitig als »Inhaltsverzeichnis«, das, ergänzt durch Jingles und Teaser,
den Hörer darüber informiert, in welchem Programm er sich gerade befindet und welche Musikrichtung, Informationen etc. er zu
erwarten hat. Der sinkende Informationsanteil bei privaten Hör-
funksendern, die knapp bemessene Personalausstattung in den
Redaktionen, sowie die zunehmende »Vernetzung von Redaktion,
Verwaltung, Technik und Promotion« zwecks Optimierung des
Produkt-Absatzes bestimmen zunehmend die Arbeit, aber auch die
neuen Ausbildungsanforderungen an den künftigen Hörfunkre-
dakteur (ebd., 36; vgl. auch J.-U. Meyer 2007).

Dazu kommen ähnliche Entwicklungen, wie sie auch im
Printbereich im Zuge der Elektronisierung der Zeitungsredaktionen stattgefunden haben. Im Bereich von Hörfunk und Fernsehen ist es die **Digitalisierung der Redaktionstechnik**, welche
die zuvor getrennten technischen und redaktionellen Tätigkeiten
immer mehr in der Person des Redakteurs vereinigt – was mit
der Einsparung von Technikerstellen und einer Erhöhung des An-
teils der journalistischen Arbeitszeit für organisatorische Arbeiten
einhergeht. »Die höhere Produktverantwortung«, so bilanzieren
Altmeppen/Donges/Engels, sei mit einer »Dequalifizierung der
originären journalistischen Arbeiten (Recherche, Schreiben etc.)
verbunden« (ebd., 40): eine Diagnose, die sich ebenso auf das Medium Fernsehen bezieht.

4.5   Das Fernsehen: ein »Basismedium«
im Funktionswandel

Die technischen Anfänge des Fernsehens reichen bis in die 1920er
und 1930er Jahre zurück. Als »Symbol einer sich amerikanisieren-
den Welt« (Hickethier 1998, 61) erfuhr das Fernsehen in Europa jedoch erst nach dem Zweiten Weltkrieg größere Verbreitung.
Dennoch erreichte in Westdeutschland das Fernsehen zwischen
1952 (dem Beginn des offiziellen Fernsehprogramms beim damaligen Nordwestdeutschen Rundfunk in Hamburg) und 1963, als
das neu gegründete *Zweite Deutsche Fernsehen* zu senden begann,
bereits ca. 35 Prozent aller Haushalte (ebd., 112). Misstrauisch
beäugt wurde diese Entwicklung übrigens gleichermaßen von den

prominenten Kulturkritikern des politisch »linken« und »rechten«
Spektrums: Ähnlich wie die prominenten Vertreter der Frankfurter
Schule (s. Kap. 4.4.1) erklärte auch Günter Anders in seinem Werk
Die Antiquiertheit des Menschen (1956) das Fernsehen zu einem
Instrument, das die geistige Verkümmerung des Einzelnen bewir-
ke. Erst allmählich begannen Teile des Kulturbetriebs – Hans-
Magnus Enzensberger spricht noch 1988 vom Fernsehen als dem
»Nullmedium«, das als »Methode zur genußreichen Gehirnwä-
sche eingesetzt« werde (Enzensberger 1988, 244) –, sich mit dem
Fernsehen zu arrangieren – und sich schließlich selbst fernsehge-
recht zu inszenieren (vgl. Winkels 1999; Kirchner 1994; Mühlfeld
2006).

Binnen weniger Jahre entwickelte sich das Fernsehen zu einem weiteren »**Basismedium**« neben Radio und Zeitung – und
es prägte die visuelle Wahrnehmung, die Zeit-Organisation, das
Freizeitverhalten und die Lebensstile der nachfolgenden Generationen von Mediennutzern in ähnlich grundlegender Weise, wie
dies einst Fotografie und Film getan hatten (vgl. dazu Mikos 2001;
Schumacher 2000):

1. Als funktionale »Erweiterung des Radios« (Hickethier 1998,
   61) kombinierte das Fernsehen die beschleunigte Übermittlung
   von Nachrichten (die bereits ein Spezifikum des Radios darstellte) mit der filmischen Visualisierung von Ereignissen – im
   Falle von Live-Übertragungen sogar in »Echtzeit«.
2. Seinen Zuschauern bot das Fernsehen die Möglichkeit, am
   Weltgeschehen audiovisuell teilzuhaben – und zugleich »ganz
   privat zu sein«: Die ursprünglich ebenfalls radiospezifische Ver-
   schränkung von Privatheit und Öffentlichkeit wurde noch verstärkt (vgl. Kiefer 1999; Hickethier 1998).
3. In der Nachkriegsgesellschaft Westdeutschlands fungierte das
   Fernsehen als wichtiges Instrument von Urbanisierung (im
   Hinblick auf Konsumgewohnheiten, Lebensweisen und Unter-
   haltungsstrukturen), Mediatisierung der Wahrnehmung und
   gesellschaftlicher Modernisierung (vgl. Klingler/Roters/Ger-
   hards 1998; zur Rolle des Fernsehens in der DDR vgl. Hoff
   1998; 1990).
4. Die Ausbreitung des Fernsehens beförderte den gesellschaftlichen Integrationseffekt im Sinne einer »großen Erzählung« mit
   Hilfe derselben Bilder für die Zuschauer im gesamten Bundes-
   gebiet, so dass sich über die einzelnen Sendungen sogar ein
   »**Gemeinschaftsgefühl**« einstellen konnte. Bestimmte wieder-
   kehrende Sendungen, die in besonderer Weise als orientierungs-

stiftend betrachtet wurden, trugen zu einem ritualisierten Zuschauerverhalten bei, wie die Rezeption der »Tagesschau« vor Einführung der privaten Fernsehsender belegt (vgl. Kamps/ Meckel 1998).

5. Das Fernsehen betätigte sich als **Vermittlungsagentur gesellschaftlicher Modernisierungsprozesse** – und zwar dergestalt, dass über das Programm die Mechanismen demokratischer Entscheidungsprozesse vermittelt wurden. In den Jahren der gesellschaftlichen Umbruchs- und Aufbruchsstimmung nach 1968 lösten die in politischen Magazinsendungen wie »Panorama« oder »Monitor« behandelten Themen gesellschaftliche Kontroversen aus. Gleichzeitig wurden diese Sendungen selbst zum Gegenstand heftiger öffentlicher Debatten in den anderen Medien.

4.5.1 Fernsehen im Zeichen von Quotendruck und Kommerzialisierung

Ähnlich wie im Hörfunk-Bereich ist eine Zäsur im Bereich des Fernsehens spätestens mit der Zulassung privater Fernsehanbieter anzusetzen. Die technischen Voraussetzungen hierfür wurden Anfang der 1980er Jahre geschaffen, als die damalige Bundesregierung die Verkabelung der Bundesrepublik vorantrieb – eine Technologie, die jedoch nicht flächendeckend sein konnte und bald durch die Satellitentechnik ergänzt beziehungsweise abgelöst wurde – was eine veränderte Distributionssituation zur Folge hatte und sich auf das Medienverständnis und die Programmpraxis auswirkte (vgl. Steinmetz 1999).

Die Veränderungen in vielen Programmsparten der öffentlich-rechtlichen Fernsehanstalten, die in der Folgezeit stattfanden, werden gemeinhin mit dem Aufkommen der ausschließlich durch Werbung finanzierten **Programme privater Fernsehsender** wie RTL, Sat.1 oder ProSieben erklärt. Knut Hickethier weist jedoch darauf hin, dass sich schon Anfang der 1980er Jahre – noch vor Einführung der privaten Sender – eine stärkere Entpolitisierung und Unterhaltungsorientierung abzeichnete – und dies »nicht zuletzt unter starkem politischen Druck von außen« (Hickethier 1998, 382). Zugleich konstatiert er für diesen Zeitraum eine »Krise des Fernsehens«, die darin bestand, dass das Fernsehen einerseits zur festen Alltagsgewohnheit der Zuschauer geworden war, andererseits aber die gesellschaftliche Kommunikation nur dadurch vorantreiben konnte, indem es Neues, Aufsehenerregendes

und Besonderes zeigte – was natürlich nur in begrenztem Umfang
möglich war (ebd.).

Die bezüglich des Hörfunks bereits beschriebene »Selbstkom-
merzialisierung« des öffentlich-rechtlichen Fernsehens, dessen Pro-
grammplanung sich im Zeichen des Konkurrenzdrucks ebenfalls
zusehends an Einschaltquoten und an den Formatierungsstrate-
gien (vgl. Hickethier 1998, 526f.) der Privaten orientiert, ist nur
eine Tendenz unter vielen. Zu nennen sind hier ebenfalls die zunehmende »**Emotionalisierung**« und »**Dramatisierung**« der Fern-
sehinhalte (vgl. Paus-Haase u.a. 2000), der Trend zur **Personalisierung** etwa in der politischen Berichterstattung, die Tendenz
zur Schaltung homogener Angebotsblöcke hintereinander in den
Spartenprogrammen der Privatanbieter, die Etablierung von »Infotainment« und (Talkshow-)»Confrontainment«, sowie von neuen
Formaten, die einen Mix aus Fiktion und Dokumentation darstellen (Koch-Gombert 2005). Der Journalismusforscher Karl Renner
vertritt die Ansicht, dass der Trend zum Narrativen, zum *storytelling*, angesichts der audiovisuellen Möglichkeiten, die sich mit der
Digitalisierung des Fernsehens ergeben, zunehmen wird – gerade
auch im Fernsehjournalismus (Renner 2008).

Auf der Ebene des Programmangebots hat die Digitalisierung,
aber auch der Trend zur Internationalisierung, die Einrichtung
neuer öffentlich-rechtlicher Spartenkanäle vorangetrieben. So strahlt
die ARD digital noch die zusätzlichen Programme *EinsExtra*,
EinsPlus und *EinsFestival*, das ZDF noch einen Info-, einen Doku-
und einen Theaterkanal aus. ARD und ZDF haben darüber hinaus
den Kinderkanal *Ki.Ka*, und den Ereignis- und Dokumentationskanal
Phoenix etabliert Unter Beteiligung europäischer Sendeanstalten
werden zudem die Sender *3sat* und *arte* betrieben (Meier 2007,
149).

All diese Entwicklungen sind nicht zuletzt im Zusammenhang
mit einer zunehmenden Veränderung und Ausdifferenzierung von
Nutzungsstilen auf der Seite des Publikums zu betrachten (vgl.
Kreuzer/Thomsen 1993/94; Eichmann 2000).

So geht die »Entritualisierung« der Fernsehnutzung (Hickethier 1998, 532) einher mit der zunehmenden Vervielfachung
des Programms, die wiederum zur »tendenziellen Entwertung der
einzelnen Programminhalte« führt (Hickethier 1998, 491). Das
»Zapping«, der schnelle und bequeme Programmwechsel per Fern-
bedienung, wird zum Indiz dafür, dass sich das einstige »**Leitmedium Fernsehen**« (Wilke 1999, 302ff.) einerseits zur Ablen-
kungs- und Unterhaltungsmaschine gewandelt hat, andererseits
aber zusehends sein Publikum auf unterschiedlichen Kommunika-

tions- und Übertragungs-Plattformen sucht und auch findet (vgl. Kaumanns 2008).

4.6   Das Internet: ein »Metamedium« der Massen- und Individualkommunikation

Das Internet, ein elektronisches Netzwerk (unter anderen) hat sich in Deutschland etwa seit Mitte der 1990er Jahre eingebürgert. Es ist kein Massenmedium im klassischen Sinne eines eingleisigen Distributionsmediums vom Sender hin zum Empfänger, ja es ist sogar fraglich, ob der – in der Forschung bislang recht uneinheitlich definierte – Medienbegriff (vgl. Merten 1999, 133) hier überhaupt sinnvoll angewandt werden kann. Wie Jürgen Wilke schon Ende der 1990er Jahre feststellte, wäre das Internet vielmehr als »**Kommunikationsraum**« zu beschreiben, »in dem sehr verschiedene Kommunikationsmodi ihren Platz finden« (Wilke 1999, 753): angefangen von der Individualkommunikation per E-Mail oder Internet-Telefonie, über Chats, Newsgroups oder Foren, dem ›World Wide Web‹, das den Zugriff auf Dokumente ermöglicht, darunter auch auf die zahlreichen Plattformen des »**social web**« mit seinen vielfältigen Formen gemeinschaftlichen Publizierens, Präsentierens und Debattierens wie Wikis oder Weblogs/Blogs, bis hin zu Marketing-Präsenzen, persönlichen Webpages, Video- oder Podcast-Plattformen, Networking-Communities, Suchmaschinen und Datenbanken, oder eben den Online-Auftritten der etablierten Zeitungs- und Zeitschriftenverlage, sowie Rundfunkanbieter. Ein solch interaktiv nutzbarer elektronischer »Raum« ist, wie Meier zutreffend schreibt, »ein Spiegel der Multioptionsgesellschaft« (Meier 2007, 153): Jeder kann ihn prinzipiell nutzen, das heißt: Jeder kann als Sender und Empfänger von Inhalten, Botschaften etc. agieren: unabhängig von räumlichen und zeitlichen Beschränkungen. Darüber hinaus eröffnet das **Hypertext-Prinzip** den jeweiligen Nutzern die Möglichkeit, in individueller und nichtlinearer Weise durch miteinander verlinkte Inhalte zu navigieren (vgl. dazu Mast 2008, 621-626), also beispielsweise selbst zu entscheiden, wie intensiv oder extensiv er sich mit einem Thema befassen will. All diese Elemente machen das Internet zu einem amorphen Raum, in dem die Grenzen zwischen Individual- und Massenkommunikation tendenziell verschwinden.

Den etablierten Medienunternehmen und ihren eigenen Webauftritten erwächst daraus eine nie gekannte Konkurrenz – zumal

inzwischen 42,7 Millionen Erwachsene (das sind 65,8 Prozent)
in Deutschland das Internet nutzen (ARD/ZDF 2008). Da »die
Partizipation von Bürgern am öffentlichen Diskurs […] nun ohne
technischen Aufwand und ohne die Vermittlung oder Beschränkung durch Medieninstitutionen möglich« ist (Quandt/Schweiger
2008, 12), haben letztere das Monopol auf die Schaffung eines
allgemeinen öffentlichen Diskurses und die Verbreitung dem ent-
sprechender Nachrichten und Inhalte verloren (s. auch Kap. 5).
Von der Medienbranche wird daher das Internet zunehmend als
Metamedium wahrgenommen: als digitale Vertriebsplattform, die
sämtliche andere Medien integrieren und verbreiten kann (vgl.
Berliner Medienwoche 2008).

4.6.1 Das Internet verändert die Medien

Mehr noch: Durch die Nutzungsusancen im Internet kommt es
auch zur **Transformation aller Medien**, wie erst kürzlich Terry
von Bibra, Geschäftsführer der Suchmaschine »Yahoo! Deutschland« erklärte: Der Medienkonsument orientiere sich ausschließlich an seinen heutigen und künftigen Bedürfnissen, unterscheide
nicht zwischen Fernsehen und Internet, wolle vielmehr »content
nutzen«, egal in welcher Form (ebd.).

Ein Beispiel dafür, wie Entgrenzungsprozesse auf der Ebene
von Produzenten und Rezipienten in Gang gesetzt werden, bietet
das US-amerikanische Fernsehnetzwerk *Current tv* (http://current.
com). Ein Drittel der dort zum Abruf bereitgestellten Inhalte besteht aus kurzen Videobeiträgen, die von den Nutzern produziert
werden. Sämtliche Beiträge (inklusive Werbung!) werden von den
Nutzern gemeinsam oder in Abstimmung mit der Redaktion erstellt. Die Platzierung der Beiträge ist abhängig von der Resonanz
der Nutzer/Zuschauer.

Hingegen hat sich unter deutschen Medienunternehmen eine
Wettbewerbs-Debatte darüber entsponnen, inwieweit die gebüh-
renfinanzierten öffentlich-rechtlichen Medienanstalten der ARD
und des ZDF berechtigt sind, publizistische Inhalte auf ihren
Webseiten anzubieten, welche als Konkurrenzangebote zu jenen
der privatwirtschaftlichen Zeitungs- und Zeitschriftenverlage fungieren könnten: eine Frage von wirtschaftlicher Bedeutung, denn
die Erlöse, die mit der auf den jeweiligen Webseiten platzierten
Werbung erzielt werden können, bemessen sich nach der Anzahl
der Seitenaufrufe durch die Nutzer. Wer also über ein breitge-
fächertes Angebot verfügt, das dazu geeignet ist, möglichst viele

Nutzer anzulocken, verbucht die höchsten »Klickraten«. Der Streit wurde inzwischen durch die von den Ministerpräsidenten der Bundesländer kürzlich beschlossene Neufassung des 12. Rundfunkänderungsstaatsvertrags entschärft: Künftig sollen die Online-Redaktionen von ARD und ZDF nur sendungsbezogene Inhalte ins Web stellen dürfen. Zudem sollen deren Angebote in einem Drei-Stufen-Test daraufhin überprüft werden, ob sie dem öffentlich-rechtlichen Auftrag entsprechen, ob sie zum publizistischen Wettbewerb beitragen, und welche Kosten dabei entstehen.

Dabei sind es längst nicht mehr nur die klassischen Medienunternehmen, die etwa Nachrichten aufbereiten und präsentieren. Online-Provider, wie etwa *T-Online*, E-Mail-Anbieter (*Web.de*, *GMX*) und große Suchmaschinen (*Google*) sorgen auf ihren jeweiligen Internet-Portalen geradezu für einen Überschuss von ständig aktualisierten Meldungen, Bildern und Videos aus unterschiedlichen Themenbereichen: Inhalte, die übrigens der Nutzer längst nicht mehr in Echtzeit am Computerbildschirm abrufen muss, kann er sie sich doch nach Belieben etwa auf sein Mobiltelefon laden und unabhängig von zeitlichen und örtlichen Vorgaben abrufen.

4.6.2 Online-Journalismus

Über die Tätigkeit vor allem jener Journalisten, welche die Inhalte der Online-Auftritte etablierter Medien erstellen, wird seit etwa Ende der 1990er Jahre ein lebhafter Diskurs geführt. Im Hinblick auf die zahlreichen anderen Informationspräsenzen im Web spricht Matthias Zehnder von der »**Dekonstruktion der Journalisten**«, deren »professioneller Vorsprung« schwinde (Zehnder 1998, 181ff.), denn angesichts der Vielzahl von Angeboten und Partizipationsmöglichkeiten, die das Web für den Nutzer bietet, droht der Journalismus seine Sonderstellung als dominierender Akteur öffentlicher Kommunikation zu verlieren. Hingegen sieht Petra Thorbrietz den Journalismus sich wandeln »zu einer riesigen Suchmaschine, die immer wieder neue Themen aus dem globalen Nirwana an die Oberfläche holt und über Links zu Inhalten verwebt« (Thorbrietz 1998, 51). Während mancher US-Autor – so etwa Joshua Quittner in *HotWired*, einem der kurzlebigen Leitmedien der Internetkultur (Quittner 1995) – bereits 1995 einen völlig neuen Journalismus im Internet ausrief, der das Publikum durch multimediale Elemente wie Video, Audio und Hypertext sowie durch Interaktivität weit mehr als bisher an sich binden werde, beobachteten einige deutsche Medienforscher eine Funktionsverschiebung des Journalismus im Zeichen des Internets. Statt Informationen zu produzieren, so etwa Matthias Zehnder, müsse sich der Online-Journalist auf das **Selektieren von Informationen** konzentrieren (Zehnder 1998, 181ff.). Nun zählt aber das Selektieren von Informationen seit jeher zu den traditionellen Routinen journalistischer Arbeit (s. Kap. 6.1).

Dass der Online-Journalismus dennoch gewichtige Spezifika aufweist, ist aber nicht zu leugnen. Allein die Tatsache, dass die jeweiligen Inhalte von Webmedien ohne nennenswerten Aufwand permanent aktualisiert werden können, bedeutet nichts weniger als die Flexibilisierung einer ehemals an Erscheinungsdatum und die Zeiten des Redaktionsschlusses ehern gebundenen Periodizität. Insofern verwundert es auch nicht, dass auf den Webseiten der großen Anbieter die ständig aktualisierte Nachricht eine herausragende Rolle spielt. Nicht zuletzt soll ja der Nutzer mehrere Male am Tag auf dieselbe Website gelockt werden und dort stets andere Inhalte vorfinden (vgl. dazu Müller von Blumencron in Mast 2008, 634).

Seit Ende der 1990er Jahre hat eine **Professionalisierung** des Online-Journalismus stattgefunden, die indes, wie Quandt/Schweiger feststellen, »ihren Höhepunkt vermutlich lange noch nicht erreicht hat« (Quandt/Schweiger 2008, 11). Medienhäuser bilden Online-Volontäre aus, Hochschulen und Journalistenschulen bieten spezielle Studiengänge an. Mit der Einführung technisch ausgereifter redaktioneller »Content Management-Systeme«, die auch für den informationstechnischen Laien gut zu bedienen sind, entfiel auch die Notwendigkeit, sich spezielle Kompetenzen, etwa im Programmieren von HTML-Webseiten, anzueignen. Die Standards, die sich für den Online-Journalismus allmählich herausbilden, sind daher weniger von technischen Kriterien geprägt, sondern beziehen sich als Spezifika eher auf Formen der Informationsvermittlung (z.B. Dossiers, Newsticker, RSS-Feeds, die als abonnierte Schlagzeilen-Services automatisch auf die jeweiligen Endgeräte der Nutzer geladen werden) und des Informations-Designs (z.B. Gliederung von Inhalten als Hypertexte, Verknüpfungen von Angeboten und multimedialen Inhalten, Verlinkungen auf externe Websites). Als **Merkmale von Online-Journalismus** werden immer wieder genannt:

- die Beschleunigung der Aussagen-Produktion, durch den Bedarf nach ständiger Aktualisierung,
- die Transparenz redaktioneller und journalistischer Prozesse ge-

genüber dem Publikum: indem nämlich redaktionelle Produkte gewissermaßen vor aller Augen immer wieder aktualisiert
und korrigiert werden. Umgekehrt sind Online-Redakteure
über ständig verfügbare Nutzerstatistiken sehr gut darüber informiert, welche Inhalte von wie vielen und oftmals auch welchen Nutzern besonders häufig angeklickt werden (vgl. Mast
2008, 619),

– die Veränderung von Erzählweisen und die Bevorzugung bestimmter Stilformen, wie »die schlicht erzählte Nachricht oder
  die packende story«, (Müller von Blumencron 2008, 635),

– die stärkere Positionierung des Journalisten, sowie der interaktive Dialog mit dem Publikum (von Diskussionsforen auf der
  Webpage, bis hin zur Ermöglichung partizipativer Beteiligung
  von Usern, die eigene Bilder, Filme oder Texte als »**User Generated Content**« (z.B. unter *www.opinio.de*) einstellen können
  (Bartelt-Kircher 2008, 39). Größere Online-Redaktionen be-
  schäftigen für Nutzer-Betreuung und Publikumskommentare
  bereits sogenannte »community manager« (Quandt 2008, 143).

– Die crossmediale Arbeit. Sie »zwingt Journalisten bereits in der
  Recherche die Vorzüge der verschiedenen Kanäle zu bedenken.
  Bild- und Tonmaterial sind zusätzlich zu beschaffen. Visuelles
  Denken wird verlangt« (Bartelt-Kircher 2008, 39).

Aufschlussreich in diesem Zusammenhang ist eine von Thorsten
Quandt durchgeführte vergleichende Inhaltsanalyse tagesaktueller
Print- und Online-Nachrichtenangebote deutscher Medienverlage,
welche die Bedeutung der genannten Elemente wieder relativiert.
Der vielzitierte »User Generated Content« sei zum Erhebungszeitraum (Februar 2005) »ein absoluter Ausnahmefall«, konstatieren
die Verfasser (Quandt 2008, 143). Was den Dialog mit dem Publikum anbelange, so sei »eine Interaktion mit den Verfassern
[journalistischer Beiträge] [...] nicht in dem Maße möglich, wie
dies Apologeten eines ›interaktiven demokratischen‹ Journalismus
gefordert haben« (ebd., 151). Auch multimediale Elemente seien
weniger häufig vertreten als angenommen – was sich allerdings
inzwischen teilweise geändert haben dürfte, wenn man etwa die
Video-Nachrichtenfilme des Jahres 2008 von *SpiegelOnline* betrachtet. Was Thorsten Quandt allerdings für das Jahr 2005 im
Hinblick auf die hypertextuellen Verknüpfungen bemerkt, trifft
tendenziell auch noch für die aktuelle Situation zu. Links auf Beiträge außerhalb des jeweils eigenen Angebots, so Quandt, seien
die Ausnahme, da das Interesse der Anbieter ja darin bestehe, die
Nutzer auf den eigenen Webseiten zu halten und dadurch so viele

»Klickzahlen/Page Impressions« wie möglich zu generieren. »Ein externer Link ist in dieser Sichtweise nicht der Pfad zu weiteren Wissensbeständen, sondern oft der Weg zur Konkurrenz« (ebd., 144). Unter anderem beobachtet Thorsten Quandt aber auch die Tendenz zu einem, im Vergleich mit den Printmedien breiter gestreuten Themenspektrum mit umfangreicheren (!) Beiträgen, die der gängigen Vorstellung vom webspezifischen Informationshappen widersprechen (ebd., 138). Aus solchen Beobachtungen wird übrigens ersichtlich, dass die **funktionalen Zuordnungen zwischen Print und Online** durchaus noch nicht geklärt sind: Ist angesichts der vielfältigen Möglichkeiten etwa archivarischer Dokumentations- und Darstellungsweisen im Web wirklich das Element der »epischen« Erzählung gleichsam exklusiv dem Printmedium Zeitung vorbehalten, wie die Kommunikationswissenschaftlerin Miriam Meckel konstatiert (Meckel in: *FAZ* Nr. 19, 2009, 35)? Dagegen spräche beispielsweise auch die Kritik des Medienjournalisten Stefan Niggemeier, der im Juli 2008 erneut feststellt, was schon Klaus Meier neun Jahre vorher beobachtet hatte: dass nämlich viele Printprodukte sich damit begnügten, ihre Inhalte einfach nur ins Netz zu kopieren (K. Meier 1999, 17; Niggemeier, *FAZ* Nr. 28, 2008, 31).

Dass sich auch im Online-Journalismus der Konflikt zwischen publizistischem Ethos und geschäftlichem Interesse abbildet, ist ebenfalls Gegenstand mehr oder weniger harscher Kritik. So etwa geißelt Stefan Niggemeier den publizistischen Wettbewerb unter den Online-Anbietern als »verzweifeltes Wettrennen darum, mit irgendwelchen Mitteln die meisten Menschen auf die Seite zu bekommen und dort wiederum mit irgendwelchen Mitteln die meisten Klicks produzieren zu lassen, die dann [...] der Werbewirtschaft verkauft werden« (Niggemeier ebd.). Aus diesem Grund, so Niggemeier, ersetzten auch immer mehr Bildergalerien, Rätsel und Spiele die journalistischen Inhalte. Um möglichst viele Nutzer auf die eigenen Websites zu ziehen, finde dort zudem eine Flut beliebiger Nachrichten und Meldungen ihren Platz. »Das Filtern als journalistische Dienstleistung verschwindet weitgehend«. Als Indiz für die dramatische Entwicklung zum Nicht-Journalismus wertet Niggemeier auch die strategische Orientierung von redaktionellen Inhalten einiger Online-Medien an den Such-und Finde-Kriterien der marktbeherrschenden Internet-Suchmaschine *Google*. Will man seinen Recherchen glauben, so sind einige journalistische Artikel in den Online-Medien gar daraufhin optimiert, von *Google* bevorzugt ausgegeben zu werden.

Wie auch immer die harsche Kritik an solchen Erscheinungsformen des Online-Journalismus zu werten sein mag: Unbestreit-

bar ist, dass eine – auf solche oder ähnliche Weise manipulierbare
– Suchmaschine wie *Google* im deutschen Journalismus insgesamt
eine immer wichtigere Rolle als Recherche-Instrument einnimmt.
Da die Beschleunigung redaktioneller Abläufe und die Einsparun-
gen im Personalbereich vielen Redakteuren und Journalisten immer weniger Zeit für aufwendige Vor-Ort-Recherchen übrig lassen,
besteht die Gefahr, dass das suchmaschinenspezifische Ranking
von Web-Dokumenten künftig die Art journalistischer Berichterstattung dominiert. Denn auch das Suchmaschinen-Ranking ist
die Folge eines Geschäftsmodells: Suchmaschinen finanzieren sich
bekanntlich aus Einnahmen, die sie durch werbliche Platzierung
erzielen (vgl. dazu Kaumanns/Siegenheim 2007).

Mutieren also Journalisten zu Reportern »aus zweiter Hand«
(vgl. Bartelt-Kircher 2008, 39)? Im ungünstigsten Fall verfangen
sie sich in einem selbstreferenziellen Netz aus strategisch motivier-
ten Verweisen zu anderen Medien, Geschäftsinteressen und eiligen
Routinen.

Es liegt auf der Hand, dass solche Entwicklungen nicht nur den
Online-Journalismus berühren. Letzterer allerdings ist gezwungen,
sich zunehmend mit anderen Typen von Kommunikation und Öffentlichkeit im Web auseinandersetzen, wie folgender Exkurs zeigt.

5. Exkurs I: Blogger, Twitter, Journalisten

Damit müssen sich die Medien abfinden: Bürgerinnen und Bürger recherchieren selbst, lesen selbst Pressemitteilungen online nach und verständigen sich obendrein noch untereinander darüber. (Hooffacker 2008, 7).

So beschreibt Gabriele Hooffacker in ihrem Buch über Online-Journalismus die Merkmale einer Öffentlichkeit die gemeinhin mit Schlagworten wie »Web 2.0« oder »social web« beschrieben wird. Die neuen Publikationsmöglichkeiten, die das *World Wide Web* für jeden seiner Nutzer biete, so die These, definierten Öffentlichkeit neu. In sogenannten Blogs/Weblogs und Vlogs/Videoblogs, die auf persönlichen Websites als text- oder Bewegtbild-basierte Journale in der Manier von kommentierten Logbuch-Eintragungen geführt werden, artikulieren sich Informationen, Erfahrungen und Meinungen von Nutzern: ein »user generated content«, der über alle lokalen und nationalen Grenzen hinweg verbreitet wird und parallel zu den klassischen journalistischen Artikulationsformen und Verbreitungswegen existiert. Als *Bürgerjournalismus* oder *citizen journalism*, der sich gleichsam urwüchsig und basisdemokratisch jenseits aller starren Medienstrukturen artikuliere, wird die Praxis des »Bloggens« häufig emphatisch charakterisiert (vgl. dazu Gillmor 2004). Neben den »Blogger-communities« haben sich inzwischen auch andere Kommunikations-Netzwerke etabliert: wie etwa die Benutzergruppe von »Twitter«. *Twitter*, abgeleitet vom englischen Verb *to tweet* (dt.: *zwitschern*), ist ein Blogging-Dienst, mit dessen Hilfe sich angemeldete Benutzer kurze, bis 140 Zeichen umfassende, Textnachrichten senden und auf die Textnachrichten anderer antworten können (vgl. Simon/Bernhardt 2008). Ähnlich wie bei den meisten Web-Anwendungen bedarf es auch dazu nicht mehr des Computers: ein Mobiltelefon genügt. In den Blickpunkt der Medienberichterstattung rückt die Kommunikation per *Twitter* meist dann, wenn tatsächliche oder auch nur vermeintliche Augenzeugen von Katastrophen, Terroranschlägen oder Verbrechen ihre Beobachtungen vor Ort sofort ihrer jeweiligen *Twitter*-Benutzergruppe mitteilen. Auf diese Weise haben in zahlreichen Fällen auch Falschmeldungen und ungeprüfte Gerüchte Eingang in die Verbreitungskanäle auch traditioneller Medien gefunden (vgl. z.B. Jolmes in: *Zeit online* v. 13.3.2009). Letztere nämlich nutzen längst selbst die durch *Twitter* oder Nutzer-Websites wie *Facebook* angetriebenen Nachrichtenströme: einerseits zwecks Recherche eigener Geschichten, andererseits aber auch, um wiederum eigene Geschichten in Sekundenschnelle zu verbreiten.

Dezentrale Verteilzentren von Informationen und Inhalten, wie *Twitter*, *Facebook* oder diverse Blog-Websites haben die Geschwindigkeit der Informationsverteilung noch einmal zusätzlich erhöht – auch im Vergleich mit den Nachrichtenmeldungen, wie sie die großen Suchmaschinen-Betreiber wie etwa *Google* ständig ausstoßen. Ein anderer Teil der Informationsströme im Internet wird nicht mehr von Menschen verteilt, sondern besteht aus automatisch generierten Nachrichtenströmen, die nach Bedarf auf Internetseiten oder auch auf mobile Plattformen einzelner Abonnenten (etwa: per sogenannter RSS-Feeds) verteilt werden können.

Webbasierte Interaktivität, die dezentrale Verbreitung von Inhalten im »Echtzeitinternet« (vgl. dazu H. Schmidt in: *FAZ* v. 26.5.2009, 19), sowie die zunehmende Bedeutung von Diskursen, die von Internetnutzern auf eigenen Publikations-Plattformen außerhalb der traditionellen Medien-»Marken« geführt werden, gelten einigen Autoren bereits seit den Anfangsjahren des Word Wide Web als Indizien einer basisdemokratischen Diskurs-Utopie (z.B. Rheingold 1994). Gegenwärtig sind es die Weblogs, deren Bedeutung von manchen Autoren und Journalisten zur »5. Gewalt« stilisiert wird (vgl. Seeber 2008; Greenslade 2008, 10f.). Gewendet wird sie häufig gegen den tradierten Journalismus, der, so jedenfalls suggerieren es seine Kritiker, durch die Bloggerszene (vgl. dazu z.B. Thiel in: *FAZ* v. 12.4.2008, Z1) zusehends an Legitimation einbüße.

Journalismus in der Krise?

Journalisten haben, so beobachtet der Medienjournalist und »Blogger« Stefan Niggemeier in einem Interview, »ein Monopol verloren« (Niggemeier in: Hooffacker 2008, 11). Letzteres, so argumentiert Niggemeier, habe vor allem im exklusiven Zugang zu einer Vielzahl aktueller Informationen bestanden, sowie in der Möglichkeit, zu einem großen Publikum zu sprechen. Dies habe ihm eine privilegierte Stellung verschafft, die im Zeitalter webbasierter Kommunikation verlorengegangen sei.

Manche Journalisten fühlen sich dadurch offenbar bedroht oder empfinden es als anmaßend, dass nun irgendwelche Leute ganz ohne entspre-

chende Ausbildung sich als moderne Publizisten betrachten. Von Seiten
vieler Blogger entsteht die Antipathie daraus, dass sie Journalisten als
arrogant empfinden und die Grundlage für dieses Gefühl der Überheb-
lichkeit hinterfragen. Manche bloggen gerade auch deshalb, weil sie das
Gefühl haben, dass die etablierten Medien viele Fehler machen, einseitig
berichten oder wichtige Themen vernachlässigen – dadurch entsteht automatisch ein Konkurrenzverhältnis. (Niggemeier ebd.).

Ein Konkurrenzverhältnis, das sich freilich häufig schon durch die
Tatsache relativiert, dass etliche Akteure der deutschen Bloggerszene oft selbst als Journalisten für tradierte Medien arbeiten – und
ihre Blogs häufig auf die Inhalte in den tradierten Medien aus-
richten (vgl. z.B. Armborst 2006; Neuberger/Nuernbergk/Rischke
2007). So etwa betreibt Stefan Niggemeier gemeinsam mit anderen Journalisten den in Medienkreisen recht populären BILD-
blog (www.bildblog.de), eine Art ständig aktualisierter Sammlung
journalistisch geschriebener Kolumnen, die sich kritisch mit der
Berichterstattung der *Bild*-Zeitung auseinandersetzen. Ein solches
mediawatching mag sein Vorbild haben in einem journalistisch orientierten Gemeinschaftsblog wie der US-amerikanischen *Huffing-
ton Post* (http://www.huffingtonpost.com/). Als »Graswurzeljour-
nalismus« wird man jedoch beide Blog-Formen kaum bezeichnen
können. Dass, im Gegenteil, beide Medienwelten recht eng miteinander verknüpft sind, belegt auch der Medienwissenschaftler
Michael Haller anhand einiger an der Universität Leipzig durch-
geführter Kurzstudien (vgl. Haller in: *message* 4/2008, 15-18). Sein
Fazit: Zahlreiche themenzentrierte Weblogs bedienen sich der Re-
cherchearbeit der vielgeschmähten etablierten Medien und nutzen
sie auf parasitäre Weise (ebd., 17). Auch zeichnet sich, nach Haller,
gerade die deutsche Bloggerszene durch eine ausgeprägte Selbstbezüglichkeit aus: »Man denkt dabei an eine um Selbstfindung bemühte, sich krampfhaft abgrenzen wollende Gegenwelt, wie man
sie auch von jugendlichen Peergroups kennt« (ebd., 16). Und auch
die Verfasser einer der erwähnten Kurzstudien kommen zu dem
Schluss:

In der Welt der Blogger besitzen die Themen, die sich unmittelbar auf
das Bloggen beziehen, eine deutlich höhere Attraktivität als aktuelle soziale Konfliktthemen, selbst wenn diese das Alltagsleben der jungen Erwach-
senen und somit auch der Blogger unmittelbar betreffen (Kruse/Wrusch
in: *message* 4/2008, 23).

Darüber hinaus handelt es sich bei dieser »Welt der Blogger« um eine
vielfach ausdifferenzierte Szene mit recht unterschiedlichen Inter-

aktionsformen. Neben themenzentrierten Blogs wie dem *BILDblog*, finden sich skurrile Weblogs, die vor allem dem Austausch privater Befindlichkeiten von »In-Groups« dienen, Blogs, mit deren Hilfe sich Werbefachleute untereinander austauschen, Blogs namhafter Medienverlage, Fan-Blogs, kommerzielle Werbe-Blogs, oder sogenannte Meta-Blogs, deren Diskutanten sich über andere Blogs und deren Inhalte austauschen (vgl. Neuberger/Nuernbergk/Rischke 2007) Es ist also durchaus problematisch, all diese unterschiedlichen Erscheinungsformen unter der Kategorie eines alternativen Journalismus zu fassen. Umgekehrt mag gelten, was Michael Haller in diesem Zusammenhang formuliert:

Man lernt: Journalismus ist ein Modus der Weltbeschreibung, der überall funktionieren kann, sofern offene Medien zur Verfügung stehen und ein disperses Publikum erreichbar ist. (Haller in: *message* 4/2008, 17).

6. Journalistische Darstellungsformen, Berichterstattungsmuster und Berufsrollen

Die Herausbildung des professionellen Journalismus und seine historisch nachvollziehbare Tendenz zu ressortorientierter Spezialisierung einerseits (s. Kap. 3), der öffentliche Diskurs über den Journalismus, die Strukturierung des Mediensystems und das berufliche Selbstverständnis von Journalisten andererseits legen es nahe, bestimmte journalistische Handlungsrollen und Berichterstattungsmuster näher zu definieren. So unterscheidet etwa der Kommunikationswissenschaftler Siegfried Weischenberg teilweise in Anlehnung an amerikanische Modelle zwischen **Informationsjournalismus, investigativem, interpretativem, sozialwissenschaftlichem Journalismus, »New Journalism«** (Weischenberg 1983, 357ff.; vgl. auch Blöbaum 1994, 54): Eine Kategorisierung, die Hannes Haas in seinem Standardwerk über den *Empirische(n) Journalismus* mit einigen Vorbehalten modifiziert übernimmt (Haas 1999, 101ff.). Sowohl in der deutschsprachigen als auch in der angelsächsischen Journalismusforschung werden freilich immer wieder neue Kategorien ausgerufen, wobei die Kriterien zur Bestimmung der jeweiligen Begrifflichkeit durchaus uneinheitlich sind und die Begriffe selbst zuweilen auch recht diffus gebraucht werden. Dabei ist es durchaus legitim, mehrere Arten der Kategorienbildung zu verwenden: Problematisch wird es indes dann, wenn unterschiedliche Arten von Kategorienbildung so miteinander verwoben werden, dass klar voneinander abgegrenzte begriffliche Definitionen überhaupt nicht mehr möglich sind.

Eine häufig anzutreffende Art der Kategorienbildung im Hinblick auf journalistische Berufsrollen besteht beispielsweise darin, sich an Ressorts zu orientieren: »**Nachrichtenjournalismus**«, »**politischer Journalismus**« etc. gehören ebenso dazu wie etwa »**Kulturjournalismus**« (vgl. Heß 1997; Stegert 1998; Porombka 2007, 270-283), »**Medienjournalismus**« (vgl. Beuthner/Weichert 2005; Ruß-Mohl/Fengler 2000; Krüger/Müller-Sachse 1999), »**Wirtschaftsjournalismus**« (vgl. Frühbrodt 2007; Mast/Spachmann 1999), »**Nutzwertjournalismus**« (Fasel 2004) oder »**Wissenschaftsjournalismus**« (vgl. Kienzlen/Lublinski/Stollorz 2007; Göpfert 2006; Kohring 2005), wobei die letztere Bezeichnung in der journalistischen Praxis vorwiegend als Synonym für die journalistische Bearbeitung der Themenbereiche ›Naturwissenschaft/Medizin‹,

›Technik‹, ›Umwelt‹ – unter Ausschluss der sogenannten ›Geistes-
wissenschaften‹ (letztere werden meist der ›Kultur‹ zugeschlagen) –
gebraucht wird. Einige Autoren bevorzugen daher die Bezeichnung
»**Fachjournalismus**« (vgl. Quandt/Schichtel 1995). Auch existiert
seit einigen Jahren ein *Deutscher Fachjournalisten-Verband.*

Eine andere Möglichkeit der Kategorienbildung ist die Differenzierung journalistischer Berufsbilder im Hinblick auf die
technischen, ästhetischen und gestalterischen Bedingungen in
unterschiedlichen Medien wie etwa: »**Fernsehjournalismus**« vgl.
Renner 2007; Schult/Buchholz, 7. Aufl. 2006), »**Internet-Journalismus**« (vgl. Meier, 3. Aufl. 2002), »**Radio-Journalismus**« (vgl.
La Roche/Buchholz, 9. Aufl. 2009), »**Agenturjournalismus**« (vgl.
Zschunke, 2. Aufl. 2000).

Im Gegensatz dazu orientiert sich die oben genannte Katego-
risierung von Haas bzw. Weischenberg an Kriterien, die abzielen
auf »die Themenwahl, die Formen der Recherche, die textliche
Umsetzung und schließlich die Präsentation, also Zugriff auf und
Rekonstruktion von komplexer gesellschaftlicher Wirklichkeit«
(Haas 1999, 101).

Freilich sind die aus solchen Kriterien heraus entwickelten Rol-
lenmuster, wie etwa das Modell des »investigativen« oder »Informa-
tions-« Journalismus, zum einen idealtypische Begrifflichkeiten und
zum anderen abhängig von Faktoren, die einem Wandel unterliegen
– und zwar sowohl im Hinblick auf das Selbstverständnis der einzelnen »Rollenträger« selbst als auch im Hinblick auf die Rahmenbedingungen ihrer Arbeit (redaktionelles Umfeld, technische Bedingungen, Nachfrage nach bestimmten Berichterstattungsmustern auf
der ›Kundenseite‹, zeitgeistige Moden etc.).

In der journalistischen Praxis selbst sind diese Rollenbilder fast nie
in solch idealtypischer Ausprägung anzutreffen. Vielmehr existiert
eine Vielzahl von Mischformen, Kombinationen und Überschnei-
dungen (Beispiel: investigative Elemente finden sich selbstverständlich auch in jeder anderen genannten journalistischen Kategorie).
Darüber hinaus wechseln Journalisten – je nach Aufgabenstellung,
Bildungsweg und hierarchischer Stellung innerhalb eines Medienunternehmens – auch zwischen verschiedenen Rollen- und Berichterstattungsmustern. Im Rahmen dieser Überblicks-Darstellung erscheint es aus Gründen der klaren Strukturierung dennoch sinnvoll,
gewisse idealtypische Differenzierungen vorzunehmen. So werden
Berichterstattungsmuster und professionelle Haltungen anhand
journalistischer Funktionen durchdekliniert, denen – unabhängig
vom jeweiligen Medium – mehr oder weniger »spezifische Formen
der journalistischen Stoffdarbietung« (Lüger 1995, 17) entsprechen.

6.1   Informieren – aber wie?
Nachrichtenjournalismus

Ein Publikum zu ›informieren‹: Dies gilt, neben ›Meinungsbildung‹ und ›Unterhaltung‹, gemeinhin als die zentrale Funktion von
Journalismus (s. Kap. 1 u. 2). Als Grundmuster journalistischer
Berichterstattung hat sich der moderne Informationsjournalismus
(»**objective journalism**«) während des 19. Jahrhunderts entwickelt
(vgl. z.B. Blöbaum 1994, 54). Die Industrialisierung, das Aufkommen der Massenpresse und politische Entwicklungen ließen einen
Bedarf an aktuellen Informationen entstehen, den sich die damals
neu gegründeten Nachrichtenagenturen zunutze machten. Letztere
verordneten ihren Mitarbeitern aus Geschäftsprinzip sozusagen eine Art Neutralitätsgebot, das darauf beruhte, den Lesern/Kunden
alle Fakten und Gesichtspunkte eines Ereignisses zu präsentieren
und ihnen selbst seine Bewertung zu überlassen. Dem Journalisten kommt dabei die Rolle des unabhängigen Transporteurs von
Fakten und Ereignissen zu, der sich jeder Wertung enthält und als
neutraler Beobachter, Chronist und Vermittler agiert (Haas 1999,
102). Die für den Rezipienten deutlich sichtbare Trennung von
›Information‹ und ›Meinungsäußerung‹ (des Journalisten oder der
Redaktion) gilt als Ausweis von seriösem Qualitätsjournalismus
(Weischenberg 2001, 12).

Doch »nicht jede Information ist auch eine Nachricht« (Mast
2008, 264). Mit dem Begriff der **Nachricht** wird allgemein eine
Mitteilung oder Botschaft im Kommunikationsprozess bezeichnet.
Im Journalismus steht er zudem für ein bestimmtes Berichterstattungsmuster, das etwa im Praxishandbuch von Schwiesau/Ohler
wie folgt definiert wird:

Eine Nachricht ist eine direkte, kompakte und möglichst objektive Mitteilung über ein neues Ereignis, das für die Öffentlichkeit wichtig und
interessant ist. (Schwiesau/Ohler 2003, 11).

Als zentrales Merkmal einer Nachricht gilt also ihr **Neuigkeitswert** (Aktualitätsprinzip), verbunden mit dem Nutzen und damit
ihrer Relevanz für den Rezipienten. Dies alles sind natürlich keine
festen Größen, sondern »Beziehungsfaktoren« zwischen dem Ereignis und dem Subjekt, die wiederum abhängig sind von den jeweiligen Vor- und Hintergrundwissen, den kognitiven Fähigkeiten
und dem Interesse der jeweiligen Rezipienten. Abhängig sind sie
aber auch – wie etwa der funktional gefasste Begriff der Aktualität zeigt – von den jeweiligen Möglichkeiten oder Grenzen journalistischer Selektivität: So können Ereignisse mit nur geringem

Neuigkeitswert mit Hilfe professioneller Präsentationsmethoden durchaus dergestalt »aktualisiert« werden, dass sie die Aufmerksamkeit des Medienpublikums hervorrufen (vgl. Weischenberg 1992, 38ff.).

Journalisten informieren also ihr Publikum nicht nur, indem sie selbst qua Recherche Informationen sammeln. Ihre Arbeit besteht nicht zuletzt darin, Informationen auf ihre ›Nachrichtentauglichkeit‹ hin zu prüfen und auszuwählen. Der Journalist wird damit zum »**Gatekeeper**«. Das **Gatekeeper-Modell** stammt aus der amerikanischen Publizistikwissenschaft (White 1950) und bezieht sich ursprünglich auf die Rolle des Zeitungsredakteurs, der angesichts miteinander konkurrierender »Überflussinformationen« die einströmende Flut an Agenturmeldungen, Presseerklärungen, Aussendungen, PR-Informationen etc. zu selektieren und zu bearbeiten hat.

Klassische »Gatekeeper« sind aber auch die bereits genannten »Großhändler« nachrichtlicher Informationen, welche die Zeitungs- und Medienunternehmen beliefern: Im deutschsprachigen Raum sind dies die großen Nachrichtenagenturen *dpa* (als marktführender deutscher Agenturdienst), *APA* (österreichische Nachrichtenagentur/*Austria Presse Agentur*), *SDA* (*Schweizerische Depeschenagentur*), die Weltagenturen *AP* (*Associated Press*), *AFP* (*Agence France Presse*), *Reuters*, sowie die Nachrichtenagentur *ddp* (in Deutschland), Spezialagenturen wie etwa *Dow Jones* (Wirtschaft), *sid* (Sport), *epd* und *KNA* (deutsche konfessionelle evangelische bzw. katholische Nachrichtenagenturen). Ihnen allen kommt gewissermaßen die Funktion eines Pförtners zu, »der darüber entscheidet, welche Informationen passieren dürfen und welche zurückgehalten werden« (Zschunke 2000, 125), wobei es in der Forschung inzwischen als ausgemacht gilt, dass diese Entscheidung keineswegs als autonome Entscheidung des einzelnen Journalisten vorzustellen ist, sondern durch professionelle Normen, organisatorische Bedingungen und manchmal auch konflikthafte Konstellationen bestimmt wird: Ein Beispiel für letztere ist der Zielkonflikt zwischen Schnelligkeit versus Richtigkeit, aufgelöst in der klassischen Forderung: »Get it first, but first get it right« (Zschunke 2001).

6.1.1 Nachrichtenfaktoren

Beim Selektieren von Nachrichten orientieren sich Nachrichtenjournalisten gemeinhin »bewusst oder unbewusst« (Zschunke

2000, 125) nach sogenannten **Nachrichtenwerten oder Nachrichtenfaktoren**. Bereits in den amerikanischen Journalisten-Lehrbüchern der 1930er Jahre finden sich solche Kataloge von Auswahlkriterien wie Neuigkeit, Nähe, Tragweite, Prominenz, Dramatik, Kuriosität, Konflikt, Sex, Emotionalität etc. (vgl. Warren 1934). Der Katalog der Nachrichtenwerte wurde in den folgenden Jahrzehnten immer wieder ergänzt und modifiziert (vgl. dazu auch Fretwurst 2008). So etwa entwickelten Johan Galtung und Mari Holmboe Ruge eine wahrnehmungspsychologische Nachrichtentheorie, die zwölf sogenannte **Nachrichtenfaktoren** aufführt (Galtung/Ruge 1965). Joachim Friedrich Staab schlägt einen Katalog von 22 Nachrichtenwerten vor (Staab 1990). Danach hat ein Ereignis die größte Chance, als Nachricht verbreitet zu werden, wenn beispielsweise die Nähe zum Zielpublikum und zum Verbreitungsgebiet der Nachricht in geografischer, politischer, kultureller und wirtschaftlicher Hinsicht gewährleistet ist, die Institutionen und Personen, über die berichtet werden soll, bedeutsam und/oder einflussreich sind, Kontroversen oder Aggression stattfinden, die inhaltliche Verbindung zwischen den berichteten Sachverhalten und bereits eingeführten Themen eng ist etc.

Die Faktoren »**Nähe**« (zum Zielpublikum der Nachricht), »**Prominenz**« (der involvierten Personen), »**Aktualität**« (Neuigkeitswert) und »**human interest**« (menschliche und emotionale Aspekte eines Ereignisses) erklärt auch Claudia Mast in ihrem Handbuch zu zentralen Selektionskriterien (Mast 2008, 265).

Im Nachrichtengeschäft wird traditionell zwischen »**harten Nachrichten**« (»hard news«) und »**weichen Nachrichten**« (»soft news«) unterschieden. Bei »harten Nachrichten« steht ein Nachrichtenfaktor im Vordergrund, der gemeinhin mit »objektiver Bedeutung« umrissen wird (vgl. Mast 2008, 265). Es handelt sich dabei meist um Nachrichten aus Wirtschaft und Politik, bei denen die »Folgen eines Vorgangs für viele Menschen im Vordergrund stehen« (ebd., 266). Der Nachrichtenwert von »soft news« hingegen bestimmt sich »durch die Neugier und Sensationslust des Publikums« (ebd., 265). Hier dominieren Prominenz, Kuriosität und »human-interest«-Elemente. Sie orientieren sich vorwiegend am Unterhaltungswert.

In der Nachricht wird die Komplexität und Unübersichtlichkeit der Welt(ereignisse) auf die der Vorstellungswelt des jeweiligen Publikums entsprechenden Stereotypen reduziert (s. auch Kap. 6.1.4). Darüber hinaus tragen die Standardisierung der Darstellung (s. auch Kap. 6.1.2) und das Berichterstattungsmuster (Informationsjournalismus) dazu bei, eine den Arbeitsabläufen in den Medien adäquate Medienwirklichkeit zu erzeugen (vgl. Lippmann, dt. 1964; Meier 2007, 179f.). Für den Nachrichtenjournalisten ergibt sich daraus die Forderung nach einer möglichst klaren, präzisen und allgemeinverständlichen Formulierung. »Diejenigen Aspekte, die nach Einschätzung des Redakteurs auf ein besonders breites Interesse stoßen, müssen daher auf einen Blick erkennbar sein« (Zschunke 2000, 124). Dies kann – je nach Interessentenkreis – natürlich unterschiedlich sein: So etwa kann eine Nachricht, die im überregionalen Teil einer Zeitung gar nicht auftauchen würde, bei den Lesern des Lokalteils derselben Zeitung durchaus auf Interesse stoßen. Dass Themen nach zielgruppenspezifischen Kriterien selektiert werden, gilt übrigens nicht nur für die Nachricht, sondern auch für alle anderen Formen der Berichterstattung (vgl. auch Rauchenzauner 2008).

Ein weiterer Aspekt des Auswählens und Präsentierens von Nachrichten ist das sogenannte **Agenda-Setting**: Agenturen, aber auch andere »Leitmedien« bestimmen diesem Konzept zufolge, welche Themen auf die Tagesordnung der aktuellen Berichterstattung kommen – und entscheiden damit häufig, welche Themen von Bevölkerung und Politikern für die wichtigsten gehalten werden (Schenk 2007; McCombs in Schorr 2000, 123-136; Noelle-Neumann 1990, 382ff.; Kepplinger/Habermeier 1996; Rössler 1997). Auch der Grad der Beachtung dieser Themen wird von ihnen beeinflusst: durch Aufmachung und Häufigkeit der Berichterstattung ebenso wie – im Falle der Agenturen – durch den Zusatz »Eil« oder »Vorrang«, der mancher Agenturmeldung anhängt. Umgekehrt hat ein (überregionales) Ereignis, das nicht von den großen Agenturen registriert wird, nur wenige Chancen, von einer größeren Öffentlichkeit wahrgenommen zu werden (vgl. Zschunke 2000, 139). In seinem Buch über Agenturjournalismus verweist Peter Zschunke darauf, dass der Prozess des Agenda-Settings jedoch komplexer ist als gemeinhin angenommen: Auch Agenturjournalisten könnten häufig nicht die Aufmerksamkeit der Öffentlichkeit erlangen, wenn ihr Thema im alltäglichen Nachrichtengeschäft nicht von Fernsehen und Presse aufgegriffen werde (ebd.). Das Agenda-Setting in den Medien suchen zudem unterschiedliche gesellschaftliche Kommunikatoren zu beeinflussen: PR-Unternehmen im Kundenauftrag, Lobby-Gruppen, aber auch Verbände und journalistische Netzwerk-Initiativen, wie etwa die *Initiative Nachrichtenaufklärung*, die auf Themen aufmerksam macht, welche nach Meinung ihrer Mitglieder von den Medien vernachlässigt werden (vgl. unter *www.nachrichtenaufklaerung.de*).

6.1.2 Darstellungsformen: Nachricht, Meldung, Bericht, Dokumentation

Im Verlaufe der historischen Entwicklung des Nachrichtenjournalismus haben sich bestimmte Regeln herausgebildet, nach denen Nachrichten formal strukturiert werden. So erfolgt der **Aufbau einer Nachricht** nach dem Prinzip der »umgekehrten Pyramide«, d.h.: Die chronologische Abfolge der Ereignisse wird gewissermaßen auf den Kopf gestellt. Das – gemäß den erwähnten Nachrichtenfaktoren – »Wichtigste«, die jeweils jüngsten Entwicklungen aktueller Ereignisse, stehen am Anfang im Nachrichtenkopf, dem sogenannten »**Lead**« (Leitsatz). Dieser Vorspann erfüllt mehrere Funktionen zugleich: Er soll seine Leser in die Nachricht einführen, die wichtigsten Informationen zusammenfassen und zum Weiterlesen anregen. Orientierung darüber, welche Kurzinformationen über ein Ereignis genau in den »Lead«-Teil gepackt werden sollen, geben die sogenannten »**W-Fragen**«: Wer? Was? Wann? Wo?. In ihrem Grundlagenwerk zum *ABC des Journalismus* gibt Claudia Mast hierfür ein anschauliches Beispiel:

Bei einem Absturz eines Transportflugzeugs auf ein Wohngebiet im kalifornischen San Diego sind am Sonntag mindestens sechs Menschen gestorben. […] (Mast 2008, 267).

Die genannten vier »**W-Fragen**« werden – wenn möglich – noch ergänzt durch die Auskunft über das »**Wie?**« und »**Warum?**« – und bei fehlendem Augenschein – durch das »**Woher**« der Nachricht (Quellenangabe) (vgl. auch Schneider/Raue 1999, 64f.). Im oben genannten Beispiel findet sich etwa noch die Ergänzung:

Die Absturzursache war vermutlich ein in Brand geratenes Triebwerk. (ebd.)

Die Länge des »Lead«-Teils sollte drei bis vier Sätze nicht überschreiten. Erst danach, in einem separaten Absatz, im sogenannten »**Body**« (Hauptteil/Nachrichtenkörper), folgen ältere Informationen, Einzelheiten, Spezifizierungen oder Zusatzinformationen. Im Radio und Fernsehen fungiert die Anmoderation als »Lead«, dem dann der eigentliche Beitrag folgt.

»Eine eherne Regel im Nachrichtenjournalismus besagt, dass jeder folgende Absatz weniger wichtig ist als der vorhergegangene« (Mast 2008, 266). Dieses »Kästchenprinzip«, d.h. die hierarchische Gliederung nach Informationseinheiten, hat berufspraktische Bedeutung: Auf diese Weise kann nämlich eine Nachricht vom jeweiligen Empfänger (Zeitungen, Hörfunk, Fernsehen etc.) problemlos von hinten gekürzt werden, ohne dass der wichtigste Informationskern verloren geht.

Der Legende nach wurde dieser »**harte Nachrichtenstil**« (Reumann 1990, 72) während des amerikanischen Bürgerkrieges (1861-1865) entwickelt, als die damaligen störanfälligen Telegrafenverbindungen häufig nur den Anfang eines Gefechtsberichts an die Redaktionen übermittelten – und es sich daher, so Reumann, als sinnvoll erwiesen habe, das Wichtigste einer Nachricht schon in den ersten Sätzen mitzuteilen (ebd.). Doch haben inzwischen Recherchen von Horst Pöttker ergeben, dass es sich bei dieser Erklärung wohl um einen Mythos handelt: Offenbar hat sich das »**Pyramidenprinzip**« bei führenden Zeitungen in den USA erst ab 1880 als professioneller Standard durchgesetzt. Nicht die technischen Bedingungen, so Pöttker, waren für die Einführung dieser Strukturierung ursächlich. Letztere wurde vielmehr von den Redaktionen u.a. aus Gründen der Qualitätsverbesserung, beziehungsweise der besseren Lesbarkeit entwickelt (vgl. Pöttker 2003, 501-511).

Zu den Qualitäts-Standards des »harten Nachrichtenjournalismus« zählen darüber hinaus: Genauigkeit, die korrekte Wiedergabe von Fakten, die Prüfung der vorliegenden Informationsquellen und – in Fällen, da selbst intensive Recherche keine eindeutige Klärung eines Sachverhalts herbeiführen konnte – der ausdrückliche Hinweis im Nachrichtentext selbst auf das Ungesicherte der jeweiligen Information. Bei der Berichterstattung über gegensätzliche Meinungen sollen zudem grundsätzlich alle Positionen dargestellt werden.

Der Forderung nach **Präzision** und dem Einsatz von »Glaubwürdigkeitssignalen« (Lüger 1995, 99), etwa durch die Nennung der jeweiligen Quelle, entsprechen die Forderungen an die sprachlich-stilistische Erscheinungsform einer Nachricht. »Direktheit, Kürze, Prägnanz, Einfachheit und Klarheit der Sprache« werden dabei immer wieder als Regeln für das Nachrichtenschreiben genannt (Mast 2008, 267). Auf Füllwörter, subjektiv wertende Adjektive, sprachliche Ausschmückungen soll ebenso verzichtet werden wie auf komplizierte Satzkonstruktionen, Schachtelsätze, Wiederholungen, Fachjargon oder ritualisierte Wendungen, d.h. Phrasen (vgl. W. Schneider/Raue 1999; Mast 2008; Reumann 1990): Dass letztere aber gerade bei dieser streng formalisierten journalistischen Gattung schon aus Gründen der Zeitersparnis häufig gebraucht werden, wird in der Praxis-Literatur ebenfalls tadelnd vermerkt (vgl. Schneider/Raue 1999, 175ff.).

Neben der »Nachricht« findet sich zuweilen auch die Bezeichnung ›**Meldung**‹: Letztere wird häufig als Synonym für ›Kurznachricht‹ – als meist einspaltige (Zeitungs-)Nachricht – gebraucht, dient aber auch manchmal zur begrifflichen Abgrenzung im Sinne einer ›nüchternen Nachricht‹ von den eher subjektiv gefärbten journalistischen Formen wie Reportage oder Feature.

Begrifflich unscharf wird auch die Darstellungsform ›**Bericht**‹ definiert: Manchen Autoren gilt er als »längere Nachricht«, deren Aufbau – insbesondere beim Korrespondentenbericht – jedoch erheblich variabler als letztere sei (Reumann 1990, 73). Andere Autoren definieren ihn als »linienhafte, kausalbegründende und unterrichtende Mitteilung« mit narrativen Elementen (Dovifat/Wilke 1976, I, 172), wieder andere als »journalistische Mitteilungsform (Textsorte), die über die knappe Nachricht hinaus detailliertere Informationen und gegebenenfalls auch kommentierende Elemente enthält« (V. Schulze 1991, 174). Der Bericht, so Claudia Mast, sei der Darstellungsform Nachricht vorzuziehen, »wenn der Inhalt keine unmittelbar neuen Informationen enthält oder ein tagesaktueller Anlass fehlt« (Mast 2008, 272). Zudem unterscheidet sie zwischen **Tatsachenbericht** (zentrale Tatsachen werden an den Anfang gestellt, gefolgt von weniger wichtigen Informationen), **Handlungsbericht** (Schilderung des Ablaufs von Ereignissen hin zu einem konkreten Endpunkt) und **Zitatenbericht** (Komprimierung von Aussagen in Reden, Diskussionen, Dokumenten und Interviews, wobei Zitatpassagen durch Erläuterungen verbunden werden).

Ein Bericht sollte, nach Mast, einem ähnlichen Aufbau folgen wie die Nachricht, das heißt: Der erste Absatz sollte die wichtigsten Fakten enthalten. Danach folgen die nach abnehmender Relevanz gegliederten Details. Darüber hinaus empfiehlt sie: »das Besondere suchen, Unebenheiten nicht wegpolieren, Allgemeinplätze vermeiden, Personen und wichtige Details beim Namen nennen! Details nicht schönen« (Mast 2008, 273).

Im Gegensatz zur sprachlichen Sachlichkeit der Nachricht umfasst die Form des Berichtes eine größere sprachlich-stilistische Bandbreite: bis hin zu eher persönlichen, subjektiv-wertenden Stilelementen.

Schneider/Raue weisen darauf hin, dass der Begriff ›Bericht‹ in manchen Redaktionen als »Universalwort für alle Lauftexte« gebraucht werde – und im Hörfunk bedeutet: »ein Text, der abgelesen wird, soweit es sich *nicht* um Nachrichten oder Verkehrsfunk handelt«, wobei ein solcher Bericht auch Originaltöne oder Einblendungen enthalten könne (Schneider/Raue 1999, 59).

Abschließend soll noch die **Dokumentation** erwähnt werden. Als journalistische Form besteht sie in der »Darstellung des für ein Problem oder ein Ereignis einschlägigen Materials« (La Roche 1999, 18): Es sind dies z.b. dokumentarische Texte, Aktenauszüge, oder – bei Hörfunk oder Fernsehen – Originalaufnahmen.

6.1.3 Das Interview

Zu den tatsachenbetonten bzw. informationsorientierten Darstellungsformen wird in der Praxisliteratur gemeinhin auch das Interview gezählt – und dies, obwohl das (sofern als Aufzeichnung) gesendete und/oder gedruckte Interview durchaus erheblich vom Original abweichen kann. Zudem ist das Interview sowohl eine Darstellungsform als auch eine Methode des Recherchierens. Während das **Recherche-Interview** eine Fragetechnik meint, die den primären Zweck verfolgt, Informationen zu beschaffen bzw. zu überprüfen, soll das **Interview als Darstellungsform** »auf möglichst unterhaltsame Art Wissen, Meinungen, und Denkweisen bemerkenswerter oder für die Sache aufschlussreicher Personen darstellen« (Mast 2008, 299). In diesem Zusammenhang wird häufig unterschieden zwischen dem Sachinterview (hier soll die Haltung einer Person zu bestimmten Sachfragen ergründet werden), dem personenbezogenen Interview (der Interviewte rückt als Person und Charakter in den Vordergrund), dem Statement (hier wird die kurze Stellungnahme einer Person zu einem bestimmten Thema eingeholt, ohne dass der Journalist als Fragender in Erscheinung tritt) und der Umfrage (mehrere Personen geben knappe Stellungnahmen ab zu einem bestimmten Thema). Zur historischen Entwicklung des Interviews als journalistische Form, zu Fragetechniken und rechtlichen Aspekten sei an dieser Stelle auf das Standardwerk von Michael Haller verwiesen (Haller 2008).

Ein Hauptmerkmal der Darstellungsform ›Interview‹ ist die **Verdoppelung der Interviewsituation**: Einerseits stellt der Dialog zwischen Journalist und Interviewpartner eine eigene Gesprächssituation dar, andererseits entsteht durch die indirekte Teilnahme des Medienpublikums an diesem Gespräch eine weitere Kommunikationssituation. Letztere demonstriert seinen Lesern/Zuschauern/Hörern, auf welche Weise die jeweiligen Aussagen zustande kommen. »Der persönliche Dialog ist immer auch öffentliches Spektakel« (Haller 2008, 141). Zudem ist das Interview zugleich **»kommunikatives Rollenspiel«** (Mast 2008, 299), dessen Informationswert auch abhängig ist von der jeweiligen Gesprächssituation (Ort, Zeit, Umstände). Haller nennt in diesem Zusammenhang vier Dimensionen, die der Interviewer in Betracht ziehen müsse.

Es sind dies:
- die Interviewziele (des Journalisten/der Redaktion),
- die publizistisch-technischen Bedingungen des jeweiligen Mediums (Hörfunk, Fernsehen, Online, Print),
- die persönlichen Interessen des Befragten,
- die Erwartungen und Bedürfnisse des Zielpublikums (vgl. Haller ebd.).

Wichtig für die Arbeit des Interviewers, so betont Claudia Mast, sei vor allem, dass »der Interviewer dabei durchgängig den Gesprächsfaden in der Hand behält und den Dialog thematisch lenkt, um von seinem Interviewpartner Aussagen zu den Punkten zu bekommen, die der Journalist als relevant erachtet, bzw. vorbereitet hat« (Mast 2008, 299).

Interviews können sich in Hörfunk und Fernsehen zu Sendungen verselbständigen, wie etwa zu ›talkshows‹ und Porträtsendungen. Sie können aber auch auszugsweise Eingang in andere Darstellungsformen finden. Aber: »Nur das gehörte Live-Interview entspricht der Vorstellung, die die meisten Laien von allen publizierten Interviews besitzen [...]«, schreiben Wolf Schneider und Paul-Josef Raue – und verweisen auf die zahlreichen Formen des (nachträglich) ›gebauten Interviews‹, dessen Variationsmöglichkeiten vom einfachen Tilgen von Versprechern per ›Schnitt‹ etwa beim Hörfunk bis hin zu erheblichen Eingriffen in den Inhalt der Aussagen, die Länge der Antworten, die Dramaturgie des Gesprächsaufbaus reichen.

Zumal »das gedruckte Interview«, so Schneider/Raue, sei »immer ein Kunstprodukt« (Schneider/Raue 1999, 71), das vom Journalisten zuweilen »dicht an die Verfälschung des Originals« herangetrieben werde (ebd., 75). Dennoch sei ein solch »gebautes Interview« keine Fälschung, denn »zum verabredeten Interview gehört automatisch das Recht des Befragten, die redigierte Fassung zu sehen und in sie einzugreifen (ein Recht, das der Journalist bei jeder anderen journalistischen Form dem Betroffenen keinesfalls einräumen darf.)« (ebd., 74). Es sei normaler journalistischer Brauch, sich – beim gedruckten Interview – die mehr oder weniger redigierten Antworten seines Gesprächspartners von letzterem im Nachhinein autorisieren zu lassen. Da aber gegenüber dem Publikum in der Regel gerade dieser Vorgang zwischen den Dialogpartnern nicht deutlich gemacht wird, bezeichnen Schneider/Raue mit einigem Recht die Darstellungsform des Interviews als »schillernde journalistische Form« (Schneider/Raue 1999, 75).

In jüngerer Zeit allerdings wird die im deutschen Journalismus jahrzehntelang geübte Praxis der Textfreigabe/Autorisierung von

Interviews durch den Interviewten (vgl. dazu auch Haller 2008, 321f.) erneut diskutiert. So etwa spricht Olaf Sundermeyer mit dem Verweis auf einige Fälle aus Politik und Sportprominenz von einem »Autorisierungswahn«, der nichts mehr mit der Richtigstellung von Sachverhalten zu tun habe – und er verweist auf die Neufassung des vom Presserat (s. dazu Kap. 6.7.1) verabschiedeten Pressekodexes, die eine solche Genehmigung nicht mehr vorschreibe (Sundermeyer in: *FAZ* v. 7.7.2008).

6.1.4 Objektivitätspostulat und Berufsrolle

Wie bereits erwähnt, wird die Informationsfunktion von Journalismus generell zu den demokratischen Aufgaben der Massenmedien gerechnet. Der »freie Informationsfluss« gilt als Qualitätsmerkmal freiheitlich demokratischer Gesellschaften. In seinen Urteilen zur Kommunikationspolitik bezieht sich das Bundesverfassungsgericht immer wieder auf die Informationsvermittlung, die als unverzichtbar für den Prozess demokratischer Meinungsbildung betrachtet wird und der außerdem eine Orientierungsfunktion für die Gesellschaft zugeschrieben wird – indem die angebotenen Informationen nämlich die politische und gesellschaftliche Kompetenz der Rezipienten stärken und sie somit befähigen, an den Entscheidungsprozessen innerhalb der Gesellschaft zu partizipieren.

Den so oder so ähnlich immer wieder formulierten idealen Ansprüchen zufolge sollen Journalisten dem Publikum möglichst aktuell, präzise, neutral, vollständig und verständlich komplexe Sachverhalte vermitteln (vgl. Wildermann/Kaltenfleiter 1965; Glotz/Langenbucher 1969). Der Begriff der ›Informationsvermittlung‹ ist also mit normativen Ansprüchen verbunden, die im »Spektrum der korrekten Darstellung und Relevanz« liegen (Schicha 1999).

Ein wesentliches Kriterium für die journalistische Berichterstattung ist die Forderung nach Objektivität. Dies bedeutet, dass die Journalisten eine möglichst unparteiische Darstellung von den Ereignissen geben sollten; eigene Wertungen sind unzulässig. Die Präsentation soll faktenorientiert sein. (Mast 2008, 268).

Medienkritiker haben immer wieder darauf hingewiesen, dass die Vorstellung von einer »objektiven Nachricht« eine Schimäre sei, da sie voraussetze, dass Nachrichten sozusagen ein unabhängiges Eigendasein besäßen. Auch könne kein Reporter von der politischen, sozialen, wirtschaftlichen und kulturellen Umwelt abstrahieren, die ihn selbst geprägt habe (vgl. Altschull 1990). Die Dis-

kussion, inwieweit Nachrichten bzw. der Informationsjournalismus
überhaupt ein faktengetreues, ›wahres‹ Bild der Wirklichkeit über-
mitteln können, findet dabei auf drei Ebenen statt. Der Begriff der
Objektivität wird erstens als (erkenntnis-)theoretisches Problem,
zweitens als professionelle Norm, drittens als politische Forderung
diskutiert (vgl. Schulz 1990, 237).

   1. Dass Realität sowohl bei der individuellen Wahrnehmung
als auch bei der Beobachtung der Umwelt durch die Nachrichtenmedien immer nur in einem stark vereinfachten Modell ›re-
konstruiert‹ werden kann, hat der amerikanische Publizist Walter Lippmann bereits in seinem 1922 erschienenen Buch *Public
Opinion* ausgeführt (dt.: Lippmann 1964). Zur Beschreibung des
informationsverarbeitenden Prozesses verwendet Lippmann den
aus der Drucktechnik entlehnten und inzwischen in der Sozialpsychologie verankerten Begriff des »Stereotyps«: Stereotypen sind
Kategorien oder Schemata, mit deren Hilfe Umweltkomplexität reduziert und den Eindrücken Sinn verliehen wird – insofern kommt
auch der Informationsjournalismus nicht ohne solche Stereotypen
aus. Als Konventionen der journalistischen Profession helfen sie
ihm, die komplexe Umwelt auf eine für die Medien handhabbare
Gestalt zu reduzieren, und definieren Nachrichtenwerte (s. oben).
Unsinnig wäre es daher, wollte man einen Vergleich anstellen zwischen einem in der natürlichen oder sozialen Umwelt vorfindbaren
Ereignis gleichsam im ›Rohzustand‹ und seinem journalistischen
›Abbild‹ in den Nachrichten: Ein Ereignis per se kann es schon
deshalb nicht geben, weil dieses bereits das Ergebnis eines Selekti-
ons- und Verarbeitungsprozesses darstellt. Auch Ereignisse müssen
erst als solche definiert werden – ohne konstruktive Operationen
des Betrachters ist Wahrnehmung nicht möglich. Für die Berichterstattung in den Medien bedeutet dies: Die Konstruktion von
Realität wird von den Massenmedien geleistet. Winfried Schulz
begreift sie als »kollektive Organe [...] mit der Funktion, gesellschaftliche Wirklichkeit in Nachrichten zu konstruieren«. Die Frage nach der Objektivität von Nachrichten stellt sich somit nicht
als ein Abbildungs- und Selektionsproblem, sondern als Frage nach
den Konstruktionsprinzipien: »Welche Definitionsregeln, welche
Hypothesen wenden die Medien an, wenn sie uns die Welt durch
Nachrichten deuten und damit wahrnehmbar machen?« (Schulz
1990, 240).

   2. Auch in der modernen Wissenschaftstheorie wird Objektivität nicht als Aussage über den Bezug zur Realität begriffen, sondern
als **Charakteristikum der Vorgehensweise**: Die Erkenntnisgewin-
nung muss bestimmten methodischen und wissenschaftslogischen

Anforderungen genügen, um als »intersubjektiv überprüfbar« und damit als »objektiv« im Sinne eines kritischen Rationalismus zu gelten (vgl. Popper 1969). Auch der Objektivitätsbegriff als journalistische Norm ist als eine »Zielvorstellung« angelegt, »die sich empirisch weder bestätigen noch falsifizieren läßt«, sondern bestimmte professionelle Standards sichern soll, um die Qualität der Berichterstattung zu verbessern (Schulz 1990, 237).

Wie dies konkret zu bewerkstelligen ist, erläutert Peter Zschunke im Hinblick auf den berichterstattenden Agenturjournalisten (Zschunke 2000, 106ff.). In Anlehnung an Günter Bentele (Bentele 1982) nennt er »vier Verfahren, die in der Praxis eine weitest mögliche Annäherung an die Objektivitätsnorm gewährleisten« (ebd., 106):

– die Nachprüfung des Wahrheitsgehaltes von Aussagen,
– der Verzicht auf wertende Aussagen, einhergehend mit der strikten Trennung von Nachricht und Meinung (vgl. dazu Schönbach 1977),
– die Verwendung von wörtlichen Zitaten, die der Nachricht Elemente der Dokumentation und Authentizität verleihen,
– das Bemühen um Vollständigkeit.

Diese vier Verfahren, so Zschunke, seien die »zentralen Instrumente zur Umsetzung der konkreten Utopie Objektivität« (Zschunke 2000, 109).

3. Die Objektivitäts-Diskussion habe wiederholt darunter gelitten, »dass die journalistische Norm zur Waffe in der politischen Auseinandersetzung gemacht wurde« beklagt Zschunke (ebd., 103). Auch Winfried Schulz stellt fest, das der Begriff der **Objektivität als politische Forderung** eine strategische Funktion habe, diene er doch dazu, die Nachrichtenauswahl im Sinne bestimmter partikularer Interessen zu beeinflussen (Schulz 1990, 238). Auch tendiere das Berufskonzept des »**objektiven Journalismus/objective journalism**« zum »**Verlautbarungsjournalismus**«, der offizielle und von mächtigen Institutionen verkündete Standpunkte zur Wahrheit erkläre (Langenbucher 1980). In der Diskussion in Deutschland wird dabei oft der Begriff der »Ausgewogenheit« gebraucht, »weil die Programmausgewogenheit ein Gebot ist für den öffentlich-rechtlichen Rundfunk ist, das sich aus seiner medienpolitischen Sonderstellung ergibt« (ebd., s. auch Kap. 4.4.1). Zschunke warnt hier allerdings vor der Vermischung der Begriffe: Im Gegensatz zum professionellen Objektivitäts-Prinzip (der Faktentreue meint) handle es sich beim Prinzip der »Ausgewogenheit« um die »Gewichtung unterschiedlicher Positionen innerhalb eines Textes«

(Zschunke 2000, 104). Auch in der internationalen politischen Diskussion kommt der Forderung nach Objektivität und Ausgewogenheit strategische Funktion zu: Kritisiert wurde in der Vergangenheit dabei häufig die Struktur des **Weltnachrichtensystems,** das auf der Dominanz der großen Nachrichtenagenturen beruhe und die Interessen etwa der Entwicklungsländer im internationalen Informationsfluss vernachlässige – und zwar gerade auch, was die Gewichtung von Nachrichten und deren Beachtungsstruktur angehe (vgl. Schulz 1990, 238f.; Meckel/Kriener 1996): Internetbasierte Informations- und Kommunikationsstrukturen jenseits der dominanten Nachrichten-Gatekeeper können hier als Korrektiv wirken (vgl. dazu Neuberger/Nuernbergk/Rischke 2007). Kritik am Objektivitätspostulat des Nachrichtenjournalismus wurde auch immer wieder von der sogenannten »Alternativ-Presse« geäußert, ohne dass es jedoch alternative Berichterstattungsmuster vermocht hätten, einen Paradigmenwechsel im Nachrichtenjournalismus einzuleiten, wie Schmidt/Weischenberg konstatieren. »Zu eindeutig sind die Vorteile des ›Informationsjournalismus‹ für alle Mediensysteme, in denen Aussagen nach dem Muster industrieller Produktionsweise zustande kommen« (Schmidt/Weischenberg 1994, 232).

Bei der gängigen Kritik an den Standards des Nachrichtenjournalismus wird häufig die **historische Dimension des** »objective journalism« vernachlässigt. Letzterer diente den amerikanischen Liberalen in den zwanziger Jahren des vergangenen Jahrhunderts als Argument gegen die Sensationsberichterstattung eines boulevardesken Journalismus, war also keineswegs tendenzfrei und wurde in der Folgezeit mit der Einführung wissenschaftlicher Methodik in den Journalismus verbunden (Haas 1999, 103f.) – was freilich nicht verhinderte, dass der als mechanisch-routiniert und sprachlich ritualisiert empfundene Nachrichtenjournalismus (vgl. Schmitz 1990) eine Abwertung erfuhr (vgl. Haas 1999, 104). Dass dessen »Kompetenzanforderungen« und »Autonomievorgaben nicht sehr hoch« seien, vermerken Hannes Haas und Siegfried Weischenberg noch in den 1990er und 1980er Jahren (ebd., 102: Weischenberg 1983). Doch angesichts der Tatsache, dass in den vergangenen Jahren zunehmend Elemente des Unterhaltungsjournalismus Eingang auch in den klassischen Nachrichtenjournalismus finden (s. dazu Kap. 6.5), konstatiert Siegfried Weischenberg knapp zwei Jahrzehnte später:

Der Nachrichtenjournalismus ist – bei aller Kritik – vor allem aufgrund sinnvoller Regeln für die Sammlung und Aufbereitung von Informationen zur berechenbaren Größe geworden, die ein Qualitäts-Siegel trägt.

[…] Wenn hier die Grenzen fielen, würde der Journalismus seine Identität verlieren. (Weischenberg 2001, 13f.).

Als Dienstleister, zuständig für die »Vermittlung von möglichst objektiven Fakteninformationen« definiert Peter Zschunke den Nachrichtenjournalisten: Der Agenturjournalist erfülle mit der Nachricht eine bestimmte Aufgabe innerhalb der journalistischen Arbeitsteilung:

Er will die Welt nicht erklären, sondern ihre endlose Folge von Ereignissen darstellen, allmähliche Entwicklungen ebenso registrieren wie aufregende Brüche und Katastrophen. Nur aufgrund solcher möglichst umfassenden Informationen können Entscheidungen getroffen werden, die der Situation angemessen sind. (Zschunke 2000, 110).

6.2 Interpretieren und aufdecken: Hintergrund-Berichterstattung und investigativer Journalismus

Der interpretative Journalismus bindet Fakten in größere Zusammenhänge ein, liefert Erklärungen und entwickelt Hintergründe. Sein Entstehen begründet Michael Haller mit Defiziten, die im anglo-amerikanischen Informationsjournalismus angelegt seien: Dessen »übersteigerte Faktengläubigkeit« habe zu einer lebensfernen Nachrichtenstruktur geführt, die kaum Sinn- oder Handlungszusammenhänge herstellen könne (Haller 2000, 28). Um Nachrichten interessanter und lebensnäher darstellen zu können, entwickelten sich daher im amerikanischen Journalismus spezielle Deutungstechniken. Das in den 1930er Jahren aufkommende »**interpretative reporting**« (vgl. MacDougall 1938; MacDougall/Reid 1987) betonte das Verfassen von Hintergrundberichten, die dem »wie« und »warum« eines Vorgangs mehr Beachtung schenkten, als den nüchternen Fakten des »wer, wann, was, wo?« (Haller 2000 28). Die Kombination der »factstory« mit dem »interpretative reporting« führte schließlich zur klassischen »**Newsmagazine-story**«: einer Geschichte, die einer künstlichen Erzähldramaturgie folgt, jedoch gleichwohl mit authentischen Personen und Begebenheiten ausgestattet ist und das Erzählte zugleich auch interpretiert (ebd.). Nicht die Weitergabe von Nachrichten steht hier im Vordergrund, sondern ihre **Analyse, Kommentierung und Bewertung**, »das Messen an einer Weltsicht« (Haas 1999, 105), die den Zweck verfolgt, Orientierungsangebote für das Publikum zu schaffen. Dazu zählt beispielsweise der Fernsehbeitrag in den Nachrichtenmagazinen, aber auch die Hintergrund-story in Tageszeitungen und Zeitschriften. Dass eine solch »deutende Haltung« mitunter auch die gezielte Selektion von Informationen im Hinblick auf ihre Instrumentalisierung zugunsten einer bestimmten Weltanschauung mit einschließt, wurde vor allem von den kommunikationswissenschaftlichen Vertretern der »Mainzer Schule« immer wieder als Eigenart des deutschen Journalismus kritisiert. Wolfgang Donsbach spricht vom »Wertungsjournalismus«, der sich ein Deutungsmonopol schaffe (Donsbach 1993, 275). Elisabeth Noelle-Neumann betont den Verstärkereffekt eines wertenden Journalismus, der eine »Schweigespirale« im Hinblick auf nicht opportune Themen in der Öffentlichkeit in Gang setze (vgl. Noelle-Neumann 1989). Entsprechend betont Hans M. Kepplinger anhand von Untersuchungen zu »Ereignis-Serien« in den Medien, dass letztere in bestimmten Fällen den irreführenden Eindruck hervorriefen, »bestimmte Ereignisse würden sich häufen und die damit verbundenen Probleme zuspitzen« (Kepplinger/Habermeier 1996, 271).

6.2.1 »Daten-orientierte« Berichterstattung

Die journalistische Interpretation von Sachverhalten umfasst recht unterschiedliche Darstellungsweisen und Berufsmodelle. Eines dieser Modelle firmiert unter der Bezeichnung »**Präzisionsjournalismus**« und zielt darauf ab, die journalistische »Wirklichkeitserforschung« (H. Haas 1999, 108) mit Hilfe wissenschaftlicher Methodik zu objektivieren. Dabei wird verstärkt auf den Einsatz von Datenbanken in der Recherche zurückgegriffen, die mit sozialwissenschaftlichen Methoden (z.B. mit Mitteln der Statistik) ausgewertet werden. Das Konzept des »**Precision Journalism**« (vgl. Philip Meyer 1973, Neuaufl. 2002) entstand bereits in den 1970er Jahren in den Vereinigten Staaten. Dort existiert in den traditionell arbeitsteilig organisierten Redaktionen das Berufsbild des *newsresearchers*, der als Experte für (Online)-Datenbanken (*computer assisted reporting/CAR*) oftmals anderen Reporter-Teams zuarbeitet (Nagel 2007, 285).

Im Mittelpunkt dieses Konzepts steht eine Recherche, die den Methoden der empirischen Sozialforschung (Repräsentativumfrage, Analysetechniken wie Panel-, Skalen- und Faktorenanalyse etc.) folgt. In seinem Standardwerk zum *Precision Journalism* aus dem Jahr 1973 fordert Meyer die Verwendung solch sozialer Indikatoren in der Berichterstattung mit der Begründung, dass die auf diese Weise ermittelten Informationen verlässlicher seien als zufällige Beobachtungen, Spekulation und Intuition, auf denen allzu viele Berichte beruhten. So etwa könnten Wahlergebnisse angemessener interpretiert werden. Zugleich kritisiert er, dass der Journalismus der 1970er Jahre noch einer antiquierten Analyse- und Recherchetechnik fröne, während etwa die Sozialforschung bereits viel leistungsfähigere Instrumente zur Erkenntnis gesellschaftlicher Trends und Entwicklungen entwickelt habe. Dass es sich beim Konzept des »Precision Journalism« vor allem um die Verwendung statistischen Zahlenmaterials handelt, legt auch das thematisch entsprechende Lehrbuch von Demers/Nichols nahe, in dem die Verwendung quantitativer sozialwissenschaftlicher Forschungsmethoden als sein wesentliches Merkmal definiert wird (vgl. Demers/Nichols 1987, 10; vgl. auch www.nicar.org).

Der sozialwissenschaftliche Journalismus ist verbunden mit dem Rollenbild des Forschers und einer Berufsrolle, die zugleich den Reporter und den Wissenschaftler umfasst. Im deutschsprachigen Bereich stößt der »Precision Journalism« US-amerikanischer Prägung jedoch auf manche Skepsis, erweckt er doch den Eindruck, als bedürfe es hier eines eigenen Konzepts – obgleich doch Genauigkeit letztlich eine Bedingung und ein Qualitätskriterium für jedes journalistische Arbeiten überhaupt darstellt (vgl. dazu Noelle-Neumann 1985, 165f.; H. Haas 1999, 112).

Hannes Haas sieht zwar durchaus die Möglichkeit gegenseitiger Bereicherung zwischen den Systemen der Wissenschaft und des Journalismus, äußert aber Vorbehalte, »wenn über der gemeinsamen Schnittmenge zwischen Forschung und Recherche [...] die Substitution eines der Systeme als Ziel postuliert wird« (Haas 1999, 108). Diese Gefahr einer Selbstaufgabe des Journalismus und zugleich einer »Verwässerung von Sozialwissenschaft« scheint ihm in der Konzeption von Meyer aber angelegt zu sein: »Journalisten ohne entsprechende oder mit nicht ausreichenden Voraussetzungen würden notgedrungen als Sozialwissenschaftler dilettieren. [...]« (Haas 1999, 111; vgl. auch Noelle-Neumann 1985, 173).

Dass sozialwissenschaftliche Untersuchungen gleichwohl fruchtbar gemacht werden können für einen Journalismus, dem es um Erkenntnisgewinn zu tun ist, zeigt die **Geschichte der Reportage**. Als berühmte Beispiele hierfür mögen die Sozialreportagen der österreichischen Journalisten und Sozialreformer Max Winter oder Viktor Adler dienen: Letzterer betrieb bereits in den 1880er Jahren »sozialreformerischen Journalismus mit sozialwissenschaftlichen Methoden«, indem er etwa für seine Reportageserie über die Arbeiter in den »Wienerberger Ziegelwerken« »journalistische Methoden der Introspektion mit den Ergebnissen amtlicher Sozial-

statistik und den Berichten des Gewerbeinspektorats« kombinierte
(Haas 1999, 246). Erwähnt sei auch Siegfried Kracauers Untersuchung über »die Angestellten«, die in der *Frankfurter Zeitung*
in mehreren Folgen publiziert wurde und 1930 als Buch unter
dem Titel: *Die Angestellten. Aus dem neuesten Deutschland* erschien.
Basierend auf einer Befragung per Fragebogen präsentiert sie sich
dem Leser als eine Kombination von impressionistisch anmutender
Darstellung und Sozialanalyse (vgl. Mülder 1985; Lindner 1990)
– und steht gleichzeitig in der Tradition soziologischer Arbeiten,
wie etwa jener von Georg Simmel, der Forschungen der »Chica-
goer Schule« und der 1933 publizierten frühen sozialwissenschaftlichen Untersuchung von Paul F. Lazarsfeld, Marie Jahoda und
Hans Zeisel in Österreich über die »Arbeitslosen von Marienthal«
(1933 publiziert) (vgl. Fabris 1988, 29). Ihnen allen gemeinsam ist
die Verbindung von Sozialwissenschaft, Journalismus und Strategien der Sozialreportage, mit deren Hilfe Themen des Alltags er-
forscht, recherchiert und allgemeinverständlich publizistisch aufbereitet werden (vgl. Haas 1999, 186).

Gerade in solchen Arbeiten erblickt Hannes Haas unter Berufung auf den Philosophen Helmut F. Spinner »das **Modell des
findigen, problemlösenden Journalismus**« (Haas 1999, 96ff.; vgl.
Spinner 1985). Im Gegensatz zur wissenschaftlichen Problemlö-
sungsstrategie, die sich einer wissenschaftlichen Methodik und sys-
tematischer Routine bediene, verfüge der Journalismus über andere spezifische Mittel, um seinen Beitrag zum »gesellschaftlichen
Problemlösungsprozeß« (Spinner 1985) beizusteuern: etwa, indem
sich der Journalist als »Agent der Gelegenheitsvernunft« betätige
(Spinner 1988, 238ff.), die ihn – im Gegensatz zur »wissenschaftlichen Grundsatzvernunft« – dazu animiere, die Verhältnisse am
Ort des Geschehens zu untersuchen, im Streitfall unterschiedliche
Parteien und Personen zu befragen, Einzelheiten und Hintergründe zu recherchieren, verstreute Indizien zu sammeln. Quasi in-
tuitive, flexible, mobile Findigkeit (vgl. ebd., 247), Einfallsreich-
tum und »**Gelegenheitsvernunft**« vereinten sich zu eigenständiger
Erkenntnisarbeit, die zwar nicht zu der dem Berufswissenschaft-
ler vorbehaltenen Theoriebildung führe, sich jedoch im Idealfall
als »Kontrollwissen« mit »gegeninformierender Funktion« in den
gesellschaftlichen Problemlösungsprozess einbringe. Spinner sieht
darin »die Chance für einen neuartigen Journalismus mit eigenständiger Erkenntnisaufgabe« (ebd.).

6.2.2 Investigativer Journalismus

»Investigativer Journalismus ist eine schillernde Form der Publizistik, von der sich zunächst soviel sagen lässt: Sie hat mit dem Aufdecken von verborgenen Informationen zu tun« (Janisch 1998, 157).

Nimmt man den Begriff des »investigativen Journalismus« (lat.: investigare, engl.: to investigate = untersuchen, erforschen, ermitteln) wörtlich, so ist er eine Tautologie: Investigation oder »Nachforschung« gilt, so Haas, als »kategorischer Imperativ für jeden Journalismus« (H. Haas 1999, 107). Damit wird deutlich, dass mit dieser Bezeichnung unter anderem eine berufsethische Dimension assoziiert wird – die ihrerseits mythenbildend wirkt. So spricht Michael Müller vom investigativen Journalismus als »Faszinosum«, welches das Bild vom Journalisten in der Öffentlichkeit geprägt habe und dem das in Filmen und Romanen vielfach verbreitete Klischee vom »outlaw hero«, aber auch vom zwielichtigen Sensationsreporter entspreche (M. Müller 1997, 1).

In den gängigen Definitionsansätzen wird der »investigative Journalismus« nicht als völlig neue Rollendefinition gesehen, sondern als Erweiterung des klassischen **Recherchejournalismus**, sowie als Gegenentwurf zum sogenannten **Verlautbarungsjournalismus** (vgl. Donsbach 1993, 250) und zum Informationsjournalismus (vgl. Weischenberg 1983, 350), wobei sich der Journalist hier von der reinen Vermittlerfunktion ebenso entfernt (vgl. Janisch 1998, 16) wie von den traditionellen journalistischen Thematisierungsstrategien (vgl. H. Haas 1999, 106).

Der »investigative Journalismus« bezeichnet eine besonders intensive, aktive Form der Recherche, die sich als »hart an der Grenze des Erlaubten verfahrende, gegen den Geheimhaltungswillen Beteiligter gerichtete *aufdeckende Recherche*« (Haller 2000, 128; vgl. auch Janisch 1998, 16ff.) zuweilen kriminalistische Methoden bedient. Objekte einer solchen Recherche sind Missstände in den Bereichen Politik, Wirtschaft und Gesellschaft, die »Verstöße gegen die öffentliche Moral« (Janisch 1998; Redelfs 1996) oder Ausdruck von illegalem oder illegitimem Handeln (M. Müller 1997, 14) sein können. Und Hanno Hardt schreibt:

Der Zweck, die Aufklärung des Bürgers und die Beseitigung von Mißständen, heiligt oft das Mittel der Recherche; denn es geht stets um ein höheres Ziel, die Sicherung der politischen und wirtschaftlichen Grundsätze, auf denen der Staat basiert (Hardt 1980, 69).

Intendiert ist also auch, dass die Aufdeckung von Missständen, bzw. ihre Veröffentlichung, Folgen nach sich zieht – in der Öffentlichkeit und für die Betroffenen selbst, wobei bei aller Kritik etwa gegen Institutionen die Investigation letztlich systemstabilisierend wirkt, wie Haas betont (Haas 1999, 106). Als Legitimation dient dem investigativen Journalismus dabei die etwa in den deutschen Landespressegesetzen festgeschriebene Kritik- und Kontrollfunktion der Medien (Bergsdorf 1980, 87ff.; Janisch 1998, 161).

Dass eine solche Moralisierung des Konzepts ›investigativer Journalismus‹ jedoch durchaus problematisch sein kann, darauf weist Hermann Boventer hin: Seiner Ansicht nach lässt die Kontrollfunktion, »die in der klassischen Verfassungslehre dem Parlament übertragen wird«, das »moralische Wächteramt«, auf das sich der investigative Journalismus beruft, in ein »Richteramt« übergehen. An dieser Nahtstelle komme es aber zu einer Ideologisierung des journalistischen Wächteramts, »indem es sich aus den verfassungspolitischen und -historischen Zusammenhängen herauslöst und verselbständigt. Die Ideologie verschafft dem professionellen Handeln eine neue moralische Basis und Legitimation« (Boventer 1994, 221).

Kritik allerdings zieht auch ein investigativer Journalismus auf sich, »wenn dieser Journalismus nicht in erster Linie der Verteidigung demokratischer Tugenden und Einrichtungen dient, sondern eher durch Sensationshascherei der Auflagensteigerung« (Reumann 1990, 75). Hier wird im Deutschen oft der Terminus »**Enthüllungsjournalismus**« gebraucht, der weitaus stärker noch mit den Elementen einer Skandalisierung und der öffentlichen Entrüstung verbunden ist. Von diesem home-story-basierten Voyeurismus des Sensationsjournalismus unterscheidet sich, nach Johannes Ludwig, der investigative Journalismus vor allem durch die soziale, bzw. politische Relevanz der aufgegriffenen Themen: ein Kriterium, das auch für gerichtliche Instanzen bedeutsam sein kann, wenn es sich um die Abwägung zwischen dem öffentlichen Interesse und Persönlichkeitsrechten von Betroffenen handelt (Ludwig 2007, 21).

6.2.3 »muckraking«

Dem positiven (Selbst-)Image des investigativ tätigen Journalisten, dessen Tätigkeit der Kontrollfunktion der freien Medien in demokratisch verfassten Gesellschaften verpflichtet ist, steht von alters her der Negativismus-Vorwurf gegenüber. Bereits der amerikanische Präsident Theodore Roosevelt prägte im April 1906 für den investigativ arbeitenden Journalismus den abfällig gemeinten Begriff des »**muckraking**«, des »Miststocherns« (abgeleitet von »muckrake« = Mistgabel) (Roosevelt 1989, 55ff.).

Solch investigatives »muckraking« hatte sich im angelsächsischen Journalismus schon in den 1880er und 90er Jahren entwickelt. Ihre Themen fanden die »Muckrakers« in den Städten der neuen Industriegesellschaften mit ihren krassen sozialen Gegensätzen und undurchsichtigen Machtstrukturen. So etwa berichtete der englische Zeitungsmann William Thomas Stead in einer Artikelserie, die im Juli 1885 in der *Pall Mall Gazette* erschien, über die sexuelle Ausbeutung minderjähriger Mädchen aus den Arbeitervierteln durch vermögende Herren der Oberschicht. Stead, der seinen Bericht im Hinblick auf die emotionale Wirkung als Sensationsstory anlegte, hatte seine Recherche übrigens »under cover« betrieben, indem er einen solchen Herrn spielte und sich zum Schein ein solches Mädchen »kaufte« (vgl. Haller 2000, 22).

Dass sich solche **Enthüllungsreportagen** gut verkauften, erkannten auch die amerikanischen Verleger. Vereinzelt hatte es bereits in der frühen Geschichte der USA so etwas wie einen »investigativen Journalismus« gegeben (vgl. Emery/Roberts/Emery 1999). Die eigentliche Ära der »Muckrakers« begann jedoch erst um 1900: Reporter, die »under cover« recherchierten, prangerten in ihren Reportagen das soziale Elend in den Großstädten an, deckten Korruptionsfälle auf, berichteten über Geschäftspraktiken von Großunternehmen. Berühmte Beispiele hierfür sind etwa Ida Tarbells zwischen 1903 und 1904 erschienene »History of the Standard Oil Company«, die Sozialreportagen der Journalistin Elizabeth Cochrane oder die berühmte Reportage-Schilderung (»The Jungle«), die der Schriftsteller und Journalist Upton Sinclair über die menschenunwürdigen Arbeitsbedingungen in den Schlachthöfen von Chicago schrieb (vgl. Haller 2000, 22ff.; Janisch 1998, 19f.; Requate 1999, 133f.).

Dass es diesen sozial engagierten, investigativen Journalismus auch in Europa gegeben hat, beweisen die Arbeiten etwa von Max Winter in Österreich, der sich für seine Sozialreportagen über die Obdachlosen von Wien derselben Methode »der verdeckten Recherche durch teilnehmende Beobachtung« bediente (Haller 2000, 24), die Sozialreportagen, aber auch die politischen Enthüllungsstories (etwa der Fall des »Oberst Redl«, 1913) von Egon Erwin Kisch oder die Recherchen eines Carl von Ossietzky in der »Weltbühne« über geheime militärische Aufrüstungspläne in der Weimarer Republik. Zu nennen wären u.a. auch die Schilderungen und das publizistische Engagement (Beispiel: »Die Affäre Dreyfus«) ei-

nes Emile Zola in Frankreich. Die in der Forschungsliteratur fast
schon zum formelhaften Allgemeinplatz tendierende Ansicht, »daß
der ›investigative Journalismus‹ eine amerikanische bzw. angelsächsische Eigenart des Journalismus ist, die in Deutschland erst nach
dem Zweiten Weltkrieg populär wurde« (M. Müller 1997, 17; Köcher 1985; Blöbaum 1994, 229f.), kann angesichts der keineswegs
marginalen Beispiele aus der europäischen Pressegeschichte wohl
kaum mehr als gesichert gelten – zumal die Welle des »investigative reporting« sich in den Vereinigten Staaten in den ausgehenden
zwanziger Jahren des vergangenen Jahrhunderts ihrem vorläufigen
Ende zuneigte (vgl. Redelfs 1996, 84f.). Wiederbelebt wurde diese Tradition erst in den 1960er und 1970er Jahren etwa mit kritischen Recherchen über den Vietnamkrieg (Beispiel: Das Massaker
von My Lai). Geradezu zum Mythos des investigativen Journalismus mutierte in den Jahren 1972-74 der von den beiden Journalisten der *Washington Post* Bob Woodward und Carl Bernstein auf-
gedeckte Watergate-Skandal: Er gipfelte bekanntlich im Rücktritt
des amerikanischen Präsidenten Richard Nixon im August 1974
(vgl. Bernstein/Woodward 1974; 1976).

Was freilich die Bewertung derartiger und jüngerer Fälle (»Mo-
nicagate«) aus europäischer bzw. deutscher Perspektiver anbelangt,
so ist festzuhalten, dass die Methoden und Maßstäbe des amerikanischen »investigative reporting« nicht ohne weiteres auf hiesige
Verhältnisse zu übertragen sind. Michael Haller weist darauf hin,
dass im Rollenbild des Rechercheurs auch das politische Verständnis einer Gesellschaft zum Ausdruck komme – und letzteres sei in
den Vereinigten Staaten deutlich anders als etwa in Deutschland
(Haller 2000, 129ff.). Dies betrifft etwa die unterschiedliche Rolle
staatlicher Institutionen im Bewusstsein der Bürger, die Rolle der
öffentlichen Meinung und ihr Einfluss auf das politische Geschehen, die unterschiedlichen Auffassungen, was etwa die Herausgabe
von Informationen durch Behörden anbelangt, die unterschiedlichen Auffassungen im Hinblick auf Moralvorstellungen und daher unterschiedliches Recherchierverhalten (ebd.; vgl. auch Nagel
2007; Esser 1999).

6.2.4 Praktiken und Grenzüberschreitungen

Auf folgende Problemfelder wäre im Zusammenhang mit dem Be-
richterstattungsmodell »investigativer Journalismus« noch hinzuweisen:

1. Dass der investigative Journalismus in recht unterschiedlichen Ausprägungen existiert, wobei das Rollenbild zwischen »Wachhund« und »Anwalt« pendelt (vgl. H. Haas 1999, 107), zeigt das Beispiel des deutschen Investigativ-Reporters Günter Wallraff. Wallraff begibt sich in Verkleidung geradezu konspirativ in das »Souterrain der Gesellschaft«, um über das dort Erfahrene, aber auch über die Recherche selbst, später einer Öffentlichkeit zu berichten (vgl. Wallraff 1970; 1977; 1985; 2002 etc.) – ein Verfahren, das, wie Bodo Rollka zeigt, in seiner Darstellungsstrategie verblüffende Parallelen zum Zeitungsroman eines Eugène Sue (dt.: *Die Geheimnisse von Paris*, 1842/43) aus der ersten Hälfte des 19. Jahrhunderts aufweist (Rollka 1987) und zudem indirekt die alte Rollenfiktion des »einsam recherchierenden Detektivs« evoziert: ein Rollenbild, das, nebenbei bemerkt, immer mehr an Tatsachengehalt verliert. Der moderne Reporter Wallraff bedient sich bei Recherche und Niederschrift (selbst nach eigenem Bekunden) eines Teams von Mitarbeitern (vgl. dazu H. Haas 1999, 305ff.). Seine Reportagen sind ›exempla‹, die Schilderung der handelnden Personen ist mit der Absicht verknüpft, »sie mit dem Mittel der Verfremdung als funktionierende Charaktermasken eines Systems, einer Struktur darzustellen« (Wallraff 1990, 127). Für Michael Müller überschreitet Wallraff aber gerade damit die Grenze des Journalistischen überhaupt: Wallraff, so Müller, bekenne sich in seiner Arbeit ausdrücklich zu einem anwaltschaftlichen Journalismus, unternehme im Wesentlichen aber »politische Aktionen« (M. Müller 1997, 221). Indes ist Wallraff keineswegs der erste Reporter, der diese Grenze überschreitet: Bereits Altmeister Egon Erwin Kisch, Mitglied der Kommunistischen Partei (Österreichs und Deutschlands), changierte in seiner eigenen Reportagepraxis durchaus zwischen der Rolle als »unbefangener Zeuge« *(Der rasende Reporter*, 1925, Vorwort) und der Rolle als politischer Publizist, ja Aktionist (*Zaren, Popen, Bolschewiken*, 1927) (vgl. Patka 1997).

2. Der Grenzüberschreitung hin zu »**politischen Aktionen**« entspricht auf der anderen Seite die Instrumentalisierung des investigativen Journalismus zugunsten bestimmter Interessen:

Wie kommt der Journalismus zu seiner investigativen Recherche? Er braucht einen Hinweis. [...] Von wem hört man etwas? Man hört immer etwas aus der Umgebung der Betroffenen. Das sind gute Freunde, Parteifreunde, Mitarbeiter, da ist eine Rechnung zu begleichen, da ist jemand jemandem im Wege. Da spielen Rivalitäten eine Rolle [...]« (Voß 1999, 73).

Und dabei, so berichtet Peter Voß freimütig, »spielt natürlich auch Geld eine Rolle« (ebd.), das etwa auf dem Markt der großen Magazine und Verlage an Informanten gezahlt wird, wenn deren Informationen zur Steigerung von Auflage und Einschaltquoten beitragen. All dies ist freilich keine neuartige Entwicklung: »Viele sensationelle *Spiegel*-Enthüllungen waren keineswegs das Ergebnis investigativer Recherche, sondern der Erfolg solcher Zuträger und Informationsverkäufer« (Haller 2000, 31) – und widersprachen damit in gewisser Weise dem idealisierten »Rollenselbstbild des *Spiegel*-Redakteurs, der mit jedem Machthaber respektlos und mit jeder (freiwillig) angebotenen Information skeptisch umgeht; der sich selbst frei hält von Interessen Dritter und daran glaubt, dass die Wahrheit nicht im Offensichtlichen, viel eher im Verborgenen steckt« (ebd.).

3. Die konkrete Praxis des investigativen Journalismus ist Trends und Moden innerhalb des Mediensystems unterworfen: Seit den 1990er Jahren wird hier immer wieder »die Abkehr vom politischen zum privaten Skandalisieren« (M. Müller 1997, 17) konstatiert: und zwar sowohl im amerikanischen, als auch im deutschen Journalismus, wo »die auf Personality spezialisierten Magazine ihren Recherchierjournalismus – nach dem Vorbild der angelsächsischen Boulevardblätter – weniger zur Aufklärung als zur Durchstöberung der Privatsphäre der Prominenten« nutzen (Haller 2000, 33). Aus diesem Zusammenhang heraus entwickelt sich das, was Müller als »Fehlformen des investigativen Journalismus« (M. Müller 1997, 476) bezeichnet: »Outing«, »Schlüssellochjournalismus«, »Sensationsjournalismus«.

4. Bei all dem freilich ist zu berücksichtigen, dass sich die Rahmenbedingungen geändert haben: Der klassische Investigationsjournalismus erfordert die zeit- und häufig auch spesenaufwendige Recherche. Letztere ist zudem häufig mit gewissen Risiken für den einzelnen Reporter verbunden – selbst wenn diese Risiken häufig »nur« in Schadenersatzansprüchen bestehen, die seitens der Betroffenen vor Gericht erhoben werden. Ob ein solcher Aufwand an Risiken, Kosten und Zeit von der jeweiligen Redaktion mitgetragen wird (oder bei entsprechend knappem Etatrahmen überhaupt mitgetragen werden kann) oder ob der recherchierende Journalist hier völlig auf eigene Rechnung und eigenes Risiko arbeitet, entscheidet häufig darüber, ob überhaupt noch investigativ gearbeitet wird (vgl. Gemballa 1999). Und nicht zuletzt entscheiden auch Marktanalysen und werbestrategische Überlegungen der betreffenden Medienunternehmen darüber, ob eine solche Spielart des

Journalismus überhaupt noch gewünscht wird (vgl. Leyendecker 1999).

5. Eine weitere Rahmenbedingung betrifft die »Gegenstrategie gegen den Recherchierjournalismus« (Haller 2000, 33) in Gestalt einer neuen offenen Informationspolitik, die seit den 1980er Jahren von politischen Parteien, Interessensgruppen, Unternehmen und Behörden betrieben wird: Eine zunehmend **professionalisierte Öffentlichkeitsarbeit** sorgt für die Organisation der Informationsarbeit nach strategischen Gesichtspunkten. Zudem suchen PR- und Marketingstrategen häufig erfolgreich Einfluss zu nehmen auf Themen-Platzierung und Ausrichtung der Berichterstattung in den Medien (vgl. z.B. Fassihi 2008; Leif/Speth 2006; Esser/Reinemann 1999, 66ff.). Auch die personelle Ausstattung im Berufsfeld von Öffentlichkeitsarbeit und PR ist beeindruckend: Bereits Mitte der 1990er Jahre hatte sich das Verhältnis zwischen Journalisten und Öffentlichkeitsarbeitern auf 3 : 1 verschoben (vgl. Belz/Haller/Sellheim 1999). Zehn Jahre zuvor betrug es noch 6 : 1. (s. auch Kap. 8).

Derartigen Entwicklungen sucht das 2001 gegründete *netzwerk recherche* zu begegnen. Der Verband sieht nach eigenem Bekunden seine Aufgabe darin, journalistische Recherchemöglichkeiten zu stärken, die Recherche in der journalistischen Ausbildung zu fördern, sowie durch Preisverleihungen, Stipendien und Veröffentlichungen auf die Bedeutung des investigativen Journalismus aufmerksam zu machen (*www.netzwerkrecherche.de*).

6. Investigativer Journalismus fungiert oft stellvertretend für ›den Journalismus‹ generell – und zwar insbesondere im Hinblick auf die **ethischen Dimensionen journalistischen Handelns** überhaupt. Michael Müller spricht in diesem Zusammenhang von »Tugend- und Lasterkatalogen« des investigativen Journalismus: Während die »Tugendkataloge« dessen »segensreiches Wirken« aufzählten (Aufklärung von Straftaten, Aufrüttelung der Öffentlichkeit etwa mit der Wirkung, dass korrupte und unwürdige Politiker aus ihren Ämtern entfernt wurden, Sensibilisierung der Öffentlichkeit für soziale Missstände, Erfüllung einer »Wächterrolle« gegenüber den Mächtigen, Stärkung des demokratischen Selbstbewusstseins der Bürger, etc.), umfassten die »Lasterkataloge« all die konkreten Erscheinungsformen in der Praxis, die den investigativen Journalismus als bloßen Sensationsjournalismus mit häufig ruinösen Folgen für die von den Medien verfolgten Beteiligten erscheinen lassen (M. Müller 1997, 25ff.). Die Rede von den »Tugend- und Lasterkatalogen« verweist überdies auf ein durchaus ritualisiertes Element

in der gesamten Diskussion über journalistische Ethik. Ob all dem freilich mit einer normativen Ethik, wie sie Michael Müller befürwortet, abgeholfen werden kann, ist aber fraglich (s. Kap. 8.).

6.3 Orientierung qua Erzählen: Journalistische Darstellung zwischen Faktenorientierung und Fiktionalisierung

Eine Magazingeschichte ist eine Magazingeschichte, ob sie nun im *Spiegel* oder in einer Wirtschaftszeitschrift steht. Denn der typische Aufbau einer Magazinstory ist hier wie dort letztlich gleich. Instruktiver Vorspann, gefälliger Einstieg, klare Auslegeordnung im Portal, lebendig geschriebene Story, stabiler »roter Faden«, pointierter Ausstieg – dies sind formal die wesentlichen Elemente (Schweinsberg in: Mast 2008, 326).

Der Aufbau einer journalistischen »Magazingeschichte«, die der Chefredakteur der Wirtschaftszeitschrift *Capital* hier beschreibt, ist in ihrer Kombination von tatsachenbetonten, nutzwertorientierten, eben »instruktiven« Elementen, und erzählenden Strukturen (»lebendig geschriebene story«) charakteristisch für die Art und Weise, wie weitere zentrale journalistische Genres/Textgattungen gestaltet sind. Sie sind geprägt von der »Tradition des Erzählens«, wie Michael Haller in seinem Buch über die Reportage schreibt (Haller 2008, 15), und zugleich erhielten sie im Verlaufe ihrer Geschichte ihre spezifischen Ausformungen, »um bestimmte publizistische Zwecke und bestimmte Lesererwartungen einlösen zu können« (ebd.). An erster Stelle ist hier die Reportage zu nennen.

6.3.1 Die Reportage

»Die Reportage ist ein tatsachenbetonter, aber persönlich gefärbter Erlebnisbericht« (Reumann 1990, 74). In der einschlägigen Literatur über diese »Königsdisziplin des Journalismus« (Pätzold 1999, 153) gehen allerdings die Ansichten darüber auseinander, ob sie nun eher den berichtenden, tatsachenorientierten Darstellungsformen zuzuordnen sei – als »Ergänzung oder Erweiterung der nachrichtlichen Berichte« (Mast 2008, 280), oder ob es die erzählerische Art des Vermittelns sei, die hier dominiere. Denn, so schreibt Haller mit Recht: »Hier wird nicht berichtet, hier wird erzählt« (Haller 2008, 15). Beide Zuordnungen haben ihre Berechtigung. Zwar stellt die Reportage »Arbeitsanforderungen an den Journalisten, die zu jenem Katalog gehören, der für journalistische Objektivität bemüht wird« (Pätzold 1999, 146), wie etwa die gründliche Recherche (letztere ist jedoch für sämtliche Darstellungsformen geboten), doch wird ihre Gestaltung eben »nicht ausschließlich vom Gegenstand, sondern auch durch die Perspektive und das Temperament des Reporters mitbestimmt« (Belke 1973, 95).

Im Unterschied zur Nachricht werden vom Reporter ausdrücklich persönliche, authentische und einmalige Erlebnisse gefordert (vgl. Mast 2008, 279f.), er selbst sollte »eintauchen« in das Geschehen (ebd., 279). Die Einbeziehung der Autorenperspektive – die sich zuweilen auch im Gebrauch der (etwa im Nachrichtenjournalismus ansonsten obsoleten) »Ich«- oder »Wir«-Form ausdrückt – geht dabei einher mit der Einbeziehung des Publikums. In einer ›sinnlich‹ und ›anschaulich‹ (etwa durch die Verwendung von Zitaten mit direkter Rede) geschriebenen Reportage fungiert der Leser gleichsam als Begleiter des Reporters. Insofern ist der Reportage eine »**Identifikationsästhetik**« zu eigen (Pätzold 1999, 150). Nach Haller besteht der Zweck dieser Darstellungsform darin, Distanz und Barrieren zu überwinden und den Leser an den geschilderten Vorgängen teilhaben zu lassen (Haller 2008, 107). Um die Aufmerksamkeit des Publikums auch über längere Passagen hinweg zu fesseln, arbeitet die moderne Reportage häufig mit wechselnden Fokussierungen. Hans-Joachim Schlüter verweist in dem von Heinz Pürer herausgegebenen Lehrbuch dabei auf unterschiedliche Möglichkeiten, bestimmte Erlebens-Perspektiven für den Leser nachvollziehbar zu gestalten: indem der Reporter zwischen der Außenperspektive und der Betroffenen-Perspektive auf ein Geschehen wechselt, indem er einen Wechsel von Naheinstellung und Gesamtsicht (Einzelfall/Allgemeines) vollzieht, indem er zwischen dem aktuellen Geschehen und zeitlicher Latenz wechselt, indem er wechselnde Tempi (Präsens/Perfekt) gebraucht, und indem er zwischen eingesetzten formalen Mitteln wechselt (Erlebnisbericht, Stimmungsbild, Zitate, Dokumentation). (Schlüter in: Pürer 2004, 149; Mast 2008, 282).

Andere dramaturgisch eingesetzte Mittel, um den Leser zu »packen«, sind beispielsweise ein szenischer Einstieg, konstrastierende Schilderungen, aber auch der bewusst-beschränkende Umgang mit der Fülle an Informationen (Mast 2008, 283).

Ihre **historischen Wurzeln** hat die Reportage einerseits im journalistischen Augenzeugenbericht, andererseits aber auch im literarischen Reisebericht des 18. (Forster, Seume) und 19. Jahrhunderts (Ludwig Börne, Heinrich Heine, Georg Weerth) mit ihren aufklärerischen Intentionen, »wonach alle Veränderungen des Lebens zum Besseren an die Offenlegung des Schlechten oder Fragwürdigen gebunden sind« (Pätzold 1999, 156). Gert Ueding verortet den Entstehungsprozess der Reportage auf das 16. Jahrhundert im Kontext der Herausbildung eines öffentlichen Nachrichtenwesens und verweist auf die rhetorische Tradition der Gattung (Ueding 1996). Die moderne deutschsprachige Reportage der 1920er Jahre verdankt dem amerikanischen Zeitungsjournalismus wichtige Anregungen: Von ihm, so Pätzold, sei das käufer- und rezipientenorientierte »Erfolgsrezept medialer Massenkommunikation« zu lernen gewesen:

Wem es gelingt, das Aktuelle zu dramatisieren, das heute Geschehene in Verbindung mit dem Guten und Bösen als Welt- und Lebensprinzip zu bringen, wer eindringlich das Innere nach außen kehren kann und einem staunenden Publikum die Kehrseiten eines anständigen bürgerlichen Lebens als die eigentlichen Antriebe des Weltgeschehens vorspielt, der treibt die Auflage der Zeitung nach oben, [...]« (Pätzold 1999, 156f.).

Nicht zufällig erinnert diese Charakterisierung der Methodik des Reportageschreibens an literarische Konstruktionsprinzipien: Die bereits in der zweiten Hälfte des 19. Jahrhunderts aufgekommene Konkurrenzdebatte zwischen Literaten und Journalisten entspann sich als **Reportagediskussion** (vgl. dazu H. Haas 1999, 268ff.) erneut in den 1920er Jahren – dieses Mal jedoch unter dem Vorzeichen der sogenannten Neuen Sachlichkeit, einem programmatischen, aus dem Bereich der bildenden Kunst entlehnten Begriff (vgl. dazu Harmand 1978), der mit der Forderung nach Empirie, Authentizität und Unmittelbarkeit in der Kunst einherging. Entsprechend dazu wurden Kategorien für die Literatur formuliert, die jenen der zeitgenössischen Reportagen ähnelten, wie etwa: Zeitbezogenheit, Allgemeinverständlichkeit, Genauigkeit der Information, Nachprüfbarkeit, »Materialisierung« der Darstellung. Der Anspruch, Realität – wie eine Fotokamera – abbilden zu können, fand sich wieder im **Reportageroman** mit seinen dokumentarischen Anteilen, wie er sich etwa bei Autoren wie Alfred Döblin darstellte.

Die Debatte darüber, was genau den ›Dichter‹ vom ›Reporter‹ unterscheide (s. dazu auch Kap. 6.3.4), ob nicht beide sogar »beinahe die Rollen« getauscht hätten (Kracauer, Siegfried: »Über den Schriftsteller« 1931, zit. n. E. Schütz 1984, 200), wurde ergänzt durch die Reflexion der Reporter über ihr eigenes Genre: Erfolgreiche Journalisten wie Egon Erwin Kisch forderten für die Reportage die Zusammenführung von Recherche und Erlebnis sowie die

Einordnung der geschilderten Begebenheit in umfassendere Zusammenhänge (vgl. Pätzold 1999, 150). Andere, wie Hansgeorg Maier (1931), definierten das Konstruktionsprinzip der Reportage als eine Art Puzzle, die aus verschiedenen Einzelperspektiven ein Bild zusammensetze (vgl. H. Haas 1999, 236). Insofern verwies die Mehrdimensionalität der Darstellung auf eine zunehmend als komplex erfahrene gesellschaftliche Wirklichkeit. Journalismus in seinen unterschiedlichen Ausprägungen (z.b. investigativer Journalismus, Sozialberichterstattung, s. Kap. 6.2.3) so Hannes Haas, habe sich mit der Herausbildung der Reportage ein Instrument geschaffen, um dieser Komplexität begegnen zu können (ebd.).

Ob die Darstellungsform ›Reportage‹ im jeweiligen Einzelfall funktioniert oder ob nicht eine andere Darstellungsform gewählt werden sollte, ist, Michael Haller zufolge, abhängig von den besonderen Eigenheiten des jeweiligen Mediums (Profil etwa einer Zeitung, feste Reportageplätze etc.), vom gewählten Thema (nach Haller kann nahezu jedes Thema als Vorgabe für eine Reportage dienen, vorausgesetzt, es wird unter Aspekten erschlossen, die dem Publikum die Teilhabe daran gewähren), von der journalistischen Absicht (die individuelle Sichtweise und Schreibweise des Reporters) sowie von den Erwartungen des Publikums (Haller, Ausg. 1997, 69-71).

Dieses **Reportagemodell** will Ulrich Pätzold noch um das Element der »redaktionellen Leistung der Reportage« erweitert sehen: Erst wenn die Erwartungen des Publikums an die jeweilige Reportage »durch die Vertrautheit mit dem redaktionellen Konzept Reportage in der Zeitung gebunden sind, wird die Medienfunktion erreicht, können Identifikationen und Differenzierungen aufgebaut werden [...]« (Pätzold 1999, 165). Während die individuelle »Leistung Reportage« die Summe der vom einzelnen Reporter erbrachten Anteile an der Reportage erfasse, umfasse die redaktionelle Leistung die Summe der von der Redaktion eingebrachten Anteile in der Reportage. Dies kann beispielsweise die Sondierung von Themen sein, die Vor-Recherche oder das Redigieren des abgelieferten Textes. Nicht zuletzt sind es auch die Ziel-, Arbeits- und Budgetstrukturen, die auf redaktioneller Ebene die konkrete Ausgestaltung und das Erscheinungsbild einer Reportage bedingen (vgl. Pätzold 1999, 165ff.).

Reportagen werden für Zeitungen, Zeitschriften, Hörfunk- und Fernsehprogramme sowie für Internet-Sites verfasst – und erfordern je nach Medium den Einsatz unterschiedlicher Darstellungsmittel und deren unterschiedlichen Gebrauch. Im Internet kann etwa der Wechsel der Wahrnehmungsperspektiven in einer

Reportage (etwa durch die Wiedergabe von Aussagen unterschiedlicher Beteiligter) über hypertextuelle Verweise strukturiert werden.

Die Dramaturgie einer **Fernsehreportage** beruht unter anderem auf einem ausbalancierten Einsatz von Text/Sprache und bewegten Bildern: Was ohnehin im Bild zu sehen ist, sollte nicht noch zusätzlich mit Worten beschrieben werden. Zudem ist bereits die Themenwahl abhängig von Drehgelegenheiten, der Bereitschaft von Personen, sich von einem Drehteam begleiten zu lassen, filmisch attraktiven Schauplätzen und Motiven (vgl. dazu Berg-Walz 1995; Schomers 2001).

Hingegen funktioniert die **Hörfunkreportage** nur dann, wenn sie Ereignisse und Zusammenhänge so plastisch schildern kann, dass die Bilder gleichsam im Kopf des Hörers entstehen. Neben der Rede des Reporters werden dabei ›Originaltöne‹ wie Musik, Geräusche, Aussagen von Beteiligten als wichtige Elemente eingesetzt. Als ›Hörfunkreportage‹ wird außerdem häufig die **Direktübertragung** bezeichnet: Hier schildert zumeist ein Reporter das sich jeweils aktuell Ereignende (vgl. dazu Arnold 1999; La Roche/Buchholz 2009).

6.3.2 Das Feature

Mit dem Medium des Hörfunks historisch eng verbunden ist die Darstellungsform ›**Feature**‹. Das englische Wort »Feature« bedeutet soviel wie »Gesichtszug«, »Charakteristikum«, »Darbietung« oder auch »Besonderheit« (vgl. *Langenscheidts Großes Schulwörterbuch Englisch-Deutsch*, Neubearb. 1988). Der Begriff taucht erstmals in den Rundfunkprogrammen der BBC aus den 1930er Jahren auf:

In its simplest form, the feature programme aims at combining the authenticity of the talk with the dramatic force of the play, [...] the business of the feature is to convince the listener of the truth of what it is saying, even though it is saying it in dramatic form,

formulierte einst Lawrence Gilliam, erster Leiter der BBC-Feature-Abteilung in den 1930er und 1940er Jahren (zit. n. Zindel/Rein 2007, 359): Demnach steht die kombinatorische Form des mit künstlerischen und dokumentarischen Elementen arbeitenden Features im Dienste eines didaktischen Zwecks im Hinblick auf seine Zuhörer.

Das **Radiofeature** wurde nach 1945 von der britischen Besatzungsmacht in die neugegründeten Funkanstalten im Nachkriegsdeutschland importiert, und Anfang 1947 begann man in Hamburg mit den ersten großen Feature-Produktionen: ein- oder mehrstündige, aufwendig produzierte Sendungen, deren charakteristisches Formprinzip die Montage war: Man näherte sich den Themen von mehreren Seiten her, arbeitete mit unterschiedlichen Erzählperspektiven und Sprachstilen, verwendete alle Mittel des Mediums – angefangen von der Nachricht bis hin zur dramatischen Szene, stellte unterschiedliche Erlebnis- und Blickweisen einander gegenüber (vgl. Lindemann/Bauernfeind 1997, 27; vgl. auch Kribus 1995). Alfred Andersch, neben Ernst Schnabel, Peter von Zahn und Axel Eggebrecht (vgl. Eggebrecht 1945), der herausragende Praktiker, Theoretiker und redaktionelle Organisator des westdeutschen Hörfunkfeatures der ersten Nachkriegsjahre, betonte 1953 den genre- und themenübergreifenden Charakter des Features:

Es [= das Feature – Anm. d. Verf.] bemächtigt sich des Berichts, der Reportage, der Darstellung sozialer, psychologischer und politischer Fragen. Da es Form, also Kunst ist, sind seine Mittel unbegrenzt: sie reichen vom Journalismus bis zur Dichtung (weshalb die Grenzen zwischen Hörspiel und Feature immer fließend bleiben werden), von der rationalen Deskription bis zum surrealen Griff in den Traum, von der bewußt für den unmittelbaren Gebrauch bestimmten Aufhellung der Aktualität bis zu dichterischer Durchdringung menschlicher Gemeinschaft (Andersch 1953, zit.n. Zindel/Rein 2007, 359).

Im Verlaufe der Radiogeschichte hat sich auch das Feature gewandelt: Die bessere Qualität und die durch moderne Aufnahmegeräte leichter zu bewerkstelligende Produktion von Originalton-Aufnahmen prägten das Genre. Die festen Feature-Plätze in den Programmschemata der Rundfunkanstalten sind jedoch seltener geworden. Auch die Dauer wurde verkürzt. Einstündige Feature-Produktionen sind keineswegs mehr die Regel, mehrminütige sogenannte Kurz- oder Mini-Features dagegen zählen inzwischen zu den »Haupt-Beitragsformen in einem modernen Radioformat« (Jaedicke in: Mast 2008, 296).

Bürgerte sich der Feature-Begriff in Deutschland zunächst nur im Hinblick auf die Funkmedien ein, so wird der Begriff inzwischen auch für eine – in der Praxis freilich häufig recht diffus zwischen Reportage und Bericht changierende – Darstellungsform in den Printmedien gebraucht. »To feature a story« heißt im Jargon amerikanischer Journalisten, einem Artikel oder Beitrag einen Akzent zu geben, der Aufmerksamkeit weckt (Reumann 1990, 76). Daran angelehnt sieht Michael Haller im Feature eine Darstellungsform, in der Strukturen und Sachverhalte durch Hervorhebung charakteristischer Züge lebhaft und interessant werden. Situationen und Zusammenhänge sollen exemplarisch gezeigt (vgl. Haller 2008) Strukturen sinnlich umgesetzt, Zusammenhänge konkret und anschaulich gemacht werden (ebd., 107).

Einen funktionalen Ansatz bemüht auch Claudia Mast zur Unterscheidung zwischen Feature und Reportage: Bestehe die Hauptfunktion der Reportage darin, ihr Publikum an den geschilderten Ereignissen teilnehmen zu lassen, sei die Funktion des Features, abstrakte Sachverhalte anschaulich zu machen, um Strukturen durchsichtig werden zu lassen (Mast 2008, 288): »Ein Journalist bringt die von ihm recherchierten Informationen ins Blickfeld seiner Leser und beschreibt sie mit dem Material, das zum Erfahrungsschatz des Alltags gehört« (ebd.) Themenfelder, die sich nach Volker Wolff besonders gut für die Gestaltung als Feature eignen, antworten gleichsam auf die klassische *Wie*-Frage (z.B. *Wie Reiseveranstalter für Mängel haften*) und/oder beschreiben Trends, bzw. Tendenzen (Wolff 2006, 199f.).

In der Form des Features können abstrakte Sachverhalte konkret und anschaulich vermittelt werden. Dabei solle der Journalist sich aber nicht nur darauf beschränken, Recherchematerial auszubreiten, sondern müsse analysieren, Schlussfolgerungen aus dem Geschilderten ziehen, den Leser gleichsam an die Hand nehmen und ihn »zu einem Zuwachs an Erkenntnis führen«, betont Achim Zons (Zons in: Mast 2008, 293).

Im Gegensatz zur realitätsvermittelnden Reportage, die den individuellen Einzelfall ins Zentrum stellt, sollte, laut Mast, das Feature allgemein gültige Fälle veranschaulichen. Dabei sind, nach Mast, »auch **fiktive Szenarien** erlaubt« (Mast 2008, 289): Beim Feature dienten nämlich solche Szenen lediglich zur veranschaulichenden Typisierung, »so dass dem Rezipient die Austauschbarkeit klar wird. Eine authentisch schildernde Reportage würde im Gegensatz dazu den Eindruck erwecken, dass es sich um einen unverwechselbaren Einzelfall handelt« (ebd., 288).

Demgegenüber beharren Schneider/Raue darauf, dass auch Features, wiewohl »leichter Lesestoff abseits der strengen Nachrichtensprache«, dennoch »wie die Nachricht ausschließlich auf Fakten« zu stützen seien (Schneider/Raue 1999, 101).

Dass die Übergänge zwischen Feature und Reportage durchaus fließend sein können, konzediert auch Claudia Mast. Sie verweist auf einen zusätzlichen, nicht-didaktischen »Wirkungsaspekt« des Features, der darin bestehe, »dass sich der Rezipient durch die

Art und Weise der Präsentation von Informationen unterhalten
fühlt«. In diesem Sinne, so Mast, sei »Feature auch ein Synonym
für Infotainment« (Mast 2008, 290). Das im Sprachgebrauch von
Journalisten gebräuchliche Verb »anfeaturen« zielt ebenfalls auf
diese Unterhaltungsfunktion: Ein Bericht über ein aktuelles Ereignis soll mit Stilelementen des Features aufgelockert und dem Leser
somit auf eine attraktive Weise angeboten werden. Im Wortsinne
anschaulich wird dies etwa im **Fernsehfeature**, das sich etwa des
Mittels nachgespielter Handlungen bedient. Auch Bild-Metaphern
mit Symbolcharakter (Beispiel: heraufziehende dunkle Wolken stehen für eine Bedrohungs-Situation) sind ein altbewährtes Mittel,
um Emotionen beim Publikum zu wecken.

6.3.3 Das Porträt

Als emotionsorientiert, ja sogar als tendenziell voyeuristisch, könnte man auch das **Porträt** bezeichnen. Dieses Genre spielt mit zunehmender Tendenz zur Personalisierung vormaliger Sachthemen
im Zeichen journalistischer Unterhaltungsfunktion (s. Kap. 6.5)
eine wichtige Rolle in nahezu allen Medien. Ele Schöfthaler weist
darauf hin, dass sich das moderne Publikumsinteresse am Porträt
sowohl der Popularisierung der Freudschen Psychoanalyse mit ihrer Frage nach den »verborgenen« Triebfedern menschlichen Handelns, als auch dem Bildermedium Fernsehen verdankt (Schöfthaler 1997, 177ff.). Denn der Journalist »beobachtet und interpretiert
Einstellungen, Motive und Gefühle. Im Idealfall wird dadurch
verständlich, warum eine Person so und nicht anders gehandelt
hat« (Mast 2008, 305). Dabei ist das Porträt, wie Schneider/Raue
bemerken, keine eigenständige Textform (vgl. Schneider/Raue
1999, 123), sondern eher ein Genre, das allein durch sein Thema
bestimmt wird: die schildernde Charakterisierung eines berühm-
ten oder eines – im Sinne der Elemente medienspezifischen »agenda-settings« – ›interessanten‹ Menschen. Eine solche Schilderung
kann sich unterschiedlicher Textformen bedienen: der Reportage oder des Features, des Berichts oder des Interviews, wobei die
einzelnen Formen auch miteinander kombiniert werden können.
Auch die Wirkungsabsichten können unterschiedlicher Art sein,
kann das Porträt doch sowohl der Demaskierung, bzw. der Kari-
katur, als auch der Sympathiewerbung für eine bestimmte Person
(als Privatperson oder als Funktionsträger) gelten.

6.3.4 Literatur und Journalismus, literarischer Journalismus

Die in der Praxisliteratur aufgeführten Charakterisierungen insbesondere im Hinblick auf die Darstellungsform ›Feature‹ machen indirekt deutlich, dass bereits die ›klassischen‹ Elemente journalistischer (tatsachenbasierter!) Darstellung durchaus fiktional-narrative Anteile beinhalten (können) (s. auch Kap. 6.3.1). Tatsächlich existieren Schreibweisen im Journalismus, die dem Kunstcharakter der literarischen Schreibweise nahe kommen beziehungsweise sich aus letzterer entwickelt haben.

»Die Trennung zwischen Journalismus und Prosa lässt sich nicht durchgängig aufrechterhalten«, meint etwa auch Ernst A. Rauter (1996, 154) in seinem populären Stilratgeber und gibt zu bedenken: »Es ist nicht die Genauigkeit, die Literatur von journalistischen Texten unterscheidet. Wäre es anders, könnte man sagen, journalistische Texte seien schlampig geschriebene Literatur« (ebd., 151). Wenn auch die Logik seiner Begründung nicht recht einleuchtet, so gibt Rauter seinen Lesern immerhin zwei brauchbare Kriterien zur **Unterscheidung zwischen literarischem und journalistischem Schreiben** an die Hand. Demnach entscheidet die jeweilige Funktion und Zielvorgabe, die ein Text im Hinblick auf seine Rezipienten erfüllen soll, über die gewählte Schreibweise:

Literatur ist eine Ansammlung von Wörtern, die Erlebnisse schafft, weil sie Erlebnisse schaffen soll. Artikel sind eine Ansammlung von Wörtern, die informieren sollen. [...] Journalistische Wörter sind der Durchgang zu einem Ereignis; literarische Wörter sind selbst das Ereignis (ebd., 154).

Rauter schränkt allerdings ein, dass auch dieser Unterschied »nicht immer« bestehe. Hingegen behauptet Jürgen Link, dass dieser Unterschied so gut wie gar nicht existiere – zumindest nicht im Hinblick auf den Gebrauch sprachlicher Symbole, da zwischen »kunstliterarischen und journalistischen Sorten von Symbolen«, deren »formale Struktur« betreffend, »keine wesentlichen Differenzen« bestünden (Link 1978, 255). Die »journalistische Textproduktion« scheint ihm vielmehr »weitgehend von dem Gesetz beherrscht« zu sein, »jedes Faktum in [...] parteilicher Perspektive auf eine entsprechende subscriptio hin zu symbolisieren« (ebd., 41).

Link vernachlässigt dabei, dass der Journalismus sich als eigenständige Schreibweise historisch gerade dadurch seinem jeweiligen Publikum gegenüber legitimierte, weil – im Gegensatz zu literarischen Texten – an journalistische Texte traditionell die Forderung nach einer (weitgehend) nonfiktionalen und empirisch überprüfbaren Tatsachenvermittlung herangetragen wurde. Bei all dem freilich befleißigen sich Journalismus und Literatur im Hinblick auf das Zeitalter der Moderne – etwa seit dem 18. Jahrhundert – zweifellos ähnlicher »**Strategien der Wirklichkeitserkundung**« (Haas 1999). Hannes Haas nennt in seinem Standardwerk über den empirischen Journalismus die spezifisch moderne Art der Wahrnehmung, die sich im Reisebericht, dem literarischen Journalismus, der Aufklärungs-Feuilletonistik bis hin zum investigativen Journalismus niederschlage und eine Haltung der Wirklichkeitsbeobachtung einschließe, wie sie etwa bei Walter Benjamin in der Figur des Flaneurs ihren Ausdruck findet (vgl. etwa: »Der Flaneur«. In: *Charles Baudelaire [...]*. Werke III 1974, 33-65). Als anonymer Spaziergänger und Beobachter taucht der Flaneur ein in die Atmosphäre der modernen Metropolen des 19. Jahrhunderts und betätigt sich als Sammler von (Informations-)Fragmenten: eine Rolle, die, laut Haas, im Zeitalter der Postmoderne »angesichts der modernen Massenkultur« erneut an Bedeutsamkeit gewinnt, wird doch der postmoderne Flaneur »zum Spion, zum alter ego des Künstlers und Intellektuellen« (Haas 1999, 378).

Dass die **Figur des Flaneurs** eine Existenzform der Moderne suggeriert, die idealtypisch sowohl auf den Künstler, als auch auf den Journalisten bezogen werden kann, verwundert nicht. Der historische Modernisierungsschub im letzten Drittel des 19. Jahrhunderts war schließlich unter anderem gekennzeichnet durch das Aufkommen der Massenpresse und die Herausbildung eines professionellen Tagesjournalismus, dessen Akteure sich häufig aus Literatenkreisen rekrutierten. In unseren Tagen wiederum, ist es die viel diskutierte Fiktionalisierung des Journalismus selbst, wie sie sich etwa in *Doku-Soaps*, *Magazinstories* oder *infotainment*-Formen zeigt, welche den Begriff des »spionierenden« Künstler-Flaneurs wieder praktikabel erscheinen lässt – allerdings nicht im emphatischen Sinne als Gewinn an »Qualität durch literarischen Journalismus« (ebd., 205ff.), sondern im Sinne einer Orientierung »am Muster der Trivialliteratur« (vgl. Franzetti 2000, 49f.).

So eng solche Wechselbeziehungen zwischen Literatur und Journalismus auch sind, so verfehlt wäre es dennoch, die jeweiligen Besonderheiten aus dem Blick zu verlieren. Literatur – so sie nicht »Gebrauchsliteratur« ist (vgl. dazu Schenda 1988; Fischer 1976) – eignet ein spezifischer ›**Kunstcharakter**‹, der die Autonomie bzw. Grenzziehung gegenüber außerliterarischen Zwecken ebenso einschließt wie ihre Wahrnehmung durch ihr Lesepublikum vor dem Hintergrund einer »Fiktionalitätskonvention« (vgl. dazu Dörner/Vogt 1996, 94; Schmidt 1989). Eben diese Fiktionalität, beziehungsweise Poetizität (Dörner/Vogt 1996), ist nicht

die konstituierende Bedingung für die ›Kreation‹ journalistischer
Texte – selbst wenn diese im Einzelfall fiktionale Anteile aufweisen. Ähnlich argumentiert Siegfried Weischenberg, wenn er den
Journalismus als ereignisorientiert und qua allgemeinem Konsens
als funktional realitätsbezogen definiert und ihn somit von »alternativen Wirklichkeitsentwürfen« des Literatursystems abgrenzt
(Weischenberg 1994, 429ff.). Dem entspricht auch die Erwartung
und die – freilich zunehmend im Wandel begriffene – Wahrneh-
mungskonvention des Publikums im Hinblick auf journalistische
Texte: Im Gegensatz zu literarischen Texten ›sollen‹ journalistische
Texte auf eine empirisch recherchierbare Wirklichkeit verweisen.
Solche Publikumserwartungen aber haben sich, einhergehend mit
der Entwicklung spezifischer funktionaler Schreibweisen, im Prozess der neuzeitlichen Mediengeschichte herausgebildet.
Dass sich andererseits jedoch immer wieder Konzepte herausbilden, die Anknüpfungspunkte an literarisches Schreiben aufweisen, zeigt das Beispiel des sogenannten »New Journalism«, der
Anfang der 1960er Jahre in den USA von einigen jungen Autoren formuliert wurde: als Gegenentwurf zum »objective reporting«
des Faktenjournalismus. Dem etablierten Journalismus setzten etwa Tom Wolfe, Jimmy Breslin, Gay Talese, Barry Farrell, Truman Capote, Hunter S. Thompson und Norman Mailer damals
einen »new journalism« des subjektiv-literarischen »storytelling«
entgegen. (vgl. Wallisch 2000). Was entstand, war eine Symbiose
aus journalistischer Recherche, literarischen Schreibtechniken, in
Kombination mit einem spezifischen Themen- und Autorenprofil
(Weischenberg 2001, 41ff.).
So schrieb Tom Wolfe im Jahr 1963 für die Zeitschrift *Esquire*
eine Reportage, die stilbildend für die neue Art des Schreibens
in der **Beat- und Hippiegeneration** werden sollte: Der Artikel
»The Kandy-Kolored Tangerine-Flake Streamline Baby« befasste
sich mit dem ›zeitgeistigen‹ Thema der Autokultur in Kalifornien,
suchte das Geschehen aus der radikal subjektiven Perspektive ihrer
Protagonisten quasi zu »filmen«, mischte Metaphern, Lautmalerei-
en, Slangausdrücke, Szeneschlagwörter, Dialoge in Szenesprache
in den Text, bediente sich einer eigenwilligen Interpunktion und
Grammatik – und entsprach somit dem Lebensgefühl einer Pop-
Gesellschaft (vgl. Wolfe 1965).
Mit dem »New Journalism« begann in den USA das Zeitalter
der **Zeitgeistreportagen**, die ihren Platz in den neuen **Lifestyle-
Magazinen** in der Nachfolge des *Rolling Stone Magazine* finden
sollten. Ihr hervorstechendes Merkmal war die Vermischung von
Fakten und Fiktionen (vgl. Hollowell 1977), verbunden mit einer

Art der emotionsbetonten Schilderung der »personal touches«, die nicht das Geschehen, sondern den Verfasser selbst in den Mittelpunkt stellt – oder aber aus der Innenperspektive der Protagonisten berichtet. Der »New Journalism« bedient sich dabei der narrativen Techniken der fiktionalen Literatur. Er verwendet literarische Mittel, wie etwa dialogische Formen, innere Monologe, dramaturgische Konstruktion, aber auch ›filmische‹ Elemente, wie etwa häufiger Perspektivenwechsel, Zusteuern auf einen Höhepunkt, etc. (Wallisch 2000) – Elemente, die bereits im amerikanischen Journalismus der Zwischenkriegszeit verwendet wurden (vgl. Arlen 1972, 44ff.). Seine Recherchemethode ist die des »Eintauchens« in ein fremdes, spezifisches Sozialmilieu (»**immersion journalism**«) (vgl. Weinberg 1998), was bedeutet: Der Reporter lässt sich auch mit seiner Person ein auf das jeweilige Milieu. Er betreibt intensive zeitaufwendige Recherche, indem er beispielsweise über einen gewissen Zeitraum hinweg mit den Personen lebt, über die er berichtet. Während der etablierte Journalist des »objective reporting« möglichst distanziert, knapp und sachlich über Standpunkte und Tatsachen berichtet, soll der »New Journalist« aus seiner subjektiven Betroffenheit heraus gewichten und urteilen: »**Tell it long, take your time, go in depth!**«, wurde zum Credo von Reportern, die sich in der Nachfolge des »New Journalism« bewegen (vgl. Weinberg 1998).

Als der »New Journalism« sich Mitte der 1960er Jahre zu etablieren begann, zog er die Kritik von Vertretern des traditionellen Journalismus auf sich: Dwight MacDonald und William Shawn, der Herausgeber des *New Yorker*, nannten ihn »ruthless« und »reckless«. Die Mixtur von Literatur und Reportage wurde als »**Parajournalismus**« denunziert (vgl. Wallisch 2000; Haas 1999, 341). Vermutlich entspann sich eine derart heftige Debatte auch deshalb, weil das Konzept des »New Journalism« indirekt den wunden Punkt des »objective reporting« berührte: dass nämlich die Berichterstattung in atomisierten, schwer einzuordnenden Informationseinheiten in etlichen Fällen beim Publikum nur die Illusion von Informiertheit evoziert, ihm jedoch keine echte Orientierung bietet. Demgegenüber beharrt der »New Journalism« auf dem »neuen Nachrichtenwert Zusammenhang« (Haas 1999, 446f.), erleichtert den Zugang zu komplexen Themen durch die »Integration des Reporters in die Berichterstattung«, was, nach Haas, zeige, dass »Objektivität« sich auch durch »Offenlegung der Subjektivität« erreichen lasse (ebd., 348). Bernhard Pörksen zufolge provoziert der »New Journalism« allerdings noch weitergehendere gattungstheoretische Fragen, indem er die scheinbar eindeutige

Unterscheidung zwischen Fakt und Fiktion untergräbt und den naiven Wahrheitsglauben des tradierten Informationsjournalismus untergräbt, indem er zeigt, dass es keine letzte Gewissheit gibt und der Beobachter in seinen Beobachtungen stets präsent ist (Pörksen in: Bleicher/Pörksen 2004, 16).

Der »New Journalism«, der auch als »**literarischer Journalismus**« bezeichnet wird (vgl. Sims 1989/90), verunsichert gewissermaßen jedoch auch ein eng gefasstes Verständnis von Literatur. Der »neue literarische Journalist« nämlich unterscheidet sich nicht nur vom Journalismus des »objective reporting«, sondern auch vom herkömmlichen Verständnis des Literaten – und zwar durch die Genauigkeit seiner Beobachtung. »Mit ästhetischen Dimensionen aus der Literatur wird Wirklichkeit journalistisch dargestellt« (Haas 1999, 345). Das wiederum konnte nicht ohne Folgen für die Literatur bleiben:

Der literarisierte Journalismus stellte sozusagen Forderungen an den zeitgenössischen Roman nach einer Art von realismusgetränkter Glaubwürdigkeit: Journalistisch betriebene Recherche sollte der ansonsten fiktionalen Literatur Authentizität verleihen – eine **Realismusdebatte**, die, wie am Beispiel der Reportage bereits gezeigt, übrigens schon einmal im Europa der 1920er Jahre im Umkreis von Publizisten wie Egon Erwin Kisch geführt (vgl. Jäger/Schütz 1999, 240ff.; Haas 1999, 268ff.; Rothe 1974; Buck/Steinbach 1985) – und von den »New Journalists auf ihre je eigene Weise beantwortet wurde: Truman Capote veröffentlichte seinen nach fünf Jahren akribischer Recherche entstandenen Roman *In Cold Blood* (1966), Norman Mailer verstand seine Arbeit im Sinne von »History as a Novel. The Novel as a History« als narrative Zeitgeschichte, die nur aus einer radikal persönlich-subjektiven Perspektive heraus ihre Gültigkeit belegen könne (vgl. Mailer 1968). Tom Wolfe schließlich beabsichtigte, das Stimmungsbild einer ganzen Epoche in seinem jahrzehntelang recherchierten Roman *Bonfire of Vanities* (1987) einzufangen. »Das neue Leitmedium des New Journalism [...] war das Buch geworden« (Wallisch 2000) – als ein Medium, das sich als besonders geeignet erwies für die Publikation von Langzeitrecherchen.

Dass der »New Journalism« damit allerdings keineswegs eine Novität darstellte, belegt ein Blick in die Geschichte. Reportagen, die literarisches »storytelling« mit journalistischen Themen verbanden, gab es in der europäischen und amerikanischen Publizistik spätestens seit dem 19. Jahrhundert: Charles Dickens, Honoré de Balzac, Emile Zola, Mark Twain bis hin zu William Faulkner, George Orwell, Ernest Hemingway und Antoine de Saint-Exupéry sind die teilweise schon genannten Schriftsteller, die zugleich als Reporter und Romanciers agierten – und die Formen von Journalismus und Literatur häufig in Gestalt des als Fortsetzungsroman in Zeitungen und Zeitschriften publizierten literarischen Sittenbildes miteinander verbanden: eine Tradition, auf die sich »New Journalism« und »investigativer Journalismus« gleichermaßen berufen können. In den Vereinigten Staaten wird diese Tradition übrigens bis in unsere Gegenwart hinein fortgesetzt (vgl. Soper 1994).

Insofern stellt der »New Journalism« für Hannes Haas kein einheitliches Berichterstattungsmuster dar, »sondern umfaßt unterschiedlichste Formen eines autonomen Journalismus, der sich als genuine Gesellschafts- und Kulturleistung erfassen lässt« (Haas 1999, 343). Dabei ist freilich zu bedenken, dass ein allzu ausgedehntes Journalismus-Konzept, das beliebig Fakten mit Fiktionen mischt, stets in Gefahr ist, seinen Anspruch an Glaubwürdigkeit einzubüßen. »New Journalism« stellt allemal eine Gratwanderung dar: Der lebensvollen, teilnehmenden Schilderung durch den Einsatz dramaturgischer Mittel auf der einen Seite steht auf der anderen Seite eine Selbstbestätigungsprosa gegenüber, die entweder zum kunstgewerblichen Betroffenheitskitsch oder zur puren Fiktion gerinnen kann.

6.4 Kommentieren und kritisieren: Meinungsbetonte Darstellung und Feuilletonismus

Der traditionellen Forderung nach Trennung von Berichterstattung und Kommentierung entsprechend, haben sich für die ›wertende‹ Äußerung von Meinung, Urteil und Kritik spezielle Genres herausgebildet, die als ›Leitartikel‹, ›Kolumne‹, ›Kommentar‹, ›Glosse‹, ›Rezension‹ etc. bezeichnet werden.

6.4.1 Kommentar und Glosse

Der **Kommentar** »interpretiert und bewertet aktuelle Ereignisse und Meinungsäußerungen« (Reumann 1990, 79) aus der Sicht des jeweiligen Journalisten. Letzterer ordnet Nachrichteninhalte in größere Zusammenhänge ein, stellt Vergleiche an und wägt die in der Öffentlichkeit vertretenen Auffassungen ab (Mast 2008, 306). Die dabei geäußerten Meinungen und Wertungen dienen nicht nur der **Orientierung** des Publikums, sondern »zielen [...] in der Regel auch darauf ab, beim Adressaten bestimmte Einstellungen zu fördern oder zu verändern« (Lüger 1995, 126). Lüger zufolge sind es drei Spezifika, welche die Textsorte Kommentar ausmachen:

– ein »argumentativer Kern«, in dessen Mittelpunkt eine bestimmte Bewertung steht,
– eine »Orientierung über den zugrundeliegenden Sachverhalt«, die einerseits beim Publikum die »Verstehensvoraussetzungen klärt« und andererseits über eingestreute sprachliche Signale den Boden für die angestrebte Akzeptanz der Bewertung vorbereitet,
– die »(fakultative) Präsentation einer Gegenposition«, die argumentativ widerlegt wird und daher »wiederum den Geltungsanspruch der dominierenden Bewertungshandlung stärkt« (Lüger 1995, 132).

Dass der Begriff ›Kommentar‹ in unscharfer Weise verwendet wird, zeigt wiederum ein Blick in die Praxisliteratur: Nach Reumann »argumentiert« der Kommentar, »indem er Tatsachen in Zusammenhänge stellt, das Entstehen von Meinungen untersucht und deren Bedeutung diskutiert« – insofern sei er »die Meinungsstilform, die eher Fragezeichen als Ausrufezeichen setzt« (Reumann, 1990, 79). Für Schneider/Raue hingegen ist gerade »die abschließende Wertung« das »typische Kennzeichen des Kommentars« etwa in Abgrenzung zur **Analyse**, die zwar ebenfalls »komplizierte Entwicklungen« erhelle, aber nicht abschließend werte (Schneider/Raue 1999, 138).

Kommentare sollten, nach Mast, »klar gegliedert, anschaulich geschrieben sein und auf zuverlässigen Informationen basieren« (Mast 2008, 307). Sie sollten außerdem die Bedürfnisse des Publikums berücksichtigen und nicht nur die eigene Meinung publizieren (Mast ebd.).

Dass die Gestaltung des Kommentars eine erhebliche Bandbreite an Möglichkeiten zulässt (vgl. auch Nowag/Schalkowski 1998; Linden/Bleher 2000; La Roche 2008), machen Schneider/Raue deutlich, indem sie fünf Kommentartypen aufzählen (Schneider/Raue 1999, 138ff.). Es sind dies:

1. Der »**Einerseits-Andererseits-Kommentar**«: Hier wird das Für und Wider erörtert, abwägend argumentiert und eher bedächtig geurteilt,
2. Der »**Pro-und-Contra-Kommentar**«: Der Autor würdigt die gegensätzlichen Standpunkte, um danach eine eindeutige con-

clusio zu ziehen. Die Wirkung auf den Leser sei nicht zu unter-
schätzen, betonen Schneider/Raue, denn letzterer »ist gespannt,
zu welcher Entscheidung der Kommentator wohl kommen
wird, da doch beide Meinungen so viel für sich zu haben scheinen; und er ist aufgeschlossen für ein bloß seufzendes, zähne-
knirschendes Ja zu einer der beiden Positionen, wie es den ver-
trackten irdischen Verhältnissen ohnehin am ehesten gerecht
wird« (Schneider/Raue 1999, 139).

3. Der **Meinungsartikel:** Er wirbt mit Argumenten um den Leser,
»beginnt also nicht mit einer unpopulären Meinung – um die
Chance nicht zu verspielen, Andersdenkende [...] umzustim-
men« (ebd., 139). Vielmehr tastet er sich langsam an den eigenen Standpunkt heran, erzählt »passende« Geschehnisse, die
sich zu einer Diagnose verdichten und präsentiert dann erst
sein Fazit.

4. Der **Kurzkommentar,** auch »Geradeaus-Kommentar« oder
manchmal auch »Leitglosse« genannt (ebd., 140), bietet wenig Platz für eine ausgefeilte Argumentation. Einem beliebten
Muster zufolge beginnen solche Kommentare häufig mit einem
Zitat, dessen Aussage vom Kommentator zugespitzt wird, um
daran dann die jeweils eigene Schlussfolgerung zu ketten.

5. Das **Pamphlet/die Polemik** bietet hier noch eine Steigerung:
Als »gröbste Form des Kommentars« (ebd., 141) verzichtet
es weitgehend auf Argumente, bemüht stattdessen polemi-
sche Wendungen und vertraut auf die Wirkung des populären
Schlagworts.

Ein Kommentar lässt sich generell in drei Teile gliedern: den Einstieg, die Argumentation und die Schlussfolgerung. Im Einstieg
sollten kurz die jeweiligen Sachverhalte, auf die sich der Kommentar bezieht, genannt werden. Im argumentativen Teil finden sich
die Argumente (rational, klar, schlüssig), die das Publikum zur
Schlussfolgerung hinführen sollen. Letztere muss klar und eindeutig sein (Mast 2008, 308f.). Zudem ist auf den Kenntnisstand des
Publikums zu achten.

Dem Kommentar als Textgattung verwandt sind der **Leitartikel** und die **Kolumne.** Während die Kolumne – der Begriff bezeichnet die ›Spalte‹ bzw. ›Kolonne‹, in der ein Autor regelmäßig veröffentlicht – den Meinungsartikel eines einzelnen, meist
bekannten Publizisten meint, dessen Ansichten nicht mit jenen
der Redaktion übereinstimmen müssen, reflektiert der Leitartikel
die Meinung der Gesamt-Redaktion im Sinne der politischen Linie des jeweiligen Blattes. Er wurde traditionell meist auf Seite

eins an prominenter Stelle, optisch abgesetzt von den übrigen Artikeln publiziert. Inzwischen jedoch sind die meisten Zeitungen dazu übergegangen, den Leitartikel im Innenteil der Zeitung zu platzieren. Der Leitartikel ist eine spezifische Stilform der Presse. Die Funkmedien in Deutschland strahlen nur Kommentare aus: Soweit sie öffentlich-rechtlichen Status haben, sind sie gehalten, jeweils unterschiedliche Meinungen zu Wort kommen zu lassen und nicht etwa eine einheitliche ›Stellungnahme der Redaktion‹ zu bringen. In den Online-Medien spielen Kommentar, Kolumne und Leitartikel nur noch eine Rolle am Rande. Ergänzend dazu sind die Online-Ausgaben vieler Zeitungs- und Zeitschriftenverlage dazu übergegangen, Debatten-Foren und Blogs zu Meinungsthemen zu eröffnen, in denen die Nutzer untereinander debattieren, bzw. journalistische Artikel kommentieren.

Gegenüber dem Kommentar zeichnet sich die **Glosse** (im Lokalteil einer Zeitung manchmal auch als »Lokalspitze« bezeichnet) durch einen »zugespitzten, polemischen Stil« (Lüger 1995, 137) und eine zugespitzte Argumentation aus, die in eine Pointe mündet. Sie gilt als »Farbtupfer«, als »Streiflicht« oder als »Mückenstich« unter den Meinungsstilformen (Reumann 1990, 81; vgl. auch Camen 1984) und zudem als »feuilletonistisch«, zielt ihre Argumentation doch eher auf das Amüsement des Publikums ab, als dass es ihr um die Veränderung von Überzeugungen zu tun ist. Lüger weist darauf hin, dass es sich bei der Glosse – im Gegensatz zum Kommentar – nicht darum handele, eine bestimmte Position als konsensfähig zu begründen, sondern allenfalls darum, eine schon bestehende Einstellung zu einem bestimmten Sachverhalt noch zu verstärken (Lüger 1995, 137). Die Einstellung des Autors zu seinem jeweiligen Gegenstand ist dabei charakterisiert durch eine »distanziert-spöttische Modalität« (ebd.), die mit den Mitteln der Ironie und Satire (vgl. Schneider/Raue 1999, 144-149) arbeitet (vgl. wiederum Nowag/Schalkowski 1998; Linden/Bleher 2000; Mast 2008, 309f.). Letztere sind »Teil einer Präsentationsweise, der es wesentlich auf polemisch-mokierende Effekte« ankommt (Lüger 1995, 138), nicht auf rationale Argumentation. Insofern bedient sich die Glosse einer Vielzahl rhetorischer Elemente (Wortspiele, ›gewagte‹ Metaphern und Vergleiche, abgewandelte Sprichwörter und Gemeinplätze, salopp-formelhafte oder mundartliche Wendungen). Die auf das amüsierte Lächeln des jeweiligen Publikums abzielende Glosse erfordert den kühl-kalkulierten, strategischen Einsatz solcher Mittel. Schneider/Raue weisen zudem darauf hin, dass »Ironie außerhalb des Satire-Gettos« stets »die Empfindungen und die Vorurteile des eigenen Publikums bedenken« müsse – und der ironische Tonfall, im »falschen Ressort« verwendet, durchaus »gefährliche« Konsequenzen für den jeweiligen Redakteur nach sich ziehen könne (vgl. Schneider/Raue 1999, 148f.).

6.4.2 Kritik und Rezension

»Vieles in der Zeitung«, so schreiben Schneider/Raue in ihrem *Handbuch des Journalismus,* heiße nicht »Kommentar«, was doch eine »reine Meinungsbekundung« sei – und als eines der Beispiele hierfür wird »die Kritik im Feuilleton« genannt (ebd., 138). Das ist richtig, sofern Schneider/Raue unter dem Begriff der ›Kritik‹ die **Rezension** verstehen, die sich – vor allem im deutschen Sprachraum – auf die Wertung aktueller Kunstproduktionen bezieht. Diesen wertenden, urteilenden Aspekt meinte einst auch der Literaturkritiker Ulrich Greiner, wenn er sich in einem Aufsatz gegen die »neuen Kritiker des Feuilletons« wendet, die »nichts gegen ein interessantes Interview, ein Portrait oder eine Reportage« einzuwenden hätten, aber »das Urteil des Kritikers – das Urteil über ein Werk, das Urteil über literarische Entwicklungen, ästhetische Prinzipien« tadelten (Greiner 1992).

In Anlehnung an Lüger kann man Kritik als die in unterschiedlichen publizistischen Medien übliche urteilende Besprechung aus den Bereichen Theater, Musik, Film, Fernsehen, Hörfunk, Buch, bildende Kunst definieren (Lüger 1995, 139), die aktuelle künstlerische Hervorbringungen publizistisch begleitet (vgl. auch Saxer 1995). Thomas Anz fasst den Begriff noch etwas weiter, indem er feststellt, dass etwa die Literaturkritik fast alle journalistischen Gattungen nutze, darunter vor allem die Rezension, das Porträt, das Interview, die Reportage oder den Essay (vgl. Anz in: Heß 1997, 60).

Die jeweiligen Besonderheiten etwa von **Theater-, Musik- oder Literaturkritik** können hier nicht behandelt werden. Stattdessen sei weiterführende, aktuelle Literatur genannt: Die praxisorientierten Bücher über Kultur-und Literaturkritik von Stephan Porombka und Edmund Schalkowski etwa (Konstanz 2006; 2005), die Gesamtdarstellung von Thomas Anz/Rainer Baasner (5. Aufl. 2007), eine Einführung in die Literaturkritik von Stefan Neuhaus (2004). Eine aktuelle Standortbestimmung der Theaterkritik liefert Vasco Boenisch (2008), über die Textsorten in der Musikkritik gibt das Buch von Christiane Thim-Mabrey Auskunft (2001).

Generell ist festzuhalten, dass – im Gegensatz etwa zur Literaturkritik – die Kritik von Theater- und Musikaufführungen zwi-

schen Werk und Aufführung zu differenzieren hat und dass bei
Kritiken, die Veranstaltungen zum Gegenstand haben, häufig die
Dimension persönlichen Erlebens im Vordergrund steht – und sich
damit andere Möglichkeiten dramaturgischer Gestaltung (Feature
o.Ä.) ergeben, als dies etwa bei der Filmkritik der Fall ist (vgl.
Koebner 1988, 117; Lüger 1995, 140f.).

In der Praxisliteratur zu all diesen Sparten werden jedoch immer wieder ähnlich geartete **Anforderungen an die wertende Kritik** gerichtet, so etwa, dass sie ein Publikum über ein bestimmtes
kulturelles Angebot orientiere, Entscheidungshilfe (zum Kauf eines Buches oder eines Tonträgers, zum Besuch einer Theorieauf-
führung etc.) biete, einem Publikum – im Idealfall – das Verständnis von Kunst erleichtere, den Kunstproduzenten gegenüber
didaktisch und sanktionierend agiere, »indem sie auf Schwächen
oder Stärken« des jeweiligen Kunstwerkes hinweist« (Anz 1997,
61), um damit die Qualität künftiger Hervorbringungen zu verbessern, dass sie die Reflexion über Kunst in der Öffentlichkeit
befördere (vgl. Anz 1997, 60f.; Lüger 1995, 139).

In seinem Einführungsband zur Literaturkritik unterscheidet
Wolfgang Albrecht zwischen gesellschaftlichen Funktionen, kommunikativen Funktionen, ästhetisch-didaktischen Funktionen und
Werbefunktionen von Kritik (Albrecht 2001, 27ff.; vgl. auch Viehoff 1988, 73-91). Wie auch immer man hier die Abgrenzungen
vornehmen mag: Unbestritten ist, dass das publizistische Beurteilen vom jeweiligen Kritiker zwar – theoretisch – eine Haltung fordert, »die ganz offensichtlich Distanz verlangt« (Haarmann 2000,
205), dieser sich doch immer in einem Spannungsfeld befindet
zwischen den Produzenten des jeweiligen künstlerischen Werkes
auf der einen Seite und »dem Publikum« bzw. der jeweiligen Leserschaft auf der anderen Seite (vgl. Koebner 1988, 114f.).

Darüber hinaus ist Kritik immer eingebunden in die **Markt-
faktoren** des jeweiligen Kulturbetriebes – und dies nicht erst in
unserer Gegenwart: Die prominenten Theaterrezensenten des 20.
Jahrhunderts – etwa Herbert Ihering, Alfred Kerr, Alfred Polgar
– förderten mit ihren Urteilen die Karriere von Regisseuren und
Schauspielern. Bei der **Literaturkritik** vermag allein die Auswahl
der rezensierten Bücher deren Bekanntheitsgrad zu fördern, wobei es durchaus eine ›Hierarchie der Medienunternehmen‹ gibt:
Die umfangreiche Buchrezension im Literaturteil eines namhaften überregionalen Blattes wird dem betreffenden Schriftsteller
mehr Renommee innerhalb der Kultur- und Verlagsszene eintra-
gen als die Besprechung seiner Bücher in einem unbedeutenderen
Lokalblatt. Lobende Erwähnungen bekannter Kritiker werden in

den Werbebroschüren von Verlagen zitiert und Kritiker erstellen im Auftrag ihres jeweiligen Mediums Listen mit eigenen Lektüre-Empfehlungen. Für Werbeeffekte (und Verkaufserfolge!) kann aber auch der ›Verriss‹ eines literarischen Werkes sorgen, wenn er von einem bedeutenden ›Kritikerstar‹ an prominenter Stelle – etwa im Rahmen eines Fernseh-Magazins – geäußert wird. Bekannte Kritiker sind zugleich häufig auch Mitglieder in den Jury-Gremien, die über die Vergabe renommierter Literatur- und Kunstpreise entscheiden. Darüber hinaus sind es nicht mehr allein die professionellen Kritiker, welche die Szene dominieren. Zunehmend nutzen auch populäre Moderatoren den Faktor Prominenz, um Literaturempfehlungen zu lancieren. Auch dies verändert die Funktion etwa von Literaturkritik, die in ihrer populären Variante zum »Lifestyle-Modul« tendiert (vgl. dazu Bolz in: Köhler/Moritz 1998). Literaturkritik heute sollte sich also auch über die Rahmenbedingungen des Buch- und Medienmarktes informieren (vgl. hierzu Schütz/Wegmann/Oels/Porombka 2005; Nickel 2006).

Eine weitere, vieldiskutierte Problemstellung im Hinblick auf die Bedingungen von Kritik ist die **Frage nach ihren Wertmaßstäben**: eine Frage, über die spätestens seit der deutschen Frühaufklärung (Gottsched) sowohl in den akademisch ausgerichteten Wissenschaften als auch in der öffentlichen Publizistik geradezu permanent gestritten wird. Auf die historischen Wandlungen und unterschiedlichen Konzepte im Hinblick auf die Kriterien zur öffentlichen Beurteilung von Kunst kann im Rahmen dieses Bandes nicht näher eingegangen werden (vgl. dazu Albrecht 2001; Hohendahl 1985; Schmuck 1981; H. Fischer 1983; Döpfner 1991; Sitt 1993; Tadday 1993; Hickethier 1994; Merschmeier 1985; Grob/Prümm 1990). Allenfalls ist hier zu erwähnen, dass der alte Streit um die Kriterien der Kritik in unseren Tagen immer unübersichtlicher zu werden droht, »denn nicht mehr eine wie auch immer legitimierte Wissenschaft gibt Richtlinien vor, denen man zu gehorchen habe, die zu bekämpfen, zu widerlegen oder zu überwinden seien« (Haarmann 2000, 208). Dennoch verweist etwa Hermann Haarmann auf zwei einander entgegengesetzte »klassische« Positionen moderner Kunstkritik, die noch in der Feuilletonkritik unserer Tage wirksam sind. Historisch repräsentiert werden diese beiden Positionen durch die Kritikerpersönlichkeiten Alfred Kerr und Herbert Ihering: Während letzterer die Aufgabe der Theaterkritik darin sieht, das Geschehen auf der Bühne dem Leser verständlich und nachvollziehbar zu vermitteln, also gleichsam die dienende Position des Kritikers gegenüber der Kunst und dem Publikum betont, will Alfred Kerr die Position des Kritikers äs-

thetisch aufgewertet wissen – und steht damit in der Nachfolge
der Frühromantiker, die eine Anverwandlung der Kritik an das
Kunstwerk forderten.

Ein solches Streben nach einem wie auch immer gearteten
»Kunstcharakter« feuilletonistischer Kritik wird – etwa von Jens
Jessen – im Zuge der Wandlung des Feuilletons für die Jahre
nach 1989 festgestellt.. Die Feuilletonisten, so Jessen, »entdeckten Chance und Notwendigkeit, statt wie bisher ausschließlich
Sekundärtexte nun auch Primärtexte zu schreiben, die das Welt-
deutungsmonopol der Künste brachen« (Jessen 2000, 35). Solch
ambitionierte Kunstprosa indes gibt oft genug berechtigten Anlass
zur Kritik. Gunter Reus tadelt die sprachlich-stilistischen »Blasen«
solcher **Künstler-Kritiker**, ihre preziösen Formulierungen, ihre ge-
suchten Vergleiche, ihre Schachtelsätze und die für den Leser meist
unverständlichen »Schlingen ihrer Sprache«: »Das Einfache ist ihnen zu simpel, das Konstruierte aber halten sie für Stil« (Reus,
Ausg. 1995, 37). Demgegenüber betonen Reus und Anz die dienende Funktion der Kritik. Der Literaturkritiker, so Anz, solle
nicht versuchen, sich auf Kosten eines Buches oder Autors selbst zu
profilieren. Werturteile sollten fundiert begründet werden, wenngleich die Ausarbeitung einer differenzierten Argumentation »rasch
an die Grenzen der von den literaturkritischen Medien vorgegebe-
nen Umfangs- und Schreibnormen« stoße (Anz 1997, 66). Zudem
sei die Verhältnismäßigkeit der Urteilskriterien zu bedenken, denn
der Kritiker könne nicht dieselben Maßstäbe »an eine »Faust«-In-
szenierung von Großregisseur Peter Zadek und an die einer freien
Gruppe im Stadtteil anlegen« (Ricklefs 1997, 80).

Eine **Rezension** solle in jedem Falle »spannend« geschrieben
sein. »Fachjargon und Seminarstil«, so schreibt Dieter Heß, hätten
in einer Literaturkritik für den Hörfunk »nichts zu suchen« (Heß
1997, 75). Auch über schwierige Inhalte müsse der Kritiker in kla-
rer, allgemein verständlicher Sprache schreiben.

Zu verweisen ist hier auf die **Unterschiedlichkeit zwischen
journalistischer Kritik-Publizistik und wissenschaftlicher Publizistik**, wie sie etwa in den Unterschieden zwischen Literaturkritik
und Literaturwissenschaft, Musikkritik und Musikwissenschaft
etc. zum Ausdruck kommt. Obwohl in der wissenschaftlichen Forschungsliteratur immer wieder nach der Berechtigung dieser Unterscheidung gefragt wird (vgl. hierzu Albrecht 2001, 82ff.), ist sie
doch in der Praxis vorhanden – und zwar schon aufgrund der Tatsache, dass sich beide Arten publizistischer Kritik an einen jeweils
unterschiedlichen Adressatenkreis wenden: Während die wissenschaftliche Publizistik ein wissenschaftlich vorgebildetes Publikum

voraussetzen kann, trifft dies auf die journalistische Kritik meist
nicht zu. Je nach Orientierung des jeweiligen Mediums wendet
sich die journalistische Kritik zudem an ein klar definiertes Ziel-
gruppenpublikum – und diese Zielgruppenorientierung bestimmt
nicht zuletzt Schreibweise, Schreibstil, die gewählte journalistische
Form, den Umfang, den Grad der Differenzierung und der ana-
lytischen Durchdringung bei der Beurteilung eines Werkes sowie
den Grad der »popularisierenden Vereinfachung« (Anz 1997, 60).

6.4.3 Der Essay

Kunst- und Kulturkritik kann auch im **Essay** (engl., frz.: »Versuch« oder »Probe«) stattfinden, doch bietet diese zwischen Literatur und Literaturkritik, Philosophie und Wissenschaft, Publizistik
und Journalismus angesiedelte Textgattung breiten Spielraum für
nahezu jeden Gegenstand und vielfältige Arten der Darstellung.
Eine allgemein gültige Bestimmung dieser Textgattung scheint
nahezu unmöglich, stimmen doch die einschlägigen literaturkritischen Arbeiten meist darin überein, dass sich der Essay gerade
durch die ihm inhärente Freiheit seiner strukturellen Gestaltung
und das Fehlen verbindlicher Kompositionsprinzipien von anderen
Textgattungen unterscheidet (vgl. G. Haas 1966; 1969; Bachmann
1969; Weissenberger 1985; Berger 1964; Bense 1952).

Bei der Beschreibung jeweils konkreter Charakteristika böte
sich schon eher die Differenzierung nach historischen Epochen
an: So unterscheiden sich die *Essais* von Michel de Montaigne
(1580) erheblich vom philosophischen Essay des 18. Jahrhunderts und dieser wiederum vom historischen Bildungsessay des 19.
Jahrhunderts. Die Moderne des 20. Jahrhunderts hat auf der einen Seite den eher politisch akzentuierten Essay hervorgebracht
(vgl. dazu Wuthenow 1974), auf der anderen Seite aber auch eine Schreibhaltung befördert, die weit über die Definition des Essays als einer Textgattung hinausweist, insofern das essayistische
Schreiben nun auch den existentiellen Bezug des Schreibenden zu
seinem Gegenstand meint. Der einst von der gesicherten Position
eines vermeintlich überzeitlichen Bildungshintergrundes aus unter-
nommene »Versuch« wird in einer durch den »gestaltgewordenen«
Selbstzweifel charakterisierten Moderne zum literarisch-publizisti-
schen »Wagnis« – und entspricht somit kongenial den »feuilletonistischen Anteilen« im modernen Pressewesen. Tatsächlich mutet es wie eine Beschreibung des modernen Feuilletonismus an,
wenn Hugo Friedrich in seinem Buch über Montaigne den Essay

als »methodischen Begriff« charakterisiert, als einen »Denkstil, der sich absichtsvoll im Bezirk des bloß privaten Meinens und des persönlichen Geschmacks hält« (Hugo Friedrich 1949, 16) – und anschließend bemerkt: »In dieser Haltung einer entschlossenen Subjektivität ist der Geist sich selber interessanter geworden als die Stoffe, die ihn in Bewegung bringen«.

Das essayistische Schreiben zielt nicht etwa auf systematisches Ordnen und abschließende Verfestigung im endgültigen Ergebnis oder Urteil, sondern betont – im Gegenteil – das Prozessuale, Vorläufige, Unabgeschlossene der gefundenen Erkenntnisse. Diese aber entwickeln sich gleichsam experimentell (vgl. Bense 1952), indem der betreffende Gegenstand aus mehreren Perspektiven betrachtet und der spielerische Umgang mit dem bereits Vorgefundenen nicht gescheut wird (vgl. Theodor W. Adorno »Der Essay als Form«. In: *Noten zur Literatur*. Gesammelte Schriften Bd. II, Frankfurt a.M. 1974, 9-33), wobei hier assoziativ und anschauungsbildend verfahren werden kann. Ein solcher **Essayismus** ist gekennzeichnet durch das Widerspiel zwischen behaupteter und fraglicher Position, zwischen verfestigter Aussage im logischen Schluss einerseits und der Relativierung dieses nur scheinbar endgültigen Ergebnisses andererseits. Insofern kommt – im Idealfall – die Denkbewegung des Essayisten nicht etwa in einem festen Punkt zur Ruhe, sondern setzt sich in der Denkbewegung des Lesers fort.

Die Debatte um die »**Hybridform Essay**« setzt sich auch in unseren Tagen fort, indem etwa Peter Sloterdijk den Essay als universale Formel einer zukunftsträchtigen Beherrschung der massenmedialen, digitalen und laborativen Natur des modernen Menschen preist – und zugleich die Verflachung des Essayistischen beklagt (vgl. dazu Sloterdijk in: Ders. 1994, 43-64; Kahre 2002).

»Die kürzeste Form des Essays«, so schreibt Heinz Friedrich in einem Praxishandbuch (Heinz Friedrich 1997, 193), sei der **Aphorismus**. Auch bei Ludwig Rohner und Helmut Heissenbüttel findet sich die Bemerkung, dass es sich beim Essay um ein »kürzeres, geschlossenes, verhältnismäßig locker komponiertes Stück betrachtsamer Prosa [...]« handele (Rohner, zit. n. Roloff 1982, 56). Der Begriff der ›Kürze‹ erweist sich jedoch hier als recht dehnbar, wird der Essay doch häufig mit voluminösen Abhandlungen in Buchform ins Verhältnis gesetzt. An einer solchen Abhandlung gemessen, erscheint der von Friedrich genannte Umfang von zehn Seiten tatsächlich als kurz. Legt man als Maßstab jedoch den heutzutage üblichen Umfang etwa eines Zeitschriftenaufsatzes zugrunde, dann dürfte ein solch ›kurzer‹ Essay von zehn Seiten nur noch in einer verschwindend geringen Anzahl von Zeitschriften seinen

Platz finden. Natürlich werden auch in unseren Tagen noch Essays publiziert: in wenigen überregionalen Tages- und Wochenzeitungen oder in Kultur- und Literaturzeitschriften mit einer zahlenmäßig eng begrenzten Leserschaft. In den meisten Fällen wird jedoch auch hier dem nur wenige Seiten umfassenden Essay der Vorzug gegeben – was dieser Form nicht unbedingt zum Nachteil gereichen muss, aber zeigt, wie sehr auch im Falle des Essays die Publikationsbedingungen seine Form bestimmen.

Eine medienspezifische Sonderform des Essays hat sich mit dem **Radioessay** herausgebildet. Durch den Einsatz radiospezifischer akustischer Mittel, wie etwa die Aufteilung von Essaypartien an verschiedene Sprecher, das Einspielen von Tondokumenten wie z.B. Musik etc., können hier bestimmte Charakteristika hervorgehoben werden, wie etwa dialogische Elemente. Insofern tendiert der Funkessay zuweilen zum Feature (vgl. Hülsebus-Wagner 1983). Literarische und literaturkritische Akzente erhielt der Radioessay nicht zuletzt durch seine Autoren im Westdeutschland der 1950er und 1960er Jahre: Der Schriftsteller Arno Schmidt lieferte dialogisierte Funkessays. Helmut Heißenbüttel wirkte formbildend, indem er als Redakteur beim Süddeutschen Rundfunk die seit 1955 bestehende Programmsparte »Radio-Essay« betreute.

6.4.4 Das Feuilleton: Ressort und Stilbegriff

»**Feuilleton**« (= »Blättchen«) hieß jener Viertelbogen mit Annoncen zu neuen Büchern, Theateraufführungen etc., der seit 1789 dem in Paris erscheinenden *Journal des Débats* beilag. Der Abbé Julien Louis de Geoffroy (1743-1814), Mitarbeiter der Zeitschrift, nutzte den verbleibenden freien Raum, der nicht durch Inserate gefüllt wurde, um hier seine Theaterkritiken und kleinen Aufsätze über Kunst und Literatur zu veröffentlichen. Im Jahr 1800 wurde das Format des *Journals* vom Quart in das Folio verändert: Das untere Drittel der zweiten und folgenden Seiten wurde bei zweispaltigem Umbruch durch einen Strich vom redaktionellen Rest der Zeitung getrennt. In dieser Rubrik »unter dem Strich« veröffentlichte nun de Geoffroy seine Beiträge lockeren Stils, die er selbst »Feuilletons« nannte. Insofern kam es dazu, dass das ›Feuilleton‹ die Kultursparte einer Zeitung und zugleich jenes journalistische Genre bezeichnete, das Victor Auburtin (1870-1928) später die »**Kleine Form**« nennen sollte (vgl. dazu etwa Kauffmann/Schütz 2000). In dieser Doppelbedeutung etablierte sich das Feuilleton ab 1848 in der deutschsprachigen Tagespresse, »als sich die Aktivitä-

ten der gescheiterten Revolutionäre auf die Kulturberichterstattung
verlegten«, wie Schütz/Wegmann schreiben (Schütz/Wegmann
1996, 64f.; vgl. auch Stöber 2000, 183). Rudolf Stöber weist darauf hin, dass sich die Vorformen des Feuilletons allerdings schon
in den Pressemedien des 18. Jahrhunderts, »teils noch früher in
den Zeitungen und Zeitschriften finden lassen« (ebd.) – und zwar
vor allem, was die später als feuilletonspezifisch geltenden Inhalte anbelangt: »Hierzu gehören Buchbesprechungen und Kritiken
von Theaterstücken ebenso wie wissenschaftliche Anzeigen und
Erörterungen, belletristische Mitteilungen, der Abdruck von Ro-
manauszügen und Gedichten [...]« (ebd.). Ein wichtiges Element
der feuilletonistischen Zeitungssparte insbesondere im 19. und an-
brechenden 20. Jahrhundert war der **Zeitungsroman** – als Zei-
tungsteil, der sich dem Leser zum Ausschneiden und Sammeln
(der ›Strich‹ im Layout hatte hier auch eine praktische Funktion)
geradezu anbot und somit einen Anreiz zum Kauf oder Bezug der
Zeitung darstellte. Da entsprechende Romane von Korrespondenzen zeitweise zu recht niedrigen Preisen verkauft wurden, waren
die Fortsetzungsromane zudem in manchen Fällen ein preiswertes
Mittel, die Zeitung mit Inhalt zu füllen (vgl. Stöber 2000, 184).

Ausgehend vor allem von den Zeitschriften des 18. Jahrhunderts
und den pädagogisch-enzyklopädisch ausgerichteten Bemühungen,
die wachsende Informationsfülle durch Rubrizierungen nach Kriterien der Benutzbarkeit zu organisieren, hat sich im Verlauf der
Pressegeschichte ein weit ausgefächertes Sparten- und Genrekorpus
der Zeitung herausgebildet, wobei sich etwa die Trennung zwischen dem Nachrichtenteil einer Zeitung ›über dem Strich‹ und
deren Feuilletonsparte ›unter dem Strich‹ verfestigte und dem
Feuilleton sogar die Funktion einer »unterhaltenden Sparte« als
Ausgleich zu den übrigen Nachrichten zugewiesen wurde (vgl. Stöber 2000, 183). Doch finden sich im Feuilletonteil schon immer
nicht nur »feuilletonistische Formen«, wie Glosse, Plauderei, Thea-
ter- und Musikkritiken, Buchrezensionen oder Essays, sondern
auch Nachrichten oder Berichte (vgl. Haacke 1952, Bd. II, 309).
Für die 1990er Jahre stellt Gernot Stegert allerdings fest, dass in
den Feuilletons der deutschen Presse ein eher »traditionelles Spar-
tenprofil« dominiere (Stegert 1998). Gemeint ist damit unter anderem die Beschränkung auf Sparten wie Literatur, Musik, Bildende
Kunst, Theater, Tanz, Film, Architektur, Historisch-Kulturelles,
Geistiges Leben (ebd., 133ff.). Stegert, der seine Beobachtungen
auf statistisch-empirische Untersuchungen mehrerer Printmedien
(Erhebungszeitraum: November 1993) stützt, glaubt sogar eine
»Verengung des Kulturbegriffs in der Presse« zu erkennen (ebd.,

252), die er auf die Erweiterung des Ressortspektrums im Ganzen zurückführt: Da in den letzten Jahren immer mehr Zeitungen jeweils eigene Seiten für Medienthemen, Naturwissenschaften und »Gesellschaft« oder »Lifestyle« eingeführt hätten, würden die Feuilleton-Ressorts der Vielfalt kulturellen Lebens immer weniger gerecht (ebd.). Auch Gunter Reus beklagt in seinem Buch über den *Kulturjournalismus in den Massenmedien* (1995) die »Monokultur des Rezensierens« (Reus 1995, 19) und ein beschränktes Themenspektrum, bestehend aus Theater (mit Oper und Ballett), Musik, Bildender Kunst, Belletristik und Film (ebd., 24).

Diese Einschätzung wird freilich nicht so ohne weiteres auf die Feuilleton-Sparten in der überregionalen Zeitungspresse anzuwenden sein. Und erst recht trifft sie nicht mehr zu im Hinblick auf die Online-Medienausgaben, die den Ressortbegriff »Feuilleton« meist durch den Begriff »Kultur« ersetzt haben. Aber auch im Printbereich haben sich im vergangenen Jahrzehnt eher gegenläufige Tendenzen gezeigt. Auf der Ebene der Themen, aber auch der Formen haben längst **Überschreitungen der Ressortgrenzen** stattgefunden: So wird etwa im Feuilleton der *Frankfurter Allgemeinen Zeitung* über naturwissenschaftliche Themen debattiert, finden sich im Feuilleton der *Zeit* Debatten über Gentechnologie, in der Feuilletonbeilage der *Süddeutschen Zeitung* ein Artikel über das *Bürgerliche Gesetzbuch* (vgl. *SZ* v. 5./6.1.2002). Der Feuilletonredakteur Jens Jessen konstatierte in diesem Zusammenhang schon vor Jahren einen schleichenden Bedeutungsverlust des klassischen Rezensionsfeuilletons (mit seiner weitgehenden Beschränkung auf die ereignisbezogene Theater-, Kunst- und Literaturkritik) zugunsten eines »**Allzuständigkeitsfeuilletons**« (Jessen 2000, 37), als eines Ressorts »für das Prinzipielle«, das seine Zuständigkeit inzwischen auf so ziemlich jedes lebensweltliche Thema – von der Politik bis hin zum Sport – erweitert habe: ein Ausdruck des Bedürfnisses nach »Welterklärung« als Antwort auf die moderne Zersplitterung der Wissens- und Lebensbereiche (ebd.). Ob solche **Entgrenzungstendenzen** schon Mitte der achtziger Jahre einsetzten, als sich, wie Gustav Seibt analysiert – im Zeichen postmoderner ästhetischer Theorien – ein »Geltungsverlust des Ästhetischen« andeutete (Seibt 1998, 735), oder ob sich das Ressort Feuilleton erst nach 1989 zusammen mit der politischen Wende und der deutschen Vereinigung wandelte, wie Jessen behauptet (Jessen 2000, 35): In ihrer Klage über Niveauverlust und Popularisierungstendenzen in der Sparte Feuilleton stimmen beide Autoren, die übrigens als leitende Redakteure lange Jahre selbst die Feuilletons namhafter Zeitungen prägten und zum Teil heute noch prägen, überein.

In den von Seibt und Jessen beklagten **Popularisierungsten-denzen** in Thematik und Art des Diskurses im Ressort Feuilleton sehen andere Autoren die späte Konsequenz der bereits in den 1970er und 1980er Jahren von Hilmar Hoffmann und anderen verkündeten **Ausweitung des Kulturbegriffs** und seine Anwendung auf nahezu alle lebensweltlichen Bereiche (vgl. Hoffmann 1979; vgl. dazu Stegert 1998, 8ff.; auch E. Schütz 1998). Die Gefahr, einen »**Kulturverlust durch Kulturinflationierung**« zu befördern, beschwor Dieter Heß mit Blick auf die »bunten« Lifestyle-Magazine und deren konsumorientierte Auffassung von »Kultur als Kultiviertheit« schon im Jahr 1992 (vgl. Heß 1992, 10ff.). Freilich: Dass sich das Feuilleton wahlweise als Ressort für Gourmet-Kritiken, als »Forum der Politisierer«, Ort des »Schauderns angesichts gesellschaftlicher Offenbarungen« (Haller 2003, 4) oder einfach nur als *lifestyle*-Ressort präsentiert, ist ebenso wenig neu, wie die Klagen über den Niveauverlust des Kulturjournalismus. Michael Haller warnt denn auch nicht vor Entgrenzungstendenzen, sondern eher vor der **Tendenz zu selbstreferenzieller Kommunikation**: »wenn die Medien selbst als die Kultur erscheinen, über die sie berichten. Wenn Medienveranstalter vorherrschende Auffassungen immer weiter verstärken, um ihre Reichweiten zu sichern. Oder wenn Medienakteure sich als Meinungsführer selbst in Szene setzen, und so den Meinungstrend zementieren [...]« (Haller 2003, 5).

Wie oben bereits erwähnt, bezeichnet der **Begriff des Feuilletons** nicht nur das redaktionelle Ressort, sondern auch eine **bestimmte journalistische Haltung der Wahrnehmung und (Text-)Produktion.**
  Von einem einheitlichen Muster im Hinblick auf Schreibweise, Stil oder Textsorte jedoch, kann hier nicht die Rede sein, allenfalls evoziert der Begriff ein journalistisches Rollenbild, dessen Unbestimmtheit und Unbestimmbarkeit bereits Teil seines ›Programms‹ darstellen, ist es »doch gerade die Eigenart des Feuilletons, dass es sich nicht auf einen bestimmten Inhalt bzw. eine bestimmte eindeutige Form festlegen lässt«, schreibt Kai Kauffmann »zur derzeitigen Situation der Feuilletonforschung« (Kauffmann 2000, 14) und verweist im Übrigen darauf, dass es »heute so gut wie unmöglich geworden« sei, »völlig unspezifisch vom Feuilleton als Genre oder vom Feuilletonismus als Stil zu reden« (ebd., 12). Zwar sei das Feuilleton »auch weiterhin ein literarisch-publizistisches Textgenre«, doch sei letzteres allein im medialen Kontext der kommunikativen Öffentlichkeit zu begreifen – als Ort der Vermittlung,

»an dem sich Literatur, Publizistik, Gesellschaft und Politik wechselseitig durchdringen« (ebd.).

Diese Problematik hat schon die ältere Feuilletonforschung
(Meunier/Jessen 1931; Haacke 1951-53; Dovifat 1976, Bd.2) beschäftigt. Im (häufig vergeblichen) Bemühen, die in Zeitungen
und Zeitschriften traditionell geübte Praxis des »**Feuilletonisierens**« auf den Begriff zu bringen, unterschieden die Zeitungskund-
ler Wilmont Haacke und Emil Dovifat zwischen dem Feuilleton als
(Kultur)-«Sparte« einer Zeitung oder einer Zeitschrift, dem Feuilleton als Beitragsform sowie dem »Feuilletonismus« als Stil und »Aus-
drucksweise [...], die nicht nur in der Sparte Feuilleton geübt wird,
sondern welche die ganze Zeitung oder Zeitschrift vom Leitartikel
bis zur Anzeige durchzieht« (Haacke 1952, Bd. II, 296).

Dieser Gedanke taucht auch in der neueren Feuilletonforschung wieder auf.

So beispielsweise steht eine im traditionellen Verständnis
durchaus als ›**feuilletonistisch**‹ zu charakterisierende »Plauderei«
wie etwa der *Streiflicht*-Kommentar in der *Süddeutschen Zeitung*
nicht auf der Feuilletonseite, sondern auf Seite eins: einer der vielen Belege dafür, dass, wie Almut Todorow bemerkt, »ästhetische
Text- und Bildverfahren der Fiktionalisierung und Topisierung,
wie sie in Literatur und Kunst eingeübt waren, heute in allen Zei-
tungsteilen pragmatisiert eingesetzt werden können« (Todorow
2000, 30). Insofern, so Todorow, ergebe es wenig Sinn, Feuilletonforschung isoliert nach Sparten getrennt zu betreiben. Vielmehr
stelle sich die Frage:

Nicht nur, wo organisiert sich ein Diskurs in der Tageszeitung, sondern
auch, welche Diskurse werden in welchen Ressortkontexten mit welchen
textuellen und visuellen Mitteln in die Debatte gebracht und verhandelt:
Wie stellen sich etwa symbolische Vermittlungen der Politik [...] an verschiedenen Stellen der Zeitung dar [...] (ebd., 33).

Erhard Schütz geht hier noch einen Schritt weiter, wenn er feststellt, »daß diese literarisch-journalistische Produktion ständig die
medialen Grenzen zwischen Zeitung, Zeitschrift und Buch überschreitet« (E. Schütz 1997, 56). Insofern hätte sich dann auch der
von der traditionellen Feuilletonforschung gebrauchte Begriff des
Feuilletonistischen als journalistische Haltung und Stilbegriff, der
auch alle anderen Ressorts betrifft, erledigt – wenn nicht indirekt
doch immer wieder damit gearbeitet würde: und zwar sowohl in
der Forschung, als auch im praktizierten Journalismus.

Traditionellen Ansätzen zufolge, wie etwa jenen von Wilmont
Haacke, der wiederum in einer normativen Tradition des von ein-

flussreichen Feuilletonisten geprägten Feuilletondiskurses steht
(vgl. dazu etwa Jäger/Schütz 1999, 237ff.), ist Feuilletonismus »literarischer und journalistischer Niederschlag persönlich erlebter
und persönlich gestalteter Welt in Formen, die dem jeweiligen publizistischen Aussagemittel technisch, methodisch und stilistisch
angepaßt sind« (Haacke 1952, Bd. II, 296).

Die Ergebnisse des Feuilletonisierens sind also, nach Haacke,
auch Literatur, die zudem eine besondere Art der Wahrnehmung,
eine »persönliche Art des Sehens« und ein »stetes inneres Beteiligt-
sein« voraussetzten. Was die Formen angeht, in denen sich diese
Haltung konkretisiert, so widerspricht Haacke der »alten, einge-
wurzelten Vorstellung [...], nach welcher man unter feuilletonistischer Schreibweise nur eine leichte, lockere, witzige, amüsante
pointierte Wortgaukelei verstanden hat [...]« (ebd.), gibt allerdings
selbst einem Formenideal den Vorzug, das – in seiner Bestimmung
des Feuilletonisten als Flaneur und »Dichter des Alltags« (ebd.,
298), der »aus den Trivialitäten des Alltags heraus das Unvergäng-
liche [...] zu sehen und mittels [...] Intuition ganz scharf zu erfassen vermag« (ebd., 301) – sich am Ideal von Impressionismus und
Naturalismus gleichermaßen orientiert (vgl. ebd., 299f.). Der »impressionistischen«, fragmentarisch-skizzenhaften Schreibweise, wie
sie sich historisch etwa bei Autoren der Wiener Moderne (Peter
Altenberg) oder Feuilletonisten wie etwa Alfred Polgar zeigt, entspricht auch Haackes Bestimmung der **Beitragsform Feuilleton** als
»ein Stück sauberer, gehobener und ansprechender Prosa, in welchem ein dichterisches Erlebnis mit literarischen Mitteln bei Inne-
haltung journalistischer Kürze unter Hinzufügung einer philosophischen Unterbauung oder Auslegung zu moralischer Perspektive
gehalten in einer betont persönlichen Schilderung [...] so dargestellt wird, daß sich Alltägliches mit Ewigem darin harmonisch
und erfreuend verbinden« (ebd., 305). Die einschlägigen Publizis-
tik-Handbücher haben diese Bestimmung des Feuilletons als Darstellungsform (**Kleine Form**) weitgehend übernommen (vgl. auch
Roloff 1982). Die »**Kleine Form**« schildere, so etwa Kurt Reumann im *Fischer Lexikon Publizistik und Massenkommunikation*,
»in betont persönlicher Weise die Kleinigkeiten, ja Nebensächlich-
keiten des Lebens und versucht, ihnen eine menschlich bewegen-
de, erbauliche Seite abzugewinnen, die das Alltägliche interessant
macht«, wobei »nicht selten« »das scheinbar Banale gleichnishaft
überhöht und zu exemplarischer Bedeutung stilisiert« werde (Reumann 1990, 82).

Demgegenüber weist Gernot Stegert darauf hin, dass solch
tradierte Bestimmungen immer in Gefahr seien, nur eine einzige

Realisierungsform von vielen möglichen Spielarten innerhalb des Feuilletonisierungs-Musters darzustellen: »Zu dessen Bestimmung bleiben drei Elemente: **die persönliche Sicht, der persönliche Stil und das Unterhalten als ein Hauptziel** (neben dem andere wie Kritik und/oder Information möglich, aber nicht nötig sind). Das Feuilletonisieren dient darüber hinaus der subtilen Meinungsbildung« (Stegert 1998, 227).

Stegert ist es um die Ziele und Mittel des **Feuilletonisierens als Kommunikations-Strategie** zu tun: ein Ansatz, der die – zumeist fruchtlose – Befangenheit in normativen Kategorien aufbricht zugunsten exemplarischer Analysen, die unter anderem auch verdeutlichen, dass die Praxis des sich auf der Sprach- und Stilebene vollziehenden Feuilletonisierens eng verzahnt ist mit den Bedingungen der äußeren Medienwirklichkeit.

Als Zweck und Ziel des Feuilletonisierens »in einer wie auch immer ausgeprägten Sprache« nennt Stegert einmal die Absicht, ein Publikum besser zu unterhalten, zum anderen das Ziel, sich als Journalist oder als Presseorgan »erfolgreicher zu profilieren als dies durch einen anderen Stil möglich wäre« (ebd., 228): Die »persönliche Handschrift« des Feuilletonisten verleiht seinem Namen gleichsam einen »**Markenwert**« (vgl. auch Utz 2000, 149).

Wenn auch, wie Stegert betont, von einer einheitlichen Sprache nicht die Rede sein könne, so existierten doch gebräuchliche Spielarten des Feuilletonisierens, wie etwa das »**Rhetorisieren**« mit seiner exzessiven Verwendung rhetorischer Figuren im Text. Überbordende Satzperioden und gelehrte Anspielungen, neuartige Wortverbindungen sollen »Bildung und Originalität« ausweisen, deren Hermetik »eine sich als subversiv verstehende Strategie« signalisiert, als Konvention, der eine »Ästhetik des Widerstands – gegen glatte Konsumierbarkeit und Verständlichkeit« zugrunde liege (Stegert 1998, 234).

Als traditionell verwendete **Stilmuster** nennt Stegert das »**semantische Komprimieren**« (etwa qua anspielungsreicher Kombination von Nomen und Adjektiv oder Abwandlung von Sprichwörtern), wobei das Gemeinte gleichsam zwischen den Zeilen steht, sowie das unterhaltsame »**Kulinarisieren**«, das etwa durch Ironie, Wortspiele und gewitzte Polemik realisiert wird. Genannt wird ferner das »**Ikonisieren**« als ein Verfahren des Literarisierens, das schon **Friedrich Schlegel** in seinen »*Kritischen Fragmenten*« programmatisch vertreten hatte, indem er von der Kunstkritik forderte, dass sie selbst Kunstwerk-Charakter haben müsse (»Poesie kann nur durch Poesie kritisiert werden« – in: Schlegel 1985, 22). Literaturkritiker wie etwa Ernst Robert Curtius, aber auch

Alfred Kerr hatten diesen Gedanken der Romantiker wieder aufgegriffen. Die Auffassung von publizistischer »Kritik« als »Form
der Literatur, deren Gegenstand die Literatur ist« (Curtius 1984,
30), taucht aber auch bei den Vertretern des Dekonstruktivismus
(Jacques Derrida, Paul de Man) auf (Stegert 1998, 243f.; vgl. auch
Albrecht 2001).

Ein kulturjournalistisches Spezifikum ist zweifellos auch das
»**Fiktionalisieren**«, das Einkleiden von Sachverhalten oder kritischer Betrachtungen in fiktive Situationen mit erfundenen Szenen, Figuren und/oder Handlungen – eine Strategie, die bereits in
den Zeitschriften des 17. Jahrhunderts (etwa in Form des fiktiven
Streitgesprächs) auftaucht.

All diese **Feuilletonisierungsstrategien** sind von jeher heftiger
Kritik ausgesetzt – einer Kritik, die längst zum Bestandteil des
Diskurses geworden ist, den das Feuilleton spätestens seit Beginn
der Moderne über sich selbst führt (vgl. Jäger/Schütz 1999, 237ff.).
Karl Kraus spottet über den feuilletonistischen Ehrgeiz, Kunstwer-
ke statt bloß Nachrichten hervorbringen zu wollen:

Der Friseur erzählt Neuigkeiten, wenn er bloß frisieren soll. Der Journalist ist geistreich, wenn er bloß Neuigkeiten erzählen soll. Das sind zwei,
die höher hinaus wollen (Kraus 1909, 27).

»Feuilletonismus« als abwertender Begriff gebraucht, schließt dabei
die Kritik an einer als unzulässige Anmaßung betrachteten »Literarisierung« des Journalistischen ebenso ein wie die Klage über
die vermeintliche Nivellierung von Ernstem und Leichtem (vgl.
Reumann 1990, 82). Wie bereits am Beispiel der Einschätzungen
von Jessen und Seibt gezeigt, wird diese Klage von den Publizisten
und Feuilletonisten unserer Tage wieder aufgenommen: und zwar
als Klage über den Niedergang des Feuilleton-Journalismus qua
Emotionalisierung und Banalisierung.

So konstatiert etwa Hermann Schlösser, dass in diesem »Feuilletonismus neuesten Datums« »Stimmungen gegen Begriffe ins
Feld geführt werden« (Schlösser 2000, 190), das »Niveau der feuilletonistischen Sprache demonstrativ abgesenkt« werde (ebd.) und
eine Tendenz um sich greife, die sich »in einer offensiven Freu-
de am Banalen, in der Ablehnung alles Subtilen und Ernsthaf-
ten und nicht zuletzt in der einverständigen Begeisterung für das
Kommerzielle und Verkäufliche« übe (ebd., 191). Die »kommer-
zialisierungsskeptische« Akzentuierung der Kritik am vermeintlich
»neuen (Kultur)journalismus« ist allerdings auch vor dem Hintergrund eines vor allem in den 1980er und 1990er Jahren ausgefoch-
tenen **Generationskonflikts im deutschsprachigen Feuilleton** zu

sehen. Sie spiegelt nicht zuletzt das Unbehagen einer Generation
von Feuilletonisten im Gefolge der »68er Bewegung« wider, für
die das »kritische Argumentieren« und die Vorbehalte gegenüber
der Marktwirtschaft einst als Ausweis von Qualität galten und
die sich nun irritiert zeigte durch die Schreibweise einer jüngeren
Generation von Kolumnisten (vgl. Schlösser 2000, 197; E. Schütz
1997, 57ff.).

Der Diskurs über den »Feuilletonismus neuesten Datums« bewegt sich also längst jenseits der Debatte über »Rezensionsfeuille-
tonismus« und »Allzuständigkeitsfeuilleton«: Er verweist auf den
funktionalen Einsatz des Journalistischen zu Unterhaltungszwe-
cken – und auf seine Einbindung in eine Kommunikations-Welt
jenseits des klassischen Journalismus-Verständnisses (s. Kap. 6.5).

6.5   Unterhalten: Zwischen Boulevard-Journalismus und Journalismus als Unterhaltung

Ob ›unterhaltender Journalismus‹, ›Service-Journalismus‹, ›Boulevardjournalismus‹ oder ›populärer Journalismus‹, wie Rudi Renger
seine Analyse betitelt (vgl. Renger 2000a): Im Spiegel der tradierten Journalismusforschung verhalten sich die Spielarten des Populärjournalismus zu den Formen des »seriösen« Informations- und
Meinungsjournalismus wie einst der Feuilletonismus zur »hohen
Kunst« der Literatur. Beide wurden bzw. werden von einer normativ ausgerichteten Kritik als degenerative Erscheinungen unserer (Medien-)Kultur betrachtet, also letztlich zurückgeführt auf
die traditionelle Aufteilung zwischen einer qualitativ anspruchs-
vollen »ernsten« (E-)Kultur und einer minderwertigen unterhaltenden (U-)Kultur.

Hier stellt der Medienwissenschaftler Rudi Renger die Frage,
ob die strikte Trennung zwischen den sogenannten »hard news«
des (meist politischen) Nachrichten- und Informationsjournalismus und den »soft news« eines Populärjournalismus (s. Kap. 6.1)
sich als erkenntnisfördernd für die Analyse des praktizierten Journalismus erweise. In der klassischen Forschungsperspektive ebenso
wie in vielen Journalismus-Lehrbüchern werde meist vorausgesetzt,
dass nur politische oder Wirtschafts-Nachrichten konstitutive Inhalte von Journalismus darstellten, kritisiert Rudi Renger, »obwohl rund um die Jahrtausendwende die auflagenstärksten Blätter nur mehr in geringem Ausmaß »news« im traditionellen Sinne
des Wortes enthalten und die Popularisierung der journalistischen

Medien ein erfolgsökonomisches Kalkül der ›Logik des Marktes‹ ist« (ebd., 165f.). Renger erinnert daran, dass die **Unterhaltungs-funktion** etwa von Fernseh- und Rundfunkprogrammen in einer Reihe von Landesrundfunkgesetzen, Staatsverträgen und Sender-Richtlinien verankert sei. Zudem zeige ein Blick auf die Geschichte der Presse, dass die populären, »unterhaltenden« Lesestoffe spätestens seit dem 18. Jahrhundert zugleich auch die Popularisierung von Information und Wissen mit einschlossen.

Hier spätestens ergibt sich die Schwierigkeit, die **Funktion** ›**Unterhaltung**‹ überhaupt angemessen zu definieren. Allein unter dem Begriff der »Funktion« werden in unterschiedlichen Kritik- und Analyse-Ansätzen jeweils ganz verschiedenartige Momente verstanden, die sich sowohl auf die Beschreibung von Inhalten, als auch auf Wirkungen oder Absichten beziehen können. Eine eindeutige Definition der Funktion »Unterhaltung« wäre erst dann zu finden, »wenn zugleich die jeweiligen Bezugssysteme, die konkreten Zielgruppen mit ihren unterschiedlichen Rezeptionsvoraussetzungen eindeutig sind« (Lüger 1995, 18). Eine solche Eindeutigkeit kann aber kaum hergestellt werden, weil solche Bezugssysteme selbst »historisch variabel« sind, indem sie nämlich sowohl Grundlagen als auch Ergebnisse von ständigen Informationsprozessen sind (vgl. Kutsch/Westerbarkey 1975). Außerdem, so Lüger, sei zu bedenken, »**daß prinzipiell jeder Text, auch eine Nachricht oder ein Kommentar, verschiedene Nutzungsmöglichkeiten bietet**, unter Umständen also auch unter eine unterhaltende Funktion bekommen kann« (Lüger 1995, 19).

Rudi Renger geht hier noch einen Schritt weiter, wenn er zu bedenken gibt, dass sich der Zusammenhang zwischen Journalismus und Unterhaltung (bei Renger: »Populärkultur«) auf zwei Arten interpretieren lasse: Zum einen könne Journalismus selbst als eine Form von Populärkultur gelten, zum anderen als ein »textuelles System, innerhalb dessen populärkulturelle Themen verarbeitet werden« (Renger 2000a, 14).

Was die Produkte dieses ›populären Journalismus‹ angeht, so nennt Renger eine Reihe von **Basismerkmalen**, die sich sowohl auf deren Inhalt und Machart (Text, Darstellungsformen) beziehen, als auch auf die Medienunternehmen (Marketing-Strategien, Ökonomie), in deren Rahmen sie hergestellt werden. Es sind dies »brauchbare Nachrichten« (zu denen Renger auch die Inhalte der Werbeeinschaltungen zählt) für eine bestimmte Leserschaft, »in leicht verständlicher Art« aufbereitet: die »verstärkte Verwendung der Reportage in vielfältigen Formen«, der Verzicht auf Hintergrundberichterstattung, die Bearbeitung von Themen aus den Bereichen

Unterhaltung und Sport, der Trend zur Illustration und Visualisierung, eine starke Leser-Blatt-Bindung, Erfolgs- und Zielgruppenorientierung, die sich im billigen Verkaufs- und Abonnementspreis
sowie in hohen Abnehmerzahlen ausdrückt, und die »verstärkte
Finanzierung dieser Produkte durch Inserate« – Merkmale, die, so
Renger, keinesfalls neu seien:

> Die viel und oft zitierte Kommerzialisierung bzw. Boulevardisierung vor
> allem der *heutigen* Printmedienwelt ist aus historischer Sicht kein aktuel-
> les Phänomen, sondern seit mehr als 150 Jahren schon längst vollzogen
> (Renger 2000a, 162).

Als charakteristisch für die Boulevardpresse wird in der Literatur
meist »eine Mischung aus Fantasie, unterhaltender Information,
Romanliteratur, Fiktion und Symbolhaftigkeit« genannt (Renger
2000a, 162), wobei die »populärkulturelle Unterhaltung«, nach
Renger, in der Informationsgesellschaft »primär die Funktionen
der Stimulation, der Rekreation, des Spieles, der Illusion, der Uto-
pien und der Traumwelten« übernehme (ebd., 308). Politische
Sachverhalte unterliegen, so sie überhaupt thematisiert werden,
»einer starken **Personalisierung**« (Lüger 1995, 85). Nachrichten
werden in die Form einer Geschichte verpackt, erhalten narrative
Qualität (vgl. auch Langer 1998). Die Wurzeln des Boulevardjournalismus, so Renger, liegen in der volkstümlichen Erzähltradition.
Als eine »Anderswelt ideologischer Realitäten«, deren »Diskursleis-
tung« »in der populären Wirklichkeit millionenfache Reichweiten
und hohe Quoten aufweisen kann«, interpretiert ihn Renger. Auf
der Ebene der Medienökonomie handelt es sich dabei um einen
»**marktgesteuerten Journalismus**«, der dazu dient, »mit sensatio-
neller Berichterstattung zwischen Fakten und Fiktion maximalen
unternehmerischen Profit zu erlangen«, indem er »Schicksale und
Gefühle mit dem Suggestionsmittel der journalistischen Glaubwürdigkeit« vermarktet (Renger 2000a, 17).

   Im »strukturellen Wandel von der politischen Öffentlichkeit zur populären Mediensphäre« (ebd., 16) werden solche
»Popularisierungs«-Elemente keineswegs mehr allein in den spezifischen Boulevard-Medien verwendet, sondern finden zunehmend
Eingang in die Nachrichten-Sparten der als ›seriös‹ geltenden Zeitungen, Zeitschriften, Fernseh- und Rundfunkstationen. Da selbst
klassische Informationsangebote nicht mehr nur zur Information,
sondern auch zur Zerstreuung und Unterhaltung genutzt werden,
Journalismus also zunehmend als »**Erlebnishelfer**« seiner Rezipienten in einer Erlebnisgesellschaft fungiert (vgl. G. Schulze 1992),
haben die Synergien zwischen Information und Unterhaltung

längst die Trennungslinie zwischen Fakten und Fiktion verwischt, die traditionell vom Journalismus als Leistung zu erbringenden Kategorien ›Information, Bildung, Unterhaltung‹ miteinander vermischt: Was etwa im Fernsehen einst der informierende und ›bildende‹ »Dokumentarfilm« war, wird nun als »**Doku-Soap**« oder »**Doku-Drama**« präsentiert, wobei sich »authentisch-journalistisches« Nachrichten- und historisches Archivmaterial mit nachgestellten Spielszenen zu einer dramatisierten »neuen Medienwirklichkeit« fügt. Da dies im Hinblick auf Einschaltquoten und Akzeptanzorientierung geschieht, ist die Wahrscheinlichkeit recht groß, dass nur solche Themen aufgegriffen werden, die sich für eine derartige Aufarbeitung eignen (Renger 2000a, 275).

In diesem Zusammenhang wird seit Ende der 1980er Jahre meist der Begriff »**Infotainment**« verwendet – allerdings oft in uneinheitlicher Weise, wie Andreas Wittwen ausführt (vgl. Wittwen 1995). Demnach fungiert »Infotainment« einmal als Sammelbegriff für die Möglichkeiten zur unterhaltenden Aufbereitung von Informationen, zum anderen als Oberbegriff für all diejenigen Sendungsformate, die Unterhaltung und Information mischen. Außerdem dient der Begriff zuweilen als Schlagwort für die Vermischung von Information und Unterhaltung in der Medienindustrie, als ›Modewort‹, das in unterschiedlichen Bereichen wie Kunst, Politik oder gar Sport gebraucht wird, und schließlich gar als EDV-Fachbegriff für interaktive Lern- und Spielsoftware, sowie für die Konvergenz von Fernsehen und Computer im Privathaushalt der Zukunft (vgl. Wittwen 1995, 22f.).

Dass bei der Bestimmung des Begriffs im Hinblick auf die journalistische Darstellung immer auch die Seite des Publikums, der Rezipienten, einzubeziehen ist, erläutert Louis Bosshart:

Der Begriff ›Infotainment‹ sollte nicht nur als Mischung von Information und Unterhaltung definiert, sondern auch als Rezeptionsqualität in einem angeregten (Information) und erregten (Unterhaltung) Zustand aufgefaßt werden. Es geht um das Wechselspiel zwischen Kognition und Affekt, um das Spannungsfeld zwischen Nachrichtenwerten und Gefühlsfaktoren [...]. Die Ingredienzen für die Dramaturgie informierender Unterhaltung und unterhaltender Information sind seit Jahrhunderten dieselben: Abwechslung, Personalisierung [...], Emotionalisierung, dosierte Mischung von Spannung und Entspannung, Stimulation, Vermeidung von Langeweile (Bosshart 1991, 3).

Unterhaltungsangebote, so Bosshart an anderer Stelle, dienten der Orientierung von Individuen: angefangen von der Entwicklung des Selbstkonzepts, bis hin zur Hilfe bei der Bewältigung von Problemen (Bosshart in: Scholl/Renger/Blöbaum 2007, 21f.).

Was Bosshart hier mit positiv wertendem Akzent charakterisiert, wird – in Anlehnung an die bekannte Medienkritik von Neil
Postman (dt. 1994) – von anderen Autoren als durchaus problematisch eingeschätzt. Für Siegfried Weischenberg führt die Boule-
vardisierung der Medienwelt letztlich auch zur Deprofessionalisierung des Journalismus (vgl. Weischenberg 2006). Roger de Weck
konstatiert, dass »die Bewertung von Nachrichten nicht nach ihrer
Wichtigkeit, sondern nach dem Effekt und dem Affekt« erfolge.
Die Verpackung werde dann oft wichtiger als der Inhalt (zit. n.
Wittwen 1995, 15). Gerd Bacher charakterisiert »die Massenmedien, vor allem das Leitmedium Fernsehen«, als »Teil jener welt-
weiten Mega-Industrie, die alles in Unterhaltung, besser gesagt,
in Zerstreuung verwandelt, [...]« (Bacher 2000, 17), und klagt:
»Der aufklärerische Aspekt, ursprünglich das Wesen des Medialen
schlechthin, das Informieren, Bilden, Erziehen, ist fast durchwegs
hinter das Unterhaltende getreten« (ebd.).

Wieder andere Autoren, wie Rudi Renger oder Christian Schicha, verweisen auf die veränderten Rezeptionsgewohnheiten einer
jüngeren Publikumsgeneration (vgl. auch Saxer 1991) und darauf,
»daß die konventionelle, stereotype Form politischer Berichterstattung, die jahrzehntelang immer den gleichen Ritualen entsprach,
u.U. nicht mehr ausreicht, um das Publikumsinteresse aufrecht
zu erhalten« (Schicha 1999, 30). Ausgehend von einer funktionalen Bestimmung von Journalismus als Konstrukteur symbolischer
Ordnungen, sieht Rudi Renger zwar die Medienwelt zur Seifen-
oper tendieren, konstatiert aber, dass das »soap-Genre« zugleich
journalistische Funktionen übernehme – und stützt damit die
These von Hans Thomas, wonach die Information »in der Unterhaltung quasi Unterschlupf« finde und auf ein Publikumsinteresse rechnen könne, solange sie unterhaltsam sei (Thomas 1994,
61ff.).

Auf einen wichtigen Aspekt in dieser Diskussion verweist Margreth Lünenborg. Die *cultural studies*-These, wonach selbst der
klassische Nachrichtenjournalismus Elemente der Fiktionalisierung enthalte und somit Teil jener Populärkultur sei, die beispielsweise auch das »soap-Genre« ausmache, gilt ihr keineswegs als Argument für die gleichsam bodenlose Relativierung der faktischen
Basis journalistischen Handelns. So macht es, nach Lünenborg,
sehr wohl einen Unterschied, ob Journalismus mit Formen von
Fiktionalisierungen arbeite, die als Deutungen und Kontextualisie-
rungen fungieren, oder ob es sich dabei um falsche Sachinformationen handelt, die Aussagen wider besseren Wissens behaupten.
An diesem Punkt wird »die faktische Basis journalistischen Han-

delns, die Vermittlung intersubjektiv überprüfbarer Informationen [...] außer Kraft gesetzt« (Lünenborg 2005, 198).

6.6   Journalistisches Selbstverständnis

Die historische Herausbildung der oben beschriebenen Berichterstattungsmuster und ihrer jeweiligen Anforderungen an die Arbeit der Journalisten hat bestimmte professionelle Rollenbilder hervorgebracht: so etwa den Typus des investigativ arbeitenden Reporters, der Missstände aufdeckt und sich als Anwalt der Benachteiligten betätigt – oder etwa den Typus des neutralen Beobachters. Doch welche Vorstellungen und Ziele entwickeln die Journalisten selbst im Hinblick auf ihre eigene Arbeit? Sehen sie sich als neutrale Informationsvermittler, als Unterhalter oder Ratgeber und Dienstleister? Verstehen sie sich als Kritiker, der durch Agenda-Setting politischen Einfluss ausüben will, als Kontrolleur, der als Verkörperung einer vermeintlich »Vierten Gewalt« den Akteuren in Politik und Wirtschaft nachspürt?

Die Frage nach dem Rollenselbstverständnis der Journalisten haben in den 1980er Jahren einige Forscher der »Mainzer Schule« zu international vergleichenden Studien angeregt. Sie kamen zu der Schlussfolgerung, dass das Rollenselbstbild deutscher Journalisten – im Unterschied zu jenem im anglo-amerikanischen Raum – dem des Missionars, des Politikers ohne Mandat und des Oberlehrers entspricht (vgl. Köcher 1985; Donsbach 1982; Kepplinger 1979). Das Rollenbild des »missionarischen Journalismus«, das auf historische Ursachen zurückgeführt wurde, diente zudem als Argument für bestimmte Medienwirkungstheorien (s. Kap. 2).

Befragungen, die während der 1970er Jahre in Zeitungs- und Rundfunkredaktionen durchgeführt wurden, schienen diese Selbstbilder zu bestätigen (vgl. dazu Langenbucher/Neufeldt 1988; Langenbucher 1980). Dass hier aber offenbar ein Wandel stattgefunden hat (wohlgemerkt: Es ist hier vom Selbstbild der Journalisten die Rede, das durchaus von der Realität der Berichterstattung selbst abweichen kann), belegen neuere Studien zum Rollenselbstverständnis von Journalisten in Deutschland (vgl. Schönbach/Stürzebecher/Schneider 1994, sowie Weischenberg/Malik/Scholl 2006): Danach dominiert in allen Medien das **Selbstbild des »neutralen Vermittlers«**, der sein Publikum schnell und präzise informieren will. Dies stellten 1999 bereits Altmeppen/Donges/Engels fest:

Zwar wollen knapp zwei Drittel der Journalisten Mißstände generell kritisieren. Sobald aber die Kritik- und Kontrollfunktion des Journalismus definitorisch zugespitzt wird, sinkt die Zustimmung: [...] lediglich ein knappes Fünftel will die politische Tagesordnung beeinflussen. Journalismus als »vierte Gewalt« ist demgegenüber im Selbstverständnis deutscher Journalisten nur schwach ausgeprägt (Altmeppen/Donges/Engels 1999, 48).

Ergebnisse aus jüngerer Zeit (Weischenberg/Malik/Scholl 2006) verweisen zudem darauf, dass »Rollenverständnisse, die auf Kritik, Kontrolle und Engagement ausgerichtet sind, seit 1993 eher an Bedeutung verloren« haben. An Bedeutung gewonnen hingegen hat ein Berufsverständnis, das sich an den Service-, Ratgeber-, und Unterhaltungsbedürfnissen des Publikums orientiert. Daneben zählt der Informationsjournalismus nach wie vor zu den akzeptierten Standards des Berufes (Mast 2008). Verschiedene Rollenbilder schließen sich übrigens nicht gegenseitig aus, sondern werden häufig fallweise gewichtet (Weischenberg/Malik/Scholl 2006, 100f.). Sie sind zudem innerhalb der Logik einer gewandelten Mediengesellschaft zu betrachten, in der Segmenten wie Service-Journalismus und Unterhaltung eine zunehmende Bedeutung zukommt. Darüber hinaus ist bei allen Journalisten-Befragungen zu berücksichtigen, dass »keineswegs direkt von Einstellungen auf Handlungen geschlossen werden darf« (Altmeppen/Donges/Engels 1999, 50). Und natürlich beeinflussen auch die veränderten Arbeitsbedingungen, sowie die wirtschaftliche Situation von Journalisten die jeweiligen Eigenkonzepte und Berufsbilder. So hat die jüngste Studie von Weischenberg/Malik/Scholl festgestellt, dass die Einkommensspanne von Journalisten in Deutschland zwischen 1000 und 4000 Euro netto im Monat liegt (wobei Fernsehredakteure am oberen Ende, Online-Journalisten und Mitarbeiter von Anzeigenblättern am unteren Ende der Skala anzusiedeln sind), ihr Durchschnittsalter (Stand: 2006) zwischen 40 und 41 Jahren beträgt und nur acht Prozent von ihnen älter als 55 Jahre ist. Die Studie hat außerdem zutage gefördert, dass sich die sozialen Merkmale von Journalisten vom Bevölkerungsdurchschnitt erheblich unterscheiden (die meisten Journalisten rekrutieren sich aus der Mittelschicht) und dass auch der eigene Bekanntenkreis meist aus Journalisten besteht (ebd., 150-154) – was eine gewisse Selbstreferenzialität in der Medienberichterstattung erklären würde (s. Kap. 6.4.4)

6.7 Institutionen und Organisationen

Im Verlaufe der Mediengeschichte haben sich berufsständische Organisationen und freiwillige journalistische Selbstkontrollgremien herausgebildet. In jüngster Zeit entstanden zudem neue journalistische Initiativen. Hier ein knapper, unvollständiger Überblick:

6.7.1 Deutscher Presserat

Der »Deutsche Presserat« wurde 1956 von den westdeutschen Journalisten- und Verlegerverbänden als freiwilliges Organ der Presse-Selbstkontrolle gegründet. Seinem Trägerverband und den einzelnen Gremien gehören Vertreter an, die vom »Deutschen Journalisten-Verband« (»Gewerkschaft der Journalistinnen und Journalisten«), der »Deutschen Journalistinnen- und Journalisten-Union« (dju in der Dienstleistungsgewerkschaft ver.di), sowie von den beiden Verleger-Verbänden, dem »Bundesverband deutscher Zeitungsverleger« und dem »Verband deutscher Zeitschriftenverleger« entsandt wurden. Der Presserat, an den sich übrigens jeder wenden kann, ist frei von staatlichem Einfluss. Seine Aufgaben sieht er darin, Missstände im Pressewesen festzustellen und auf deren Beseitigung hinzuwirken, Entwicklungen entgegenzutreten, welche die Informationsfreiheit der Bürger gefährden könnten, sowie zu Pressefragen gegenüber Gesetzgeber, Regierung und der Öffentlichkeit Stellung zu nehmen. Seine Ziele bestehen, laut Selbstauskunft, darin, einerseits »Lobbyarbeit für die Pressefreiheit in Deutschland« zu leisten, und andererseits Beschwerden aus der Leserschaft von Zeitungen und Zeitschriften zu bearbeiten. In seinen publizistischen Grundsätzen (die 2001 um die freiwillige Selbstkontrolle über redaktionellen Datenschutz erweitert wurden) findet sich ein journalistischer Ehrenkodex formuliert (vgl. http://www.presserat.de), der etwa »die Achtung vor der Wahrheit, die Wahrung der Menschenwürde und die wahrhaftige Unterrichtung der Öffentlichkeit« als »oberste Gebote der Presse« (Deutscher Presserat, Grundsätze 1.) formuliert, aber auch die journalistische Sorgfaltspflicht bei der Bearbeitung von Dokumenten und Bildern oder die »klare Trennung zwischen redaktionellem Text und Veröffentlichungen zu werblichen Zwecken« (ebd. Grundsätze 2. und 7.) anmahnt. Verstöße gegen diesen Ehrenkodex ahndet der Presserat mit öffentlich ausgesprochenen bzw. publizierten Rügen (vgl. Jahrbuch/Spruchpraxis). Die meisten Zeitungen und Zeitschriften haben sich freiwillig dazu verpflichtet, diese Rügen abzudrucken.

Erzwingen lässt sich dies jedoch nicht, denn die Beschlüsse des Deutschen Presserats sind nicht rechtsverbindlich. Und die Praxis zeigt immer wieder, dass die Wirkung dieser Ermahnungen recht begrenzt ist. So haben selbst mehrfach gerügte Organe häufig auch in folgenden Veröffentlichungen nicht darauf verzichtet, »unbegründete Behauptungen und Beschuldigungen [...] zu veröffentlichen« (Grundsätze 9.) oder »Symbolfotos [...] als solche kenntlich [...]« zu machen (Grundsätze 2., vgl. dazu I. Fischer 2001). Gleichwohl haben sich in den vergangenen sechs Jahren sowohl die Zahl der Beschwerdeeingaben, als auch die Zahl der vom Beschwerdeausschuss des Presserats behandelten Fälle nahezu verdoppelt (Mast 2008, 102). Dies deutet darauf hin, dass das »Vertrauensgut Journalismus« (Meier 2007, 14) durchaus nicht immer festgegründet ist, und dass der von Donsbach/Rentsch/Schielicke erst kürzlich konstatierte »Ansehensverlust des Journalismus« (Dies. 2009, 14) im Hinblick auf sein Publikum ernst zu nehmen ist.

6.7.2 Journalisten-Organisationen

Teils gewerkschaftlich, teils berufsständisch orientiert sind die beiden großen Interessensverbände der Journalisten: **DJV** (Deutscher Journalisten-Verband, s. Kap. 6.7.1 und Kap. 8) und **dju** (= »Deutsche Journalistinnen- und Journalistenunion« in ver.di). Sie handeln u.a. Tarifverträge für Festangestellte und arbeitnehmerähnlich beschäftigte Redakteure und Journalisten aus, widmen sich der Beratung ihrer Mitglieder, stellen (ebenso wie die Verlegerverbände) behördlich anerkannte Presseausweise aus, veröffentlichen (unverbindliche) Honorarrichtlinien für freiberuflich tätige Journalisten, äußern sich zu Fragen journalistischer Qualität und nehmen Stellung in medienrelevanten Debatten wie Datenüberwachung, Informationsfreiheit etc.

Die einschneidenden Veränderungen innerhalb der hiesigen Medienlandschaft zeitigen jedoch auch Auswirkungen auf die Organisationsformen des deutschen Journalismus. Die Tatsache, dass immer mehr Journalisten als Freiberufler tätig sind (s. dazu auch Kap. 8), dass selbst die Arbeitsplätze fest angestellter Redakteure oft keine langjährig sichere Perspektive mehr bieten, und dass von den traditionellen Tarifstrukturen für langjährig Festangestellte in deutschen Medienunternehmen immer weniger Mitarbeiter profitieren, während zugleich immer mehr freiberuflich tätige Journalisten für Honorare weit unter den offiziell ausgehandelten Tarifgehältern und diversen Honorarrichtlinien arbeiten – all dies konnte nicht ohne Folgen auf die Arbeit der traditionellen Verbände bleiben. Letztere haben auf die steigende Zahl ihrer freiberuflich tätigen Mitglieder zwar inzwischen mit Fachgruppen und Fachausschüssen für freie Journalisten und diversen Service-Angeboten reagiert (vgl. www.djv.de, www.dju.verdi.de), doch bleibt die Tatsache bestehen, dass die heterogene Mitgliedschaft dieser Verbände so manchen inhärenten Interessenskonflikt in sich birgt: indem nämlich in ein und demselben Verband sowohl Auftragnehmer (freiberufliche Journalisten, die ihre Ware zu angemessenen Preise verkaufen wollen) und zugleich deren Auftraggeber (Redakteure, die ihre Aufträge aus knapp bemessenen Honoraretats an ihre Verbandskollegen vergeben) vertreten sind.

Es hat den Anschein, als ob solche Strukturen allmählich in Bewegung geraten. So hat sich im November 2008 unter dem Namen **Freischreiber** e.V. ein »Berufsverband freiberuflicher Journalistinnen und Journalisten« gegründet, der sich »für die Belange freier Journalisten und die Anerkennung und Wertschätzung ihrer Arbeit« einsetzen will (vgl. auch www.freischreiber.de).

Daneben existieren noch diverse andere spezifische Zusammenschlüsse und Kommunikationsforen, die sich jeweils speziellen Aspekten des Journalistischen widmen: So etwa veranstaltet die »**Bundespressekonferenz**« Pressekonferenzen für jene Korrespondenten, die hauptberuflich über die Bundespolitik berichten (vgl. http://www.bundes-pressekonferenz.de). Es gibt einen **Deutschen Fachjournalisten Verband** (http://www.dfjv.de/), und das bereits erwähnte **Netzwerk Recherche**. Diverse **Presseclubs** dienen der Kontaktpflege, eine Mailingliste im Internet sorgt ebenso für den Informationsaustausch untereinander (http://www.jonet.org) wie ein **Reporterforum** (http://www.reporter-forum.de/). Erwähnt sei noch der international tätige Verein »**Reporter ohne Grenzen**« (vgl. http://www.reporter-ohne-grenzen.de), der sich der Verteidigung der Pressefreiheit verschrieben hat, sich für verfolgte Journalisten in aller Welt einsetzt und öffentlich Zensurmaßnahmen anprangert.

7. Journalistische Arbeitsroutinen

Professionell betriebener Journalismus in dem Sinne, dass unter Professionalisierung eine bestimmte »Regelhaftigkeit beruflichen Handelns im Mediensystem« verstanden wird (Neverla 1998, 56), bedient sich nicht nur der in den vorangegangenen Kapiteln aufgeführten Genres der Darstellung, sondern auch einer spezifischen »Methodik von Realitätserkundungen« (ebd., 61).

Gemeint ist hier vor allem die Recherche. Neben dem Recherchieren und dem Darstellen bzw. Formulieren zählt darüber hinaus das Redigieren eigener und fremder Texte zu den essenziellen Tätigkeiten journalistischer Arbeit. Wie sich diese Tätigkeiten im Einzelnen gestalten (können), welche Facetten des Journalistischen sie beinhalten, wird im Folgenden zusammengefasst.

7.1 Die Recherche

Durch das Überangebot an Informationen verliert das Sammeln von Informationen an Bedeutung im journalistischen Alltag. Parallel dazu gewinnt die verständliche Aufbereitung von Informationen zunehmend an Stellenwert: der Schwerpunkt der journalistischen Aufgaben verlagert sich von der Thematisierung hin zur Vermittlung (Pater 1993, 294).

Der von den Medienforschern um Siegfried Weischenberg verfassten Umfragestudie zum *Journalismus in Deutschland* zufolge, wenden deutsche Journalisten durchschnittlich 117 Minuten am Tag für die Recherche auf. 1993 waren es immerhin noch 140 Minuten (Weischenberg/Malik/Scholl 2006, 80). Ein Journalismus aber, der sich lediglich auf seine Vermittler-Funktion konzentriert, verliert zunehmend die ihm traditionell zugeschriebene Legitimation als Beobachter der Gesellschaft (vgl. Weischenberg 2001, 15ff.). Dass diesem Verlust unter anderem mit dem vermehrten Einsatz des journalistischen Mittels der Recherche entgegengearbeitet werden müsse, ist ein immer wieder geäußerter Gedanke in der von Medienwissenschaftlern, in den Journalistenverbänden und unter Journalisten selbst (vgl. www.netzwerkrecherche.de) geführten **Qualitätsdebatte** (vgl. Nagel 2007; Mast 2008, 223; Preger 2004; Leif 2003a). Als mögliche Ursachen für die Vernachlässigung etwa der

Überprüfungsrecherche, die in den Redaktionen kaum mehr statt-
finde, wie Machill/Beiler/Zenker in ihrer Studie feststellen (Dies.
2008), werden von den erwähnten Autoren immer wieder genannt:
zunehmender Zeitdruck in den Redaktionen, eine ineffiziente Redaktionsorganisation, mangelnde Kompetenzen im Umgang mit
Quellen, bzw. einseitige Nutzung immer derselben beiden Suchmaschinen und Webressourcen in der Online-Recherche – was dazu
führt, dass eben diese wenigen Quellen letztlich die Recherche dominieren (vgl. dazu Machill/Beiler/Zenker 2008), Selbstreferenzialität
(da häufig wiederum ausschließlich in journalistischen Sekundär-
quellen recherchiert wird, wie Machill/Beiler/Zenker feststellen),
der zunehmend effektivere Einfluss von PR auf die journalistische
Berichterstattung (s. Kap. 8).

Dem gegenüber nennt Claudia Mast die professionellen journalistischen Kompetenzen und Haltungen, welche eine gründliche
Recherche geradezu erzwingen. Neben **Reflexionsvermögen** und
handwerklichem Können sind dies: **Skepsis** gegenüber Quellen,
Informanten, amtlichen Darstellungen und öffentlicher Meinung,
die **kritische Überprüfung** der Informationen, eine **selbstkritische
Haltung**, die eigene **Unabhängigkeit** von vorgefassten Meinungen
und wirtschaftlichen, parteipolitischen und finanziellen Interessen,
die **präzise und detaillierte Darstellung des Sachverhalts**, sowie
das **Skizzieren der möglichen Ursachen und der mutmaßlichen
Folgen des Geschehens** (Mast 2008, 225).

Insofern erweist sich die Recherche als »eine Strategie zur In-
formationskontrolle sowie zur effizienten Informationsgewinnung
hinsichtlich Thema, Publikum und Präsentation« (H. Haas 1999,
284). Als »Kriterium der Unabhängigkeit journalistischer Recherche« gilt »ihre Autonomie gegenüber der Konkurrenz anderer und
anders orientierter Informationssysteme wie der PR oder der Wissenschaft« (ebd., 284f.). Entsprechend dazu definiert Michael Haller das Recherchieren als »ein Verfahren zur Beschaffung und Beurteilung von Aussagen über ein reales Geschehen, die ohne dieses
Verfahren nicht preisgegeben, also nicht publik würden. Im weiteren Sinne ist es ein Verfahren zur Rekonstruktion erfahrbarer,
d.h. sinnlich wahrgenommener Wirklichkeit mit den Mitteln der
Sprache« (Haller, Ausg. 2000, 246).

Claudia Mast unterscheidet dabei zwischen **Basisrecherche** und
Erweiterungsrecherche. Unter einer Basisrecherche ist dabei die
Überprüfung bereits vorliegender Informationen zu verstehen: Sie
sollte zur Routine in jeder Redaktion gehören. Die Erweiterungsrecherche besteht dann darin, die bereits vorliegenden Informationen
zu ergänzen und zu vervollständigen (Mast 2008, 240f.).

Wenn Aussagen und Behauptungen über Ereignisse und Tatsachen geprüft werden sollen, kann man allgemein zwischen drei Kategorien von Informationsquellen unterscheiden: Es sind dies der sogenannte **Lokalaugenschein** (Vor-Ort-Recherche), die **Expertenauskunft** (vgl. dazu das Praxis-Lehrbuch von Baumert 2004), und das **Studium von Literatur und Daten** (Bücher, Fachartikel, Online-Recherche, Datenbanken etc.; vgl. dazu Brendel u.a. 2004; Lewandowski 2008). Diese drei Informationsquellen entsprechen den unterscheidbaren Bereichen von Primär- und Sekundärerfahrungen (unmittelbare Erlebnisse, individualkommunikative Sekundärerfahrungen und massenkommunikative Sekundärerfahrungen). Es hängt von den angestrebten Recherche-Zielen ab, welcher von ihnen bei der jeweiligen Recherche der Vorzug gegeben wird, beziehungsweise welche Kategorien der Quellenrecherche miteinander kombiniert werden. Häufig ergänzen diese Kategorien einander: So beispielsweise vermittelt die unmittelbare Beobachtung und Augenzeugen-Befragung am Schauplatz eines Verkehrsunfalls zwar einen authentischen Eindruck vom Geschehen, doch vermag möglicherweise erst die Befragung eines Verkehrsexperten sowie das Studium einschlägiger Statistiken oder die Recherche im Archiv nach ähnlich gelagerten Unfällen, die sich in der Vergangenheit an derselben Straßenkreuzung ereigneten, verwertbare Hintergründe und Zusammenhänge zu liefern. Dass im jeweiligen Einzelfall freilich auch Quellen kritisch hinterfragt werden müssen, dass »Experten« bei der Befragung per Interview interessensgebundene Auskünfte geben können, dass sich – neben dem Informantenschutz – in manchen Fällen gar ein »Recherchierverzicht« (Haller, Ausg. 2000, 151) empfiehlt, wenn etwa die Gefahr droht, dass bloßstellende Details aus dem Privatleben einer von der Recherche betroffenen Person in den Medien voyeuristisch zur Schau gestellt werden könnten, sind ebenfalls Aspekte, die zur Beachtung herausfordern (vgl. ebd.). Anders geartete Anregungen mag der deutsche Journalismus auch von der US-amerikanischen Internetseite *Talking Points Memo* erhalten (http://www.talkingpointsmemo.com/): Ein Nachrichtenbüro recherchiert Themen, die von seinen Lesern angeregt und mit Vor-Informationen versehen an die professionellen Journalisten weitergereicht werden. Doch entlastet eine solche Zusammenarbeit zwischen Publikum und Journalisten natürlich nicht von der Pflicht, einen reflektierten Umgang mit zugetragenen Informationen zu pflegen – etwa bei der »**aufdeckenden Recherche**« (s. Kap. 6.2.2).

In dieser Hinsicht erweist sich gelegentlich eine konstruktivistische Sicht auf die Sachverhalte als hilfreich (vgl. dazu H. Haas

1999, 286f.). Sie geht davon aus, dass sich viele Informationen
nicht eindeutig nach dem Muster ›wahr/unwahr‹ bewerten lassen
und befürwortet daher die **kritische Abgleichung unterschiedlicher Versionen einer ›Erzählung‹** (widersprüchliche Augenzeu-
genberichte, widersprüchliche dokumentarische Darstellungen)
mit dem Ziel, Unstrittigkeit (auf der Ebene der Beschreibung von
Sachverhalten) beziehungsweise Plausibilität (auf der Ebene der er-
klärenden und sinnkonstruierenden Interpretation von Ereignisab-
läufen) herbeizuführen.

In seinem Standardwerk zur Recherche entwirft Michael Haller
ein Schema zum methodischen Recherchieren in sechs Schritten:
Ausgehend von Aussagen, die den Redakteur/Journalisten zu
irgendeinem Geschehen erreichen, hat dieser danach zunächst die
Relevanz des Themas einzuschätzen (s. die Anmerkungen zu Se-
lektionsmechanismen und Nachrichtenfaktoren in Kap. 6.1.1),
danach die **Überprüfung** der eingegangenen Informationen per
Quellen- und Faktenkontrolle vorzunehmen, anschließend eine
Hypothese über Ursachen/Folgen und Beurteilungen von Vorgängen zu bilden, danach eine **Überprüfung dieser Hypothese**
vorzunehmen und schließlich das **Ergebnis** in einer der üblichen
journalistischen Darstellungsformen abzufassen (vgl. Haller, Ausg.
2000, 84).

Die professionelle Recherche-Arbeit (vgl. dazu auch Schöfthaler 2006; Brendel u.a. 2004; Leif 2003b; Ludwig 2007) bedient
sich dabei einer weitgefächerten Palette an Hilfsmitteln, die vom
klassischen Schreibblock, über den Laptop und das Aufnahmege-
rät, bis hin zu bibliographischen Hilfsmitteln, dem Aufbau eines
eigenen Handarchivs und selbstverständlich die Nutzung von Datenbanken und Online-Archiven reichen. Für Kontroversen sorgen
häufig gewisse Recherchemethoden, die teils ethisch, teils rechtlich
bedenklich sind. Die Rede vom ›Recherchieren im ethisch-rechtli-
chen Grenzbereich‹ meint beispielsweise die Verletzung der Privatsphäre von Personen in der boulevardesken Berichterstattung, die
Vorspiegelung falscher Identitäten etwa bei der verdeckten Recherche, die illegale Beschaffung von Material, oder den »Scheckbuch-
journalismus« (vgl. dazu ifp/Deutscher Presserat 2005) Auf welche
Weise und unter welchen Bedingungen in Deutschland investigativ recherchiert wird, ist in einer Befragungs-Studie nachzulesen
(Cario 2006).

7.2   Vom Schreiben und Strukturieren

»Wer sich aus Funk und Presse informieren will, wird großenteils mit miserablem Deutsch bedient« (Schneider 1999), – Das schreibt der Journalist Wolf Schneider – und wiederholt damit einen alten Topos aus Literatur, Philosophie und Literaturwissenschaft, der längst zum Gemeinplatz herabgesunken ist. Ausgehend und zugleich inspiriert von dieser Kritik haben es zahlreiche Stilratgeber – darunter auch das in Journalistenkreisen altbewährte und beliebte Buch von Wolf Schneider – unternommen, ihren journalistischen Kollegen *Wege zu gutem Stil* (Schneider 1999) zu weisen. »Weg mit den Adjektiven!«, »Vorsicht mit Synonymen!«, »Gegen den Schachtelsatz: Nebensätze anhängen«, »verständliche Wörter« (Schneider/Raue 1999; W. Schneider 1999): So lauten einige der an professionell Schreibende gerichteten Empfehlungen. Was bei derartigen Normsetzungen häufig vergessen wird, ist die in der textlinguistischen Forschung immer wieder analysierte Tatsache, dass journalistische Texte nur zum Teil durch den Individualstil des jeweiligen Schreibers geprägt sind (vgl. Lüger 1995).

Was genau bedeutet dies? Journalistische Texte sind Gebrauchstexte, sie wenden sich an ihre jeweiligen Publikums-Zielgruppen (vgl. Linden 2000). Ihre Wortwahl, die gewählte Perspektive, ihr Textaufbau, etc. tragen dazu bei, Ereignisse in einer bestimmten Weise zu interpretieren. Durch den Einsatz bestimmter sprachlicher Mittel, »kann der Schreiber beim Leser bestimmte Eindrücke, Gefühle und Stimmungen erzeugen« (Ahlke/Hinkel 1999, 14). »Der Journalist muss sich deshalb beim Schreiben die Frage beantworten, welche Funktion der Text erfüllen soll, und ob seine Sprache der Funktion und der Zielgruppe angemessen ist« (Ahlke/Hinkel 1999, 13), schreiben Karola Ahlke und Jutta Hinkel in ihrem *Handbuch für Journalisten* (1999). Journalisten positionieren sich somit qua Sprache »innerhalb der verschiedenen Gruppen, die an der öffentlichen Kommunikation beteiligt sind« (Häusermann, Ausg. 2001, 8). Bestimmte sprachliche Usancen signalisieren außerdem zuweilen bestimmte außersprachliche Haltungen, die als politisch-programmatische Subtexte etwa innerhalb bestimmter Redaktionsgemeinschaften gepflegt werden.

Die von Sprachkritiker Dieter E. Zimmer immer wieder aufs Korn genommene »politische Korrektur der Sprache« (Zimmer 1996, 56) ist hierfür ein Beispiel.

Insofern hat in der Berufspraxis der einzelne Journalist häufig nur begrenzte Möglichkeiten, seinen Schreibstil frei zu wählen. Häufig ist die Art und Weise der Themen-Gestaltung und

Themen-Interpretation durch die Redaktion vorgegeben. Der verwendeten Sprache kann im Konkurrenzkampf der Verlage untereinander zudem die Funktion eines Markenzeichens zukommen: Dies war etwa über lange Jahre hinweg im Wochenmagazin *Der Spiegel* der Fall. Die fast schon sprichwörtliche »*Spiegel*-Sprache«, bestimmte zeitweise das Profil des politischen Magazins weitaus nachhaltiger als der Individualstil seiner Autoren. Verschwindend gering ist der Anteil individueller Schreibstile zudem traditionell in zwei völlig unterschiedlichen Bereichen journalistischer Tätigkeit: im Nachrichtenjournalismus und im Boulevardjournalismus.

Die (im Internet-Zeitalter zunehmend entfallende) Notwendigkeit, möglichst viele Informationen auf engem Raum unterzubringen, fördert etwa in der Presse- und Agentursprache den Nominalstil mit seiner Tendenz zur Satzverkürzung und Ausdrucksverdichtung (Lüger 1995, 26). Die auf Abstraktion und Eindeutigkeit zielende Nachrichtensprache mit ihren redaktionell häufig fest definierten Begrifflichkeiten (vgl. dazu auch: www. agenturjournalismus.de) weist auch in den Medien Fernsehen, Hörfunk und teils auch in den Online-Bereichen der Zeitungs- und Zeitschriftenverlage eine Tendenz zu ritualisierten Wendungen auf (vgl. Schmitz 1990), die der individuellen Autorensprache nur wenig Raum lässt.

Mit seinem standardisierten Repertoire an Themen und Themen-Bearbeitungsstrategien bietet der auf Emotionalisierung und Personalisierung ausgerichtete Boulevard- und Sensationsjournalismus ebenfalls wenig Freiräume für die Entwicklung eines individuellen Schreibstils. Hier dominiert ein stark konventionalisierter Patchwork-Stil, bestehend aus sprachlich-stilistischen Gestaltungselementen wie Phraseologien, klischierten Wendungen, emotionalisierenden und fiktionalisierenden Textbausteinen etc. Je nahtloser der Schreiber diese Bausteine aneinanderreiht und nach festen Mustern gruppiert, desto eher entspricht er den Erwartungen des Mediums und dessen Funktions- und Zielgruppenkonzept.

Was die Chancen für die Entwicklung eines Individualstils in den unterschiedlichen journalistischen Feldern angeht, so deutet sich hier eine Art von Hierarchisierung der sprachlich-stilistischen Möglichkeiten an: Das Feuilleton eines renommierten überregionalen Blattes hält zweifelsohne mehr Freiräume für die individuelle sprachlich-stilistische Gestaltung eines Journalisten bereit als etwa die Kulturseite eines Lokalanzeigers. Eine **Qualitäts-Analyse** von Journalistensprache müsste auch die Vergleichbarkeit dieser Ebenen berücksichtigen – und danach die jeweiligen Kriterien formulieren. Die Forderung nach Verständlichkeit etwa, wäre – und hier käme der funktionale Aspekt wieder ins Spiel – für die Zielgruppenspezifik der *Zeit* anders zu realisieren als etwa für die Zielgruppenspezifik einer populären Jugendzeitschrift.

Dies alles meint natürlich nicht, dass der individuelle Anteil journalistischer Gestaltung völlig außer Acht zu lassen sei. Dass sich aber viele Autoren selbst unter Bedingungen weitgehender individualstilistischer Freiheit, wie sie etwa die Feuilletonressorts großer Zeitungen bieten, modische Konventionen auferlegen, ist immer wieder festzustellen. Im »Allzuständigkeitsfeuilleton« unserer Tage (s. Kap. 6.4.4) findet häufig eben nicht mehr die rational-logische Auseinandersetzungen mit dem gewählten Gegenstand qua Argument statt, sondern das diffuse Schwelgen in Metaphern, Assoziationen, Lesefrüchten und vagen Befindlichkeiten des Autors. Von den bei Stephan Porombka genannten Techniken des heutigen Kulturjournalismus – **Gegenstandsorientierung** (das Bemühen, den jeweiligen Gegenstand der Berichterstattung von seiner eigenen Innenperspektive her zu bestimmten, statt ihn an äußerlichen Normen zu messen), **Kontextualisierung** (der jeweilige Gegenstand wird von den Bedingungen seiner zeitgebundenen Entstehung und Wirkung her verstanden), **Symptomatisierung** (Der Gegenstand wird als Symptom, als Verdichtung einer kulturellen Problemstellung der jeweiligen Gegenwart verstanden), **Polemisierung** (Durch den Einsatz subjektivierender Signale kann verdeutlicht werden, dass hier ein bestimmter Kritiker mit einer bestimmten Überzeugung spricht), **Literarisierung** (der journalistische Text gewinnt durch die Anwendung literarischer Verfahrensweisen an Mehrdeutigkeit, der Text orientiert sich seiner Form nach am jeweiligen behandelten Gegenstand) (vgl. Porombka 2007, 276f.) – dienen vor allem die beiden Letztgenannten der Profilierung des Feuilletonisten im gegenwärtigen Kulturbetrieb (vgl. ebd., 276). Dass eben auch der Individualstil eines Autors als Markierung zur Eigenvermarktung im Medienbetrieb fungiert, sollte bei der Reflexion über eigene und fremde Texte ebenso mitbedacht werden.

Angesichts solch komplexer Bedingungen journalistischer Textproduktion verzichten einige moderne Ratgeber für professionelles journalistisches Schreiben (Häusermann 2001; 2005; Cappon 2005; Gerhardt/Leyendecker 2005), darauf, »goldene Regeln« und »schwarze Listen« zu verbreiten. »Es gibt kaum Ausdrücke oder stilistische Mittel, die gut oder schlecht sind«, schreibt Jürg Häusermann in der Erstauflage seines Praxishandbuchs (Häusermann, Ausg. 2001, 11). So beispielsweise sei gegen lange Satzpassagen erst einmal nichts einzuwenden. Für bestimmte Textformen, die auf die rasche Orientierung des Lesers abzielten (z.B. Leads in Tageszeitungen), empfiehlt Häusermann jedoch eine kürzere Portionierung (vgl. ebd., 14, 17).

Auf welche Weise journalistische Texte formuliert und strukturiert werden sollten, um den Erwartungshaltungen des jeweiligen Publikums zu entsprechen, ist nicht zuletzt abhängig vom jeweiligen publizistischen Medium. Ohne im Detail auf die einzelnen medienspezifischen Erfordernisse näher eingehen zu können (hier sei auf die genannte weiterführende Literatur verwiesen), seien doch hier einige grundlegende Spezifika genannt.

7.2.1 Schreiben für den Hörfunk

Ob Hörfunknachricht, unterhaltender Magazinbeitrag oder Feature: So unterschiedlich die einzelnen Sendeformen und Programm-Profile im Hörfunk auch sind, ist ihnen doch allen ihre akustische Spezifik gemeinsam. Da die Hörer den jeweiligen Beitrag in der Regel nur ein einziges Mal hören (einmal abgesehen von den Podcast-Angeboten der öffentlich-rechtlichen Rundfunkanstalten im Internet) – und dies meist sogar, indem sie gleichzeitig irgendeiner alltäglichen Beschäftigung nachgehen –, muss er vor allem sofort verständlich sein. Sein Autor ist also aufgefordert, »in der Regel linear« zu schreiben (vgl. Heß 1997, 70), also Informationen schrittweise aufeinander aufzubauen, »ohne komplizierte Rückbezüge, ohne verwirrende Einschübe, ohne Verschachtelungen« (ebd.).

Einmal abgesehen von der möglichst sachlich präsentierten Nachricht, ist zudem der Hörfunkautor auf die Vorstellungskraft seines Hörerpublikums verwiesen – und um letztere zu wecken, ist die Fähigkeit zur lebendigen, anschaulichen Schilderung ebenso gefragt, wie die suggestive Dramaturgie eines Wortbeitrags. So etwa erfordert das Hörfunkfeature (etwa im Gegensatz zur sachlich-nüchternen Agenturmeldung) eine eher konkrete, bilderreiche und sinnliche Sprache.

Eine der Stärken des Hörfunks besteht darin, sich Themen widmen zu können, die etwa im bilderorientierten Fernsehen kaum oder nur mit erheblich größerem Aufwand an Technik, Kosten und Material zu realisieren sind: Ein Feature über den chinesischen Konfuzianismus etwa, kann mit unterschiedlichen akustischen und dramaturgischen Mitteln realisiert werden – erfordert aber nicht notwendigerweise die Reise eines Produktionsteams an die jeweiligen geschichtlichen Schauplätze.

Ein anderes Spezifikum des Hörfunks besteht in der Möglichkeit der Präsentation qua **Originalton**. Der auf seine Wirkung beim Hörer berechnete Einsatz etwa der menschlichen Stimme (Interview-Ausschnitte, Statements, Dialoge) ist inzwischen selbst bei kürzeren Magazinbeiträgen fast allgemein üblich geworden. Eine suggestive Wirkung entfaltet zuweilen auch eine ausschließlich aus O-Tönen dramaturgisch geschickt zusammengeschnittene **Collage**: etwa bei Formen wie dem Künstlerporträt oder dem Reisebericht.

Ein Paradoxon deutet sich hier an: Gerade die im Studio und am Schneideplatz aus dem Aufnahme-Rohmaterial bearbeiteten, gekürzten, aneinander gefügten O-Töne rufen oft den Eindruck von Authentizität hervor. Auf welche Weise eine solche Konstruktion von Authentizität mit hörfunkspezifischen Mitteln auch reflektiert werden kann, zeigt etwa das Beispiel einer 16-stündigen »Klangskulptur« von Helmut Kopetzky, die unter dem Titel »Ein Tag in Europa« am 28.2.1999 von der Kulturwelle des Hessischen Rundfunks ausgestrahlt wurde: das akustische Porträt eines Kontinents, bestehend ausschließlich aus O-Tönen (menschlichen Stimmen, Geräuschen, ›aufgeschnappten‹ Musikklängen etc.), aufgenommen zu unterschiedlichen Tageszeiten in 32 Ländern. Die einzelnen O-Ton-Collagen wurden an dem betreffenden Sendetag ebenfalls zu den der jeweiligen Aufnahme entsprechenden Tageszeiten ausgestrahlt: Beim Zuhörer wurde damit ein »Reportage-Effekt« erzielt, der durch die Zeitversetztheit von Aufnahme und Ausstrahlung jedoch zugleich wieder relativiert wurde – und gerade aus dieser Doppelbödigkeit seinen Reiz bezog.

7.2.2 Sprache und Fernsehen

Der gedruckte Text kann im freien Fall der Gedanken [...] die entlegensten Bezüge herstellen, ohne dafür »Belege« vorweisen zu müssen; er kann Assoziationen [...] wachrufen, ohne sie zu zeigen. Die Filmkritik im Hörfunk kann unter Verwendung von Musik und/oder Dialogpassagen mit einem ästhetischen Verfahren, das beim Hörspiel entlehnt ist, den imaginären Raum herstellen, der sich über das Ohr erschließt [...]. Alles das gleichfalls anzustreben ist der Filmkritik im Fernsehen [...] verwehrt (Jansen 1997, 110).

Was der Filmkritiker Peter W. Jansen hier am Beispiel der Filmkritik skizziert, ist tatsächlich ein Dilemma des Fernsehens, das als **Medium der bewegten Bilder** über das verfügt, was die anderen Medien nicht liefern können, und sich gerade deshalb vor allem auf die Sprache der Bilder verlassen müsste – was übrigens Peter W. Jansen für die Filmkritik im Fernsehen fordert.

Dass diese Forderung zumindest in der wohl alltäglichsten Form journalistischer Gestaltung im Fernsehen, in den Beiträgen der politischen, kulturellen oder eher unterhaltend aufgemachten Magazine, nur eingeschränkt erfüllt wird, wird in der Forschungsliteratur (vgl. Hickethier 1996; A. Keppler 1988) immer wieder beobachtet.

So weist Angela Keppler in ihren »Thesen zur Dramaturgie des Magazinfilms im Fernsehen« nach, dass es – entgegen dem Klischee vom Fernsehen als dem Bildermedium par excellence – im durchschnittlichen journalistischen Magazinbeitrag die kommentierende Sprache sei, welche die Hauptquelle der Mitteilung bilde (A. Keppler 1988). Die Bilder selbst hingegen fungierten nicht als Träger eigener Botschaften, sondern lediglich als »Attraktionswerte«, Illustrierungen und Beglaubigungen für den gesprochenen Text. Ihre durch Kamerafahrten, Kurz-Einstellungen und Montage künstlich erzeugte Dynamik sei zudem »funktional für eine Filmpraxis, die Bilder primär als Unterhaltung und nicht als Information ansieht« – und dabei doch gerade durch die Bilder dem Zuschauer gegenüber Authentizität suggeriert. Auf der Ebene des kommentierenden Textes entspreche dieser Funktion die antithetische Strukturierung der Beiträge mit ihrem Widerspiel zwischen Fakten und Meinungen sowie die behauptete Rolle des Journalisten als Augenzeuge und Beobachter (vgl. dazu auch Lucht 2007).

Dass es sich bei alldem um **Konventionen der Filmberichterstattung** (A. Keppler 1988, 127) handelt – und eben nicht um die (gar nicht zu leistende) Widerspiegelung einer außerfilmischen Realität, stellt auch Knut Hickethier fest (Hickethier 1996).

In zugespitzter Weise zeigen sich solch authentizitätssimulierende Konventionen in jenen Sendungsformen, die in den vergangenen Jahren ihren festen Platz vor allem im sogenannten Formatfernsehen (vgl. Mast 2008, 384) gefunden haben. Es sind die sogenannten Doku-Soaps, die in ihrer Mischung zwischen realen Fakten und inszenierten Situationen einer spezifischen quasi-literarischen Dramaturgie folgen: Die Journalisten-Rolle des Berichterstatters geht somit häufig in der Rolle des Drehbuchautors und Dramaturgen auf (vgl. auch Liebermann 2008). Dass aber auch der klassische dokumentarische Magazinbeitrag einem medienspezifischen Drehplan folgt, ist nachzulesen etwa im Praxisratgeber von Horst Werner (2009).

7.2.3 Textgestaltung und Strukturierung
im Online-Journalismus

Internet-Journalismus: So lautet der Titel eines Standardwerks (Meier 1999; 2002), das Anleitungen gibt für die journalistische Arbeit im World Wide Web. Tatsächlich hat das verhältnismäßig neue – und nur zum Teil als journalistisches Publikationsmedium genutzte – Medium (s. Kap. 4.6) neue Möglichkeiten und Herausforderungen etwa in Bezug auf die Textgestaltung oder das Strukturieren von Informationen eröffnet. Ein »neuer Journalismus« allerdings, der sich wesentlich von dem in anderen Medien unterscheidet, wie ihn einst Joshua Quittner anno 1995 ausgerufen hatte (s. Kap. 4.6.2), ist dabei nicht entstanden (vgl. Altmeppen/ Bucher/Löffelholz 2000; Neuberger/Nuernbergk/Rischke 2007).

Bei all dem gibt es aber gewisse technische Möglichkeiten, die neue Anforderungen an die journalistischen Erzählformen im World Wide Web stellen. Nach Klaus Meier (Ausg. 1999) sind dies:

– die Verknüpfung einzelner Informationseinheiten durch Links und, damit verbunden, die Möglichkeit zum Selektieren (Meier spricht hier sogar vom »Selektionszwang«) durch den Leser (hypertextuelle Struktur),
– der Computer-Bildschirm als Schnittstelle zwischen der Präsentation und dem Nutzer,
– die Möglichkeit der ständigen Aktualisierung,
– die multimediale Verbindung von Text, Bild, Ton, Video und Animation,
– der Rückkanal per E-Mail, Diskussions-Forum oder Live-Unterhaltung, die Lesern und Redakteuren die Möglichkeit bieten, sich über Inhalte und Themen auszutauschen (vgl. Meier, Ausg. 1999, 26).

In der Praxis freilich werden all diese Möglichkeiten oft nur zum Teil genutzt. Dies betrifft auch das von Klaus Meier genannte Prinzip des »nichtlinearen Erzählens«, das sowohl für die Struktur der jeweiligen gesamten Webpräsentation gilt, als auch für die einzelnen journalistischen Texte/Informationseinheiten selbst: Der dem Web inhärenten Hypertext-Struktur zufolge werden die Texte in kleine, in sich schlüssige Textteile zerlegt, die durch Links untereinander verbunden sind. Der Leser entscheidet, welchem Link er folgt, wie viele Informationen er erhalten will und wie breit oder detailliert er informiert werden möchte. Der Autor wiederum, ist gut beraten, sein Schreiben auf diese Textmodule hin auszurichten.

Dass ein solches nichtlinear und modular aufgebautes »storytelling« genaue und strukturierte Planung (etwa qua »storyboard«-
Entwurf) verlangt, versteht sich von selbst (vgl. Heijnk 2002). Eine Möglichkeit der Strukturierung besteht beispielsweise darin, die
einzelnen Module als Pyramide aufzubauen. Eine Zusammenfassung der wichtigsten Informationen steht dabei am Anfang. Davon ausgehend führen Hyperlinks zu den einzelnen Seiten, die
weitere Hintergrundinformationen und Details bereithalten (vgl.
dazu Frank/Haacke/Lahm 2007, 195). Es bietet sich aber manchmal auch an, einzelne Module in Form einer Kette miteinander
zu verknüpfen: In diesem Falle folgen die Informationen gleichsam
Schritt für Schritt aufeinander.

Hypertext-Struktur und modulare Aufbereitung können sich
bei kontroversen Themen zur multiperspektivischen Story verdichten: So können beispielsweise unterschiedliche Perspektiven und
Ebenen eines Geschehens auf verschiedenen Seiten präsentiert
werden. Der Autor könnte etwa die am geschilderten Geschehen
beteiligten Personen ihre jeweiligen Versionen dieses Geschehens
erzählen lassen. Auf anderen Seiten wiederum könnten Hand-
lungsbeschreibungen und Hintergrundinformationen ihren Platz
finden (vgl. dazu z.B. Hooffacker 2001; 2004). Bei eher **nachrich-
tenorientierten Texten** werden häufig weiterführende Informationen, Infografiken, Bildergalerien, Videodokumentationen und Vi-
deo-Interviews, sowie andere Quellen per Verlinkung angeboten
(vgl. dazu etwa den Internetauftritt von *Spiegel Online*). Darüber
hinaus besteht natürlich auch die Möglichkeit, einen einzigen The-
menkomplex jeweils in unterschiedlichen journalistischen Formen
(Nachricht, Interview, Kommentar, Dokumentation) aufzubereiten und letztere dann untereinander so zu verlinken, dass der Leser selbst entscheiden kann, über welchen Aspekt er sich besonders
gründlich informieren will. Das Strukturieren für das Internet bietet also zahlreiche Möglichkeiten (vgl. auch Spielkamp/Wieland
2003). Als Texter-Strategien zum Verfassen von Web-Modulen
wird u.a. allgemein empfohlen:

– eine Einstiegsseite mit einer Zusammenfassung anzubieten,
– pro Absatz nur einen Gedanken zu formulieren,
– aussagekräftige Zwischenüberschriften einzufügen,
– kurze, einführende Teaser-Texte zur Orientierung der Leser
   platzieren,
– Linkverweise einfügen (vgl. Frank/Haacke/Lahm 2007; Alkan
   2004; 2006; Heijnk 2002; Spielkamp/Wieland 2003).

Dass sich der Autor von Online-Texten eines anderen Reporter-Stils bedienen sollte als der Autor eines Printtextes betont Jakob Nielsen: Statt episch zu erzählen, so Nielsen, müsse der Autor eines Webtextes schnell auf den Punkt kommen. Kurze, knappe, stichwortartige Satzfragmente statt vollständiger Sätze zählten ebenso dazu wie »actionable content«. Nielsen versteht darunter anwendungsorientierte Inhalte für den Webnutzer (vgl. dazu Nielsen, Juni 2009: http://www.useit.com/alertbox/print-vs-online-content.html).

Bei all dem ist freilich zu berücksichtigen, dass auch im Web unterschiedliche journalistische Formate und Textsorten existieren. Auch im Web haben sich unterschiedliche Nutzergruppen mit jeweils spezifischen Lesegewohnheiten herausgebildet (vgl. Mast 2008, 653). Was freilich im Web als zusätzliche Bedingung gilt: Wortwahl und Stilmerkmale (z.B. die Verwendung sogenannter »Keywords«) beeinflussen das sogenannte Ranking des jeweiligen Webangebots in den Suchlisten der marktführenden Suchmaschinen. Mit anderen Worten: Wen die Suchmaschine *Google* bei der Stichwortrecherche als ersten Eintrag nennt, wird von den Nutzern häufiger aufgerufen, als ein Webauftritt, der auf Platz 50 rangiert. Dies wiederum kann für die Finanzierung des Webangebots und die Positionierung von Werbeanzeigen von entscheidender Bedeutung sein. Insofern verwundert es nicht, dass die sogenannte »Suchmaschinenoptimierung« zusehends auch zum Kriterium für webspezifisches Schreiben und Strukturieren gerät (vgl. z.B. Erlhofer 2008; Machill/Beiler 2007).

7.3 Vom Redigieren

Das Praxishandbuch von Walther von La Roche definiert das Redigieren als »Oberbegriff für jene journalistischen Tätigkeiten, die darauf abzielen, aus dem eingegangenen Material eine konsumierbare inhaltliche und formale Einheit zu gestalten. Redigieren, das ist Auswählen, Bearbeiten und Präsentieren des Stoffes in der dem Medium entsprechenden Form« (La Roche, Ausg. 2006, 17).

»Schreibende Journalisten sind seltener als redigierende«, schreiben Schneider/Raue (1999, 197). Sie verweisen auf die **tägliche Routinearbeit von Redakteuren und Journalisten**: Texte von Nachrichtenagenturen, PR-Texte von Pressestellen und Unternehmen, die Berichte von Korrespondenten, Reportern und freien Mitarbeitern zu sichten, zu gewichten, zu prüfen, auf die erforderliche Länge zu kürzen, gegebenenfalls Zwischenüberschriften einzufügen und gegebenenfalls sprachlich-stilistisch zu verbessern. Außerdem müssen Überschriften formuliert, Vorspänne oder Zwischentitel erstellt werden – »das ist deutlich mehr als die Hälfte der journalistischen Arbeit« (ebd., 198). Dass »journalistische Texte aus Texten entstehen«, stellt auch Jürg Häusermann in seinem Praxisratgeber fest (Häusermann, Ausg. 2001, 9).

In einer klassischen Zeitungsredaktion ist die Arbeit des Redigierens zudem fest eingebunden in die Redaktionsorganisation.

Der einzelne Text eines Journalisten wird redigiert, indem ihn ein zweiter (meist der zuständige Redakteur) auf sprachliche und sachliche Korrektheit überprüft. Dies beinhaltet die Korrektur von Rechtschreibe- und Grammatikfehlern, aber auch – falls erforderlich – die Überprüfung etwa darauf, ob in einem Sachbericht die Trennung von Meinungsäußerung und Faktenmitteilung beachtet wurde, ob der Aufbau des Textes vom Leser nachzuvollziehen ist, ob Zusammenhänge und Fakten stimmen. Redigieren meint jedoch keineswegs ein sinnentstellendes Umschreiben des Textes, der schließlich meist mit dem Namen des Autors gezeichnet ist. Dagegen warnen Schneider/Raue mit Recht vor der ungeprüften Übernahme von Zahlen. »Zahlen, die er nicht kennt, müssen wenigstens plausibel sein; kann er nicht beurteilen, ob sie plausibel sind, so hat er nachzufragen, nachzuschlagen oder zu streichen« (ebd., 198).

Um derartige Überprüfungsarbeiten gut und innerhalb eines realistischen Zeitrahmens leisten zu können, ist ein **solides Allgemeinwissen** ebenso hilfreich, wie einige **Fachkenntnisse in einem Spezialgebiet** (Geistes- oder Naturwissenschaften, Technik). Dass der redigierte Text manchmal Anlässe für Konflikte zwischen dem Redakteur und dem betreffenden Autor/Journalisten gibt, liegt in diesem System begründet. Vermeidbar sind solche Konflikte zuweilen dann, wenn die redigierte Version noch vor der Publikation mit dem Autor besprochen wird – dies ist jedoch etwa in Redaktionen von Tageszeitungen nur selten der Fall (ebd., 199ff.). Eine in manchen Redaktionen übliche Sitte ist hingegen die **Praxis des Gegenlesens**. So etwa werden Kommentare und Leitartikel meist von einem Mitglied der Chefredaktion gegengelesen, auch Redakteure untereinander praktizieren dies zuweilen auf freiwilliger Basis.

Wie viel Zeit innerhalb einer Redaktion auf das Redigieren, Gegenlesen oder gar Nachrecherchieren von Fakten oder wörtlichen Zitaten verwendet werden kann, hängt in hohem Maße von der **redaktionellen Organisation** und der Personalausstattung in den Redaktionen ab. In Kapitel 4.3.3 wurde ja bereits erwähnt, dass gerade in dieser Hinsicht ein Umstrukturierungsprozess mit der Tendenz zu newsroom-Konzepten und crossmedialem Produzieren im Gange ist. Doch bereits mit der Einführung von Computerarbeitsplätzen vollzog sich in den Redaktionen schon vor Jahrzehnten eine Entwicklung hin zum ›**redaktionstechnischen Journalismus**‹ (Pürer/J. Raabe 1996, 37ff.). Seither eignen dem Journalismus vor allem in den Printmedien in hohem Maße technische Züge: An den Redaktionscomputern werden von den Journalisten Arbeiten der Text- und Layoutgestaltung und manchmal auch der Texterfassung ausgeführt. Das traditionelle Berufsbild des Korrektors (der in früheren Zeiten die Texte auf formale Fehler hin durchsah) existiert in den Printredaktionen längst nicht mehr. Der Journalist ist also nicht mehr nur für die Inhalte, sondern zunehmend auch für die Gestaltung, und, im Online-Bereich fast schon selbstverständlich, auch für die Bildbearbeitung verantwortlich. All dies geht einher mit einer veränderten Akzentuierung innerhalb der traditionellen Tätigkeitsfelder des redaktionellen Journalisten. Die Arbeitszeit, die für das Verfassen selbst recherchierter Artikel aufgewendet wird, verkürzt sich zugunsten der Zeit, die für die organisatorisch-technischen Tätigkeiten aufgewendet werden muss (vgl. Weischenberg/Malik/Scholl 2006).

Konzentrationsprozesse auf dem Medienmarkt (vgl. Röper 2008; Hochstätter 2000) und die damit verbundene in Kap. 4.3.3 erwähnte Einsparung von journalistischem Personal in den Redaktionen dürfte die zur Redigier-Tätigkeit erforderliche Sorgfalt künftig zur raren Tugend werden lassen.

8. Exkurs II: Journalismus und PR

Journalistinnen und Journalisten vermitteln aufgrund eigener Recherchen und/oder durch sorgfältige Bearbeitung fremder Quellen Informationen und Meinungen über aktuelle oder für die Öffentlichkeit bedeutsame Ereignisse, Entwicklungen und Hintergründe. Werbung (Reklame) oder versteckte werbliche Informationen (Schleichwerbung) gehören nicht zu den journalistischen Arbeitsfeldern (DJV-Berufsbild 2008, 5).

So heißt es in der vom Deutschen Journalisten-Verband herausgegebenen Broschüre zum **Berufsbild des Journalisten**. Ausgehend von den im Grundgesetz (Artikel 5) verankerten Freiheitsgarantien wird der vom Journalisten wahrzunehmende »öffentliche Auftrag zur Information, Kritik und Kontrolle« betont (ebd., 2), der »von Journalistinnen und Journalisten ein hohes Maß an persönlicher und beruflicher Qualifikation« verlange (ebd., 4). Ihre Arbeit verpflichte sie »zu besonderer Sorgfalt, zur Achtung der Menschenwürde und zur Einhaltung von Grundsätzen, wie sie im Pressekodex des Deutschen Presserates festgelegt sind« (ebd., 2). Journalisten, so heißt es weiter, könnten ihren »öffentlichen Auftrag« nur erfüllen, »wenn sie von Auflagen und Zwängen frei sind, die diesen Grundsätzen entgegenstehen« (ebd.).

In diesem letzten Halbsatz verbirgt sich freilich jene vertrackte Realität journalistischer Arbeit, welche die vorangegangenen idealen Forderungen nahezu sämtlich als Makulatur erscheinen lassen. Ein flüchtiger Blick auf die Bedingungen, unter denen journalistische Arbeit heute stattfindet, zeigt, dass die meisten der hier formulierten Forderungen schon allein deshalb von der Mehrzahl der Journalisten schlichtweg kaum zu erfüllen sein dürften, weil die hier vorgestellten Leitbilder, auf denen sie beruhen, der Funktionsweise moderner Medienunternehmen in nur sehr begrenztem Maße entsprechen: In einem nach Marktgesetzen funktionierenden Medienunternehmen, das sich mit seinen Erzeugnissen nicht an eine ideal-abstrakte, als homogen gedachte ›Öffentlichkeit‹ wendet, sondern seinen Werbekunden eine klar umrissene Zielgruppe präsentieren muss, um wirtschaftlich existieren zu können, kann das Leitbild des Journalisten vom »Hüter des Gemeinwohls« nur eine Fiktion sein. Journalisten, so schrieb der Publizistikwissenschaftler Stephan Ruß-Mohl bereits 1996, »erbringen eine Dienstleistung, die zu Marktpreisen entlohnt wird. Der öffentlich-recht-

liche Rundfunk ist nicht minder interessengesteuert – er ist zur
Beute der Parteien degeneriert« (Ruß-Mohl 1996, 110). Es sind
solche Grundkonstellationen, die redaktionelle und journalistische
Entscheidungen über die Auswahl von Themen und Informationen beeinflussen, also letztlich suggerieren, welchem Ereignis innerhalb der Logik des Medienbetriebes ›Aktualität‹ und ›Bedeutsamkeit‹ zugeschrieben wird.

Zu diesen Grundkonstellationen zählt auch das **Verhältnis zwischen Journalismus und Public Relations.** Während in der Be-
rufsbild-Broschüre des DJV auf Seite 5 eine strikte Trennung zwischen »journalistischen Arbeitsfeldern« und »offene[r] Werbung«
bzw. »versteckte[n] werbliche[n] Informationen« postuliert, wird,
heißt es bereits auf Seite 3:

Journalistinnen und Journalisten üben ihren Beruf aus als freiberuflich Tä-
tige oder als Angestellte eines Medienunternehmens bzw. im Bereich der
Presse- und Öffentlichkeitsarbeit eines Wirtschaftsunternehmens, einer
Verwaltung oder einer Organisation (DJV-Berufsbild 2008, 3).

Ist aber nicht der Begriff der *Öffentlichkeitsarbeit* nur ein Synonym
für *Public Relations* (vgl. dazu Lies 2008, 13), das heißt: für inter-
essegeleitete Auftragskommunikation (vgl. dazu Hoffmann/Mül-
ler 2008, 15), welche Journalisten den im DJV-Berufsbild formulierten Anspruch gemäß, doch gerade kritisch und kontrollierend
begleiten sollten?

Derartige Widersprüche spiegeln das inzwischen branchenüb-
liche **Dilemma zwischen normativem Anspruch und beruflichen
Realitäten** wider. Es findet seinen Niederschlag nicht nur in der
Programmatik der traditionellen Journalistenverbände. Selbst ein
Verein wie das *netzwerk recherche* verheddert sich zuweilen im
selbstgesponnenen Netz von normativem Anspruch, Selbstbild und
öffentlichkeitswirksamer Darstellung. Dass der Verein selbst einseitig Stellung beziehe für die Interessen der öffentlich-rechtlichen
Rundfunkanstalten werfen ihm Kritiker ebenso vor (Hein in: ksta.
de v. 15.6.2008), wie die Realitätsferne von Punkt 5 seines Me-
dienkodexes, worin es bündig heißt: »Journalisten machen keine
PR« (http://www.netzwerkrecherche.de/docs/nr-medienkodex.pdf,
Abr. v. 21.6.2009).

Eine solch enggefasste Regel komme - so soll Medienberichten
zufolge selbst die damalige Sprecherin des Presserats geäußert haben - »einem Berufsverbot für freie Journalisten sehr nahe« (zit. n.
Sommer-Guist 2007). Mit anderen Worten:

Von den [...] freien Journalisten können die wenigsten vom Journalismus allein leben. Die meisten verdienen sich ein kräftiges Zubrot in der PR-Branche (Ruß-Mohl 1996, 110).

Um das Verhältnis zwischen Journalismus und PR zu verstehen, ist ein Blick auf eben diese **ökonomischen Bedingungen** vonnöten, unter denen Journalisten arbeiten. In ihrem Buch über den Journalisten als *homo oeconomicus* haben Susanne Fengler und Stephan Ruß-Mohl (2005) die Situation wie folgt charakterisiert:

- Der Arbeitsmarkt für Journalisten ist durch ein **Überangebot an Arbeitskräften** gekennzeichnet (ebd., 100).
- Es existiert ein gespaltener Arbeitsmarkt, auf dem eine »**Prinzipal-Agenten-Beziehung**« dominiert (ebd., 101): mit einer starken ökonomischen Abhängigkeit von freien Journalisten gegenüber ihren festangestellten Auftraggebern in den Redaktionen. Ihre »miserablen Honorare« zwingen sie, sich nach weiteren Erwerbsquellen umzusehen, also beispielsweise Aufträge aus dem Bereich *Public Relations* anzunehmen.
- Ungeachtet der Tatsache, dass immer mehr Journalisten einen Hochschulabschluss haben, besteht die Gefahr der schleichenden **Dequalifizierung** und **Deprofessionalisierung** des Journalistenberufs. Im freien Journalismus nämlich, »landen Leute, die zur Selbstausbeutung und zum Verzicht auf Arbeitseinkommen bereit sind, oder die anderswo keinen besser qualifizierten Arbeitsplatz gefunden haben« (ebd., 101).

Das Bild von einem interessefreien Journalismus, der sich allein dem Ethos der Erfüllung seines öffentlichen Auftrags verpflichtet weiß, der Gedanke, dass sich Journalismus klar und eindeutig von jeglicher interessegeleiteten Lobby-Kommunikation abgrenzen lassen könne, wird aber keineswegs nur durch die soeben skizzierte Situation freiberuflich tätiger Journalisten konterkariert. Wenn die Anzeigenabteilung einer Tageszeitung einem Kunden zusätzlich noch einen auf das Unternehmen des Kunden bezogenen Artikel im redaktionellen Teil des Blattes verspricht (vgl. Lüke in: *Zeit online* v. 15.8.2007), wenn Zeitschriften-Berichte von der Pharma-PR gekauft werden (vgl. Esser/Randerath, ZDF-Dokumentation/Frontal 21 v. 9.12.2008), wenn, wie die nordrhein-westfälische Landesanstalt für Medien feststellt, auch die journalistische Berichterstattung im Fernsehen zusehends PR-orientierter wird (vgl. Volpers/Bernhard/Schnier 2008), dann liegt der Schluss nahe, dass solchen Erscheinungen nicht mehr mit moralisierenden Appellen beizukommen ist. Ruß-Mohl stellt bereits vor gut einem

Jahrzehnt fest, dass es denn auch die bestehenden Strukturen sind, die Journalisten zum Zusammenspiel mit PR-Profis einladen:

[...] längst wird der überwiegende Teil genuiner Informationsbeschaffung und -aufbereitung von Pressestellen und PR-Apparaten geleistet, und alle Redaktionen sind strukturell von deren Zulieferungen abhängig (Ruß-Mohl 1996, 110).

Überdies, so Ruß-Mohl, seien »die gesellschaftlichen Verhältnisse« so »kompliziert geworden«, »daß Journalisten ohne die Lotsenfunktion tüchtiger und spezialisierter PR-Leute längst nicht mehr in der Qualität berichterstatten können, in der sie das tagtäglich tun« (ebd.). Insofern »wird der Öffentlichkeitsarbeiter zum unentbehrlichen Partner des Journalisten, so sehr dieser ihn auch als Widerpart sehen mag« (ebd., 111): eine Tatsache, der inzwischen nicht nur die Journalisten-Ausbildung an diversen Hochschulen Rechnung trägt (s. Kap. 9.2), sondern auch Praxishandbücher, wie jenes Grundlagenwerk von Claudia Mast (2008), in dem *Public Relations* wie selbstverständlich »als journalistisches Arbeitsfeld« bezeichnet wird. Im Folgenden heißt es dort:

Für den Journalisten ist die Öffentlichkeitsarbeit mögliches Tätigkeitsfeld und Herausforderung zugleich (ebd., 555).

Dass sich nicht nur die Tätigkeitsfelder *Public Relations* und *Journalismus*, sondern auch deren Fragestellungen sogar in der Wahrnehmung öffentlich-rechtlicher Instanzen einander annähern, dafür mag als abschließendes Indiz das Beispiel einer Mitte Januar 2009 von *Deutschlandradio* und der *Berlin Media Professional School der Freien Universität Berlin* gemeinsam veranstalteten Tagung über »Kampagnen in Politik, Werbung und Medien« angeführt werden. Nicht etwa die Frage, auf welche Weise die öffentlich-rechtlichen Sender eventuellen interessensgesteuerten PR-Kampagnen begegnen könnten, wurde hier diskutiert, wie zu vermuten gewesen wäre. Stattdessen lautete die Fragestellung so, wie sie auch auf einer Tagung der *Deutschen Gesellschaft für Public Relations* hätte lauten können, nämlich: »Mit welchen Mitteln lässt sich Aufmerksamkeit und nachhaltige Wirkung in der Politik, bei der Produktwerbung, bei sozialem Engagement und in den Medien erreichen?« (vgl. http://www.bmps.fu-berlin.de/infotagung_kampagnen_jan09.pdf, 2).

Dass die **Grenzen von Journalismus und PR** sich in einem diffusen Feld von »Kommunikation« zunehmend aufzulösen drohen, beschäftigt seit etlichen Jahren auch die Forschung. In die-

sem Zusammenhang wird immer wieder die von Barbara Baerns
vertretene sogenannte »Determinationshypothese« genannt, wonach PR die Themen und den Zeitpunkt ihrer Berichterstattung
in den Medien kontrolliere (vgl. Baerns 1985). Diese These hat
inzwischen manchen Widerspruch erfahren (vgl. etwa Hoffjann
2001, 214ff.; Weischenberg 1997) und wird durch neuere Studien
inzwischen stark relativiert (vgl. dazu Riesmeyer 2007; Lies 2008,
184ff.). Die Annahme einer simplen Steuerung von Journalismus
durch PR ist inzwischen weitgehend einer differenzierteren Sichtweise gewichen. So dominieren Forschungsansätze, die von einem
wechselseitigen Abhängigkeitsverhältnis zwischen Journalismus
und PR ausgehen (vgl. z.B. Röttger 2009): Sei es, dass beide sich
in einer Beziehung »antagonistischer Partnerschaft« (z.b. Rolke
in: Rolke/Wolff 1999, 223-247), einer »interdependenten« Sys-
tembeziehung (vgl. Altmeppen/Röttger/Bentele 2004), in einem
Verhältnis struktureller Kopplung (Hoffjann 2001; 2007) oder
in einer potenziellen Win-Win-Beziehung zueinander befinden
(Ruß-Mohl 1996). Den »Interdependenz«-Modellen zufolge, sind
PR und Journalismus eng miteinander verflochten und profitieren voneinander, ohne ihre jeweils eigene Identität aufzugeben:
Journalisten nehmen die Leistungen der PR an (Vorselektion der
Themen und Informationen), um Zeit und Geld zu sparen. Die
PR wiederum, ergreift die Chance, ihre Themen in den Medien
zu platzieren (vgl. auch Schnedler 2006, 7). Zuweilen gehen Journalismus und PR gar ein symbiotisches Tauschverhältnis ein: Etwa in der Politikberichterstattung, wenn der Journalist einerseits
von exklusiven Informationen profitiert, andererseits die Politik-PR
das Interesse verfolgt, bestimmte politische Inhalte zu einem bestimmten Zeitpunkt zu verbreiten (J. Hoffmann 2003). Hingegen
geht das von Günter Bentele vertretene Intereffikationsmodell davon aus, dass sich Journalismus und PR wechselseitig ermöglichen:
Journalisten brauchen zwingend die Angebote der Pressestelle. PR
wiederum ist ebenso zwingend auf die Medien angewiesen, die
ihren Botschaften als glaubwürdige Sprachrohre dienen (Bentele
in: Bentele/Fröhlich/Szyszka 2008, 209-222). Insofern, so Bentele,
führten diese gegenseitigen Abhängigkeiten der Berufsfelder und
Tätigkeiten zwangsläufig zu wechselseitigen Einfluss- und Anpas-
sungsprozessen (ebd.).

    Bezweckt ein solches Modell wirklich eine »grenzaufhebende
Partnerschaftsideologie« (s. Ruß-Mohl in: Rolke/Wolff 1999, 169)
zwischen Journalismus und PR, wie Kritiker einwenden?

    Angesichts der oben genannten Beispiele aus dem realen Re-
daktionsalltag, der durch Personalverknappung, Vernachlässigung

der Eigenrecherche und den beschriebenen ökonomischen Zwängen geprägt ist, ist man eher geneigt, die von Günter Bentele entwickelte These als Situationsbeschreibung zu lesen, die letztlich auch die Rezeption von Medien durch das Publikum betrifft. Wenn Journalismus zu PR und PR zu Journalismus mutiert, so verspielen die traditionellen journalistischen Medien den Vertrauenskredit ihrer Zielgruppen.

Die Problematik ist bekannt und sie hat längst Eingang in die **Qualitätsdiskussion** (vgl. Ruß-Mohl 1994; Fabris 2000; Pöttker 2000; Meier 2007, 228f.) gefunden. Leider haben bisher auch Initiativen wie etwa die von etlichen Institutionen und Journalistenverbänden getragene *Initiative Qualität im Journalismus* (vgl. www. initiative-qualitaet.de) den oben genannten Missständen bisher offenbar nicht abhelfen können. Das Dilemma zwischen eigenen Qualitäts-Ansprüchen und wirtschaftlichen Zwängen im Redaktions- und Berichterstattungs-Alltag irgendwie aufzulösen, bleibt vielmehr dem einzelnen Journalisten überlassen. Viele freiberuflich tätige Journalisten haben für sich selbst eine (Not)lösung gefunden: Indem sie zum Beispiel grundsätzlich nicht über Unternehmen berichten, denen sie PR-Dienstleistungen verkaufen und nicht die Bücher derjenigen Autoren rezensieren, für die sie Werbeaktivitäten organisieren. Über die Praktiken der anderen schweigen meist Kollegen und Redaktionen – was zeigt, dass es hier systemischer Korrekturen, statt zusätzlicher Ethik-Kodizes bedarf.

»Offenheit in eigener Sache, sprich: Mehr Selbstbeobachtung, mehr Transparenz der Quellen und der eigenen Arbeitsbedingungen [...]« (Ruß-Mohl 1996, 111), hatte der Medienwissenschaftler Stephan Ruß-Mohl von den Medien schon 1996 auch im Hinblick auf PR-Einflüsse gefordert (Ruß-Mohl/Fengler 2005, 194). Bisher wird solches *Mediawatching* indes vor allem dann praktiziert, wenn es sich (von wenigen medienkritischen Blogs im Internet einmal abgesehen) um die Berichterstattung des jeweils anderen, konkurrierenden Mediums handelt. Zu fordern wäre also so eine in den Redaktionsablauf selbst eingebundene Selbstreflexion als professionelle Routine innerhalb des medialen Alltagsbetriebs. Die Chancen auf Realisierung dürften jedoch eher gering sein.

9. Wege zum Journalismus

Der Zugang zum Beruf ›Journalist‹ ist in Deutschland bekanntlich frei, die Berufsbezeichnung ›Journalist‹ ist nicht geschützt. Der Artikel 5 des deutschen Grundgesetzes gibt allen Bürgern das Recht, ihre Meinung in Wort, Schrift und Bild zu verbreiten. Jeder, der will, darf sich also ›Journalist‹ nennen. Demnach existiert auch kein verbindlicher Ausbildungsweg.

Der Medienwissenschaftler Klaus Meier weist zudem mit Recht darauf hin, dass »in pluralistisch-demokratischen Gesellschaften« naturgemäß kein Konsens über Ausbildung und Kompetenz-Anforderungen von Journalisten bestehe (Meier 2007, 222). Viele Wege führen in den Journalismus. Zahlreiche Debatten wurden und werden über die Frage geführt, was genau ein Journalist wissen und kennen müsse (z.B. Weischenberg/Altmeppen/Löffelholz 1994; Altmeppen/Donges/Engels 1999; Altmeppen/Hömberg 2002).

Aktuell werden immer wieder folgende Kompetenz-Felder genannt – und, je nach Standpunkt und journalistischen Tätigkeitsfeldern, unterschiedlich gewichtet. Nach Meier (2007, 219f.) sind dies:

– Fachkompetenz (die Beherrschung journalistischer Routinen, Berichterstattungsmuster, Kenntnisse des Mediensystems, sowie der wirtschaftlichen, politischen und rechtlichen Grundlagen des Journalismus),
– Sachkompetenz (Wissen über das Sach- und Themengebiet, über das Journalisten berichten, wobei Meier selbst einem interdisziplinären wissenschaftlichen Hintergrund »in Kombination mit sozialwissenschaftlichem Orientierungswissen« den Vorrang vor vertieften Kenntnissen in einem Spezialgebiet einräumt),
– Vermittlungskompetenz (meint die Beherrschung einer zielgruppenorientierten Darstellung von Themen, die je nach Medium anders aussieht),
– Technik- und Gestaltungskompetenz (Kenntnisse in der technisch-gestalterischen Umsetzung von Themen durch moderne Technologien),
– Organisations- und Konzeptionskompetenz (Wissen darüber, mit welchen Konzepten man seine Zielgruppen erreichen kann, sowie redaktionsorganisatorische Fähigkeiten),

- soziale Orientierung (Journalisten sollen in der Lage sein, über ihre eigene Rolle und ethischen Grenzen ihres Berufs zu reflektieren).

Diese Kompetenzliste freilich repräsentiert nicht ein generelles Curriculum für die Journalistenausbildung (vgl. Meier 2007, 221). Einige Ausbildungswege akzentuieren häufig jeweils einzelne Dimensionen, andere hingegen bevorzugen einen eher integrativen Ansatz. In jüngerer Zeit haben sich zudem eine verwirrende Vielfalt von Ausbildungsgängen und Ausbildungskombinationen formiert. Medienakademien, spezialisierte Studiengänge, Journalistenschulen und interdisziplinäre Institutionen wurden in den vergangenen Jahren neu gegründet – und einige von ihnen waren in jüngster Zeit sogar schon wieder in Gefahr, aufgelöst zu werden. Wer daher aktuell den Überblick behalten will, tut gut daran, sich aus den jüngst erschienenen Publikationen und den Online-Ressourcen von Universitäten und Journalistenschulen über den jeweils letzten Stand der Dinge zu informieren (vgl. dazu z.B. La Roche, 18. Aufl., 2008; Mast 2008, 664-666).

Einen solchen Gesamtüberblick kann dieses Buch nicht leisten. Hier soll lediglich eine grobe Orientierung zu möglichen Einstiegswegen gegeben werden. Generell kann man zwischen drei Arten der journalistischen Ausbildung unterscheiden: dem Volontariat, dem Zugang über eine Hochschule, den Journalistenschulen, sowie all den unkonventionellen Wegen per Quereinstieg und/oder Ergänzungskurse.

9.1   Das Volontariat

Die traditionelle Ausbildungsform in deutschen Medien-Redaktionen ist das Volontariat. Ein Volontariat können auch heutzutage noch 62 Prozent aller Journalisten hierzulande vorweisen (Mast 2008, 125). Neben Praktika und Hospitanzen, die häufig schon vor Antritt eines Volontariats absolviert wurden, zählt inzwischen meist auch ein Studienabschluss und manchmal sogar eine bestandene Aufnahmeprüfung zu den Voraussetzungen, die es bedarf, um einen der begehrten Volontariatsplätze zu ergattern. Öffentlich-rechtliche Rundfunkanstalten haben zudem eigene Auswahlverfahren für Ausbildungs-Bewerber entwickelt. Sie verfügen über eigene Ausbildungsabteilungen und eine gemeinsame Medienakademie (http://www.ard-zdf-medienakademie.de/) für die Fort- und Weiterbildung der Mitarbeiter von ARD und

ZDF. Grundlage eines Presse-Volontariats in den Mitgliedsverlagen des Bundesverbandes deutscher Zeitungsverleger ist hingegen ein 1980 ausgehandelter Tarifvertrag über das Redaktionsvolontariat an Tageszeitungen, der den Anspruch auf Ausbildung, den maximalen Zeitrahmen der Ausbildung (zwei Jahre), die tarifliche Entlohnung, sowie die Bestandteile der Ausbildung (betriebliche und überbetriebliche Ausbildungsabschnitte) festlegt (La Roche, Ausg. 2006, 198f.). Die Ausbildung selbst ist vorwiegend praxisbezogen: Dem Volontär werden die grundlegenden journalistischen Tätigkeiten vermittelt, sowie Kenntnisse in Layout- und Umbruchstechnik, die Handhabung moderner Redaktionssysteme und Grundlagen des Presserechts. Die überbetrieblichen Ausbildungsabschnitte werden meist von externen Fort- und Weiterbildungsinstituten durchgeführt.

9.2   Zugänge über Hochschulen

In seinem Praxishandbuch unterscheidet Walther von La Roche zwischen acht (!) generellen hochschulbezogenen Zugangswegen zum Journalismus (La Roche, 17. Aufl. 2006, 215). Das abgeschlossene Studium der Journalistik zählt ebenso dazu, wie ein Fachstudium in irgendeinem sachbezogenen Themengebiet, die Kombination eines sachbezogenen Studiengangs mit dem Nebenfach Journalistik, das angeschlossene Aufbaustudium Journalistik oder Medienwissenschaft nach Abschluss eines Fachstudiums, oder die Absolvierung praxisorientierter und medienorientierter Vollstudiengänge, die in den 1990er Jahren eingerichtet wurden. Dazu zählen auch spezialisierte und ressortspezifische Studienangebote: So bietet beispielsweise die Fachhochschule Bonn-Rhein-Sieg einen Studiengang für Technikjournalismus an, die Universität in Gießen einen Studienschwerpunkt Fachjournalismus Geschichte, und die Deutsche Sporthochschule in Köln einen Studienschwerpunkt für Medien und Kommunikationsforschung. Studiengänge von Hochschulen (Fachhochschulen und Universitäten) sind zudem nach den neueren Bachelor- und Master-Abschlüssen strukturiert. Solche Studiengänge werden auch in den Bereichen Publizistik-, Medien- und Kommunikationswissenschaften angeboten, und sie werden manchmal auch mit dem Berufsfeld der Public Relations kombiniert (vgl. Auflistung unter *http://www.medienstudienfuehrer.de* und *www.journalistenlinks.de*). Daneben existieren noch Studiengänge an speziellen Fernseh- und Filmakademien (z.B. Hochschule für Fernsehen und Film in München, Hochschule für Film und Fernsehen Konrad Wolf in Potsdam-Babelsberg).

Der unbestreitbare Vorteil eines Vollstudiums in einem geistes- oder naturwissenschaftlichen Sachgebiet: Hier erwirbt man fundierte Kenntnisse in einem Sachgebiet und außerdem noch wissenschaftliche Reflexionskompetenz. Beides kann für die spätere kompetente journalistische Recherche nur förderlich sein! Freilich bietet die beste Bildung noch keine Garantie für den Einstieg in ein Medienunternehmen. Hierzu sind Arbeitsproben einzureichen, Aufnahmetests zu bestehen. Persönliche Kontakte zu sogenannten Entscheidungsträgern in den Redaktionen mögen zudem ebenso hilfreich sein wie Nachweise über bereits geleistete journalistische Arbeit – etwa im Rahmen von Praktika, Hospitanzen oder freier Mitarbeit an Tageszeitungen etwa während eines Studiums.

9.3   Journalistenschulen und Medienakademien

Über lange Jahrzehnte hinweg gab es in der Bundesrepublik Deutschland nur eine einzige Journalistenschule: die Deutsche Journalistenschule in München. Dies hat sich seit den 1980er Jahren geändert. Damals richteten die großen Verlagshäuser eigene Journalistenschulen ein: die Henri Nannen-Schule (Gruner+Jahr), die Burda-Journalistenschulen, die Schule für Wirtschaftsjournalisten (Holtzbrinck), die Springer-Journalistenschule, sowie die Journalistenschule Ruhr (WAZ-Gruppe). Außerdem existiert inzwischen eine RTL-Journalistenschule für TV und Multimedia. Daneben gibt es noch Journalistenschulen in anderer Trägerschaft, wie die Berliner Journalistenschule, die evangelische Journalistenschule (ebenfalls in Berlin), sowie die mitteldeutsche Journalistenschule. Darüber hinaus bieten zahlreiche kleinere private Anbieter, aber auch die Stiftungen politischer Parteien (Journalistenakademie der Friedrich Ebert-Stiftung, Friedrich Naumann-Stiftung etc.) zusätzliche medienpraktische bzw. ressortspezifische Kurse zu unterschiedlichen Themen an, die auch studien- und berufsbegleitend belegt werden können.

Generell ist an Journalistenschulen eine praxisorientierte Ausbildung mit verschulten Zwischenphasen zu erwarten. Ihre Programme sind häufig zugeschnitten auf die Erfordernisse der jeweiligen Träger-Institution.

9.4   Der Quereinstieg

Ein geradezu klassischer Weg zum Journalismus ist der des **Quer-einstiegs** in den Journalistenberuf. Es ist – allen aktuellen Be-mühungen um die Etablierung möglichst reglementierter Journa-listen-Ausbildungsgänge zum Trotze – eine Tatsache, dass gerade die berühmtesten deutschen Journalisten der Moderne meist noch nicht einmal ein Volontariat absolviert hatten, stattdessen aber häufig über eine Hochschulbildung in einem Spezialfach verfüg-ten. Kurt Tucholsky war bekanntlich Jurist. Der Journalist, Chef-redakteur der legendären *Weltbühne* und Friedensnobelpreisträger Carl von Ossietzky hingegen konnte weder einen formellen Schul-noch einen Universitätsabschluss vorweisen.

Solche Quer- oder Seiteneinstiege in den Journalismus sind auch in unseren Tagen unter gewissen Voraussetzungen (Prakti-kums-Einstieg, gute Beziehungen zu Entscheidungsträgern in Ver-lagen oder Redaktionen) noch möglich, doch die Chancen für sol-che Quereinsteiger verringern sich zusehends.

Erfolgversprechender ist dagegen das »**duale Modell**« (vgl. auch Blöbaum 2000): die Kombination von theoretischer Vorbildung (an einer Hochschule) und praktischer Ausbildung im jeweiligen Medienbetrieb per Volontariat. Der Autor Walther von La Roche nennt außerdem noch einige originale Umwege für Quereinstei-ger: Ein jugendliches Alter einmal vorausgesetzt, könnten die je-weiligen Aspiranten beispielsweise die kinder- und jugendbezo-genen Internet-Angebote des öffentlich-rechtlichen Rundfunks mitbetreuen (La Roche, 17. Aufl. 2006, 255). Auch kursieren ab und an immer wieder Geschichten, die meist nach folgendem Muster ablaufen: Junge Studentin schickt spontan ihre Erstlings-reportage an ein renommiertes überregionales Blatt. Der zustän-dige Redakteur erkennt auf Anhieb ihr journalistisches Naturta-lent und druckt die Geschichte auf Seite eins gegen ein üppiges Honorar. Und natürlich erhält die Betreffende anschließend einen großzügigen Autorenvertrag. Der weitere Fortgang dieses Medien-märchens ist zu erahnen…

Kurz gesagt: Derartige Karrieren ereignen sich höchst selten. Wer hingegen den Weg in eine Redaktion (etwa als freier Mitar-beiter) schon während des Studiums gefunden hat, dem sei gera-ten, sein Studium in jedem Falle auch zu beenden – und sich kei-nesfalls auf die Illusion zu verlassen, dass man auch ohne formale Qualifikation Karriere machen werde.

Die Vielzahl der skizzierten Ausbildungswege sagt indes noch nichts darüber aus, in welchen Arbeitsverhältnissen und auf welchen (sichtbaren oder unsichtbaren) Hierarchie-Ebenen künftige Journalisten sich später einmal bewegen werden. Da sich der Stellenabbau in den Redaktionen vermutlich weiter fortsetzen wird, manche Redaktionen zudem inzwischen dazu übergegangen sind, ihre Online-Bereiche personell zu verkleinern, ist zu erwarten, dass viele Journalisten nach Beendigung ihrer Volontariate bzw. ihrer Hochschulausbildung freiberuflich arbeiten werden.

Unser Mediensystem hält in dieser Hinsicht sozial fein ausdifferenzierte Strukturen bereit. So etwa unterscheidet die Alltagspraxis in öffentlich-rechtlichen Rundfunkanstalten ebenso wie im privaten Mediensektor zwischen »festangestellten«, »festen freien« und »freien Mitarbeitern«, wobei der Status des »festen Freien« meist eine euphemistische Umschreibung für den Begriff der »Scheinselbständigkeit« darstellt. Zumindest in Deutschland markierten diese Unterschiede bisher häufig auch Unterschiede hinsichtlich des Sozialprestiges innerhalb des »Systems Journalismus« selbst. Es scheint aber, dass sich hier momentan ein Wandel vollzieht. Dass sich in den letzten Jahren unterschiedliche journalistische Netzwerke jenseits der tradierten berufsständischen, bzw. gewerkschaftlichen Organisationsformen des Journalismus gebildet haben, dass sich zudem inzwischen immer mehr redaktionelle Arbeitsplätze als prekäre Beschäftigungsverhältnisse entpuppen und die Tätigkeitsprofilierung im Journalismus zwischen Generalisierung und Spezialisierung oszilliert (vgl. dazu Dernbach/Quandt 2009), deutet jedenfalls auf die Flexibilisierung auch eingefahrener Selbst-und Fremdbilder hin.

10. Nachwort:
Journalismus und seine Zukunft

Paradoxien des Journalismus – so ist ein im letzten Jahr erschienener Sammelband überschrieben, der nahezu sämtliche Problemlagen auflistet, mit denen sich Journalisten heute konfrontiert sehen: angefangen von den Defiziten eines auf Ökonomie, statt auf Qualität bedachten Redaktions-Managements, über die bekannten Paradoxien im Verhältnis von Journalismus und PR, bis hin zum Dilemma journalistischer Selbstbezüglichkeit (Pörksen/Loosen/Scholl 2008; Malik 2004). Die Problemfelder sind zahlreich. Mit den vielfachen Formen der Online-Kommunikation und ihrer häufig nur halbherzigen Nutzung durch die etablierten Medien tun sich neue Widersprüche auf. Dabei bestehen die alten blinden Flecken journalistischer Wahrnehmung fast unverändert fort. Ein Buch wie Burkhard Müller-Ulrichs *Medienmärchen* aus dem Jahre 1998 ist mehr als zehn Jahre nach seinem Erscheinen noch erschreckend aktuell. Es gibt ihn ja noch immer, den Typus des »Gesinnungsjournalisten« der sich »als Vorkämpfer des Guten in einer bösen Welt« (Müller-Ulrich 1998, 19) versteht, sich selbst gerne als »vierte Gewalt« sieht und aus dieser »nachgerade metaphysischen Verantwortung« die Aufgabe ableitet, »nicht nur das Tun der Menschen zu beeinflussen, sondern auch ihr Denken« (ebd., 14): mit der Konsequenz einer ebenso sensationsorientierten wie desinformierenden Berichterstattung (vgl. ebd., 125ff.). Und immer noch wirken Medien bei bestimmten Themen (Umweltschutz, Gentechnologie, Generationendiskussion) lediglich als »Zeitgeistverstärker«, betätigen sich viele Journalisten bloß noch als »Zirkulationsagenten für Allgemeinplätze« (ebd., 21). Daneben freilich hat sich, um andere Kritiker des Journalismus zu kolportieren, der Typus des journalistischen Entertainers zum dominanten Gatekeeper selbst im Nachrichtenjournalismus entwickelt. Dass angesichts der vielzitierten Entgrenzungsprozesse zwischen Boulevard und Journalismus »die journalistische Wahrnehmung des öffentlichen Lebens nicht angemessen funktioniert«, wie der Feuilletonist Thomas Steinfeld klagt (in: *SZ* v. 26.12.2008), signalisiert sicherlich nicht nur die Larmoyanz des deutschen Kulturjournalisten. Auch der jedem essenzialistischen Journalismusverständnis abholde Medienwissenschaftler Siegfried Weischenberg äußert offen

sein Unbehagen an der tendenziellen Einebnung des Journalistischen in einem diffusen medialen System öffentlichkeitswirksamer
Kommunikation:

Es geht hier um nichts weniger als das Überleben eines ›Public Service
Journalism‹, der sich über Analyse und Recherche legitimiert. Dieser Journalismus soll zur demokratischen Willensbildung beitragen. Doch ihn finden wir weder in den Fachmedien noch in den Blogs (Weischenberg in:
Dernbach/Quandt 2008, 26).

Perspektiven indes, scheinen dem Public Service Journalism aber
möglicherweise auf internationaler Ebene beschieden zu sein. Die
neuen Online-Kommunikationswege haben zwar keinen neuen
Journalismus hervorgebracht – aber sie öffnen Kanäle für einen
Fluss an Informationen und Nachrichten, die durch keine zentrale Pressezensur lokaler Regierungen mehr vollständig kontrolliert
werden können. Nachrichten über verbotene und von autoritären
Regierungen verschwiegene Protestkundgebungen gelangen per
Mausklick und Mobiltelefon auf die weltweit verteilten Webser-
ver. Spätestens angesichts solcher Informationsfluten wird der professionelle Journalismus herausgefordert: zur seriösen Überprüfung
der Nachrichten, zur kompetenten Einordnung des Geschehens, zu
Reflexion und Selbstreflexion über eigene Befangenheiten.

Ob und wann bestimmte Teile von Öffentlichkeit und Gesellschaft nach einem Journalismus verlangen werden (und letzteren
dann auch zu honorieren bereit sind), der eine solche Beobachter-
funktion im globalen Maßstab wahrnimmt – dies bleibt abzuwarten. Möglicherweise besteht ein solches Bedürfnis bereits – und
wir bemerken es erst, wenn die Zukunft schon zur Vergangenheit
geworden ist.

11. Bibliographie (Auswahl)

11.1 Bibliographien, Jahrbücher, Dokumentationen, Fachzeitschriften (Auswahl)

Bibliographien, Jahrbücher

ARD-Jahrbuch. Hg. Arbeitsgemeinschaft d. öffentl.-rechtl. Rundfunkanstalten d. Bundesrepublik Deutschland. Hamburg/Baden-Baden 1969ff. (im Internet unter: www.ard.de).

Böning, Holger (Hg.): *Deutsche Presse. Biobibliographische Handbücher zur Geschichte der deutschsprachigen periodischen Presse von den Anfängen bis 1815.* Bd.1.1, 1.2, 1.3., 2. Stuttgart-Bad Cannstatt 1996, 1997.

– /Kutsch, Arnulf/Stöber, Rudolf: *Jahrbuch für Kommunikationsgeschichte.* Stuttgart 1999ff.

Institut f. Zeitungsforschung d. Stadt Dortmund (Hg.): *Medienforschung: Kommunikationspolitik und Kommunikationswissenschaft. Vierteljährl. Bibliographie dt. u. fremdsprachl. Beiträge aus Tages- Wochenzeitschriften, Fachdiensten u. Fachzeitschriften* (vormals: *Dokumentation f. Presse, Rundfunk und Film*). Ab 1979.

Jahrbuch des Deutschen Presserats: *Jahrbuch d. Dt. Presserats 2008* […]. *Inklusive CD-Rom mit der Spruchpraxis 1985–2007.* Konstanz 2008.

Kirchner, Joachim: *Bibliographie der Zeitschriften des deutschen Sprachgebietes bis 1900 in 4 Bänden.* Stuttgart 1969, 1979, 1989 (Register bearb. von Chorherr, Edith).

Schuster, Thomas: *Referenzbibliografie Medien: Bibliographien, Handbücher und Fachzeitschriften zur Massenkommunikation.* Konstanz 1999.

Weischenberg, Siegfried: *Trends der Informationsgesellschaft: eine annotierte Bibliographie zur Zukunft der Medienkommunikation.* Münster 1995.

ZDF-Jahrbuch. Hg. Zweites Deutsches Fernsehen. Mainz 1964ff. (im Internet unter: www.zdf-jahrbuch.de).

Dokumentationen

Adolf Grimme Institut (Hg.): *Jahrbuch Fernsehen* 2008.

BDZV = Bundesverband Deutscher Zeitungsverleger (Hg.): *Zeitungen 2008 – Informationen für die Branche.* Berlin 2008.

Deutscher Journalisten-Verband (DJV) (Hg.): *Berufsbild Journalistin-Journalist.* Schriften / DJV Reihe Nr. 4, 2008.

Deutscher Presserat (Hg.): *Publizistische Grundsätze (Pressekodex). Richtlinien für die publizistische Arbeit nach den Empfehlungen des deutschen Presserats* (im Internet: http://www.presserat.de).

GfK = Gesellschaft für Konsumforschung (Hg.): *GfK-Studien Medien* (im Internet: http://www.gfk.com).

Meyer, Werner (Bearb.)/Riederer, Mercedes (Hg.)/Frohner, Jürgen (Hg.): *Journalismus von heute: Nachschlagewerk zu allen Fragen der journalistischen Praxis und Sammlung des Presserechts*. Starnberg 1979 (Grundwerk), 1980-2001.

Presse- und Informationsamt der Bundesregierung (Hg.): *Medien- und Kommunikationsbericht der Bundesregierung 2008* (im Internet unter: http://www.bundesregierung.de/Content/DE/__Anlagen/BKM/2009-01-12-medienbericht-teil1-barrierefrei,property=publicationFile.pdf).

Trägerverein des Deutschen Presserats e.V. (Hg.): *Schwarz-weiß-Buch. Spruchpraxis Deutscher Presserat* (Bd.2) 1990-1995. Bonn 1995.

– (Hg.): *Jahrbuch Deutscher Presserat*. Konstanz 1978ff.

Fachzeitschriften

grimme: Zeitschrift für Programm, Forschung, Medienproduktion. Hg. Adolf Grimme Institut (http://www.grimme-institut.de/html/index.php?id=48).

journalist: Das deutsche Medienmagazin. Hg. DJV (http://www.djv.de/magazin/index.shtml).

M – Menschen Machen Medien. Hg. ver.di/Fb 8 (http://www.igmedien.de/publikationen/m/).

Media-Perspektiven. Fachzeitschrift. Hg. im Auftrag der ARD-Werbung (http://www.ard-werbung.de/mp/).

Medien & Kommunikationswissenschaft (bis 1999: *Rundfunk und Fernsehen): Zeitschrift für Medien- und Kommunikationswissenschaft* Hg.: Hans-Bredow-Institut, Hamburg (http://www.m-und-k.info).

MEDIENwissenschaft: rezensionen&reviews. Hg. von Karl Prümm/Karl Riha u.a. Philipps-Universität Marburg (http://staff-www.uni-marburg.de/~medrez/).

medium magazin: Magazin für Journalisten. Medienfachverlag Oberauer, Freilassing (http://www.mediummagazin.de/).

message: internationale Fachzeitschrift für Journalismus. Hg. von Michael Haller. Konstanz (http://www.message-online.com).

Publizistik: Vierteljahreshefte für Kommunikationsforschung. Fachzeitschrift für Journalismus (seit 1956).

Journalism Studies (Hg. Bob Franklin). London (Routledge).

Literary Journalism Studies: Hg. International Association for Literary Journalism Studies (http://www.ialjs.org/?page_id=34).

11.2 Zitierte Literatur

Adam, Wolfgang: »Theorien des Flugblatts und der Flugschrift«. In: Leonhard, Joachim-Felix/Ludwig, Hans-Werner/Schwarze, Dietrich/Straßner, Erich (Hg.): *Medienwissenschaft. Ein Handbuch zur Entwicklung der Medien und Kommunikationsformen*. (HSK. 15.1). Berlin, New York 1999, S. 132-143.

Adorno, Theodor W.: »Résumé über Kulturindustrie«. In: Prokop, Dieter: *Medienforschung. Bd. 1: Konzerne, Macher, Kontrolleure*. Frankfurt a.M. 1985, S. 476-483.

– /Horkheimer, Max: »Kulturindustrie. Aufklärung als Massenbetrug«.
  In: Dies.: *Dialektik der Aufklärung.* Frankfurt a.M. 1979, S. 108-150.
Adrians, Frauke: *Journalismus im 30jährigen Krieg. Kommentierung und
  »Parteylichkeit« in Zeitungen des 17. Jahrhunderts.* Konstanz 1999.
Ahlke, Karola/Hinkel, Jutta: *Sprache und Stil. Ein Handbuch für Journa-
  listen.* Konstanz 1999.
Albrecht, Wolfgang: *Literaturkritik.* Stuttgart 2001.
Alkan, Saim Rolf: *1 x 1 für Online-Redakteure und Online-Texter. Einstieg
  in den Online-Journalismus.* Göttingen 2006.
–: *Texten für das Internet: ein Praxisbuch für Online-Redakteure und Web-
  texter.* 2. erw. Aufl., Bonn 2004.
Altmeppen, Klaus-Dieter/Bucher, Hans-Jürgen/Löffelholz, Martin: *Online-
  Journalismus. Perspektiven für Wissenschaft und Praxis.* Wiesbaden 2000.
Altmeppen, Klaus-Dieter/Donges, Patrick/Engels, Kerstin: *Transformation
  im Journalismus. Journalistische Qualifikationen im privaten Rundfunk
  am Beispiel norddeutscher Sender.* Berlin 1999.
Altmeppen, Klaus-Dieter/Hömberg, Walter (Hg.): *Journalistenausbildung
  für eine veränderte Medienwelt.* Wiesbaden 2002.
Altmeppen, Klaus-Dieter/Löffelholz, Martin: »Journalismus«. In: Jarren,
  Otfried/Sarcinelli, Ulrich/Saxer, Ulrich (Hg.): *Politische Kommunikation in der demokratischen Gesellschaft.* Opladen 1998a, S. 414-421.
Altmeppen, Klaus-Dieter/Löffelholz, Martin: »Zwischen Verlautbarungsor-
  gan und Vierter Gewalt. Strukturen, Abhängigkeiten und Perspektiven
  des politischen Journalismus«. In: Sarcinelli, Ulrich (Hg.): *Politikvermittlung und Demokratie in der Mediengesellschaft. Beiträge zur politischen Kommunikationskultur.* Opladen 1998b, S. 97-123.
Altmeppen, Klaus-Dieter/Röttger, Ulrike/Bentele, Günter (Hg.): *Schwierige Verhältnisse. Interdependenzen zwischen Journalismus und PR.* Wiesbaden 2004.
Altschull, Herbert J.: *Agenten der Macht. Die Welt der Nachrichtenmedien. Eine kritische Studie.* Aus d. Amerikan. von Maria Cooper. Konstanz 1990.
Andersch, Alfred: »Versuch über das Feature. Anläßlich einer neuen Ar-
  beit Ernst Schnabels«. In: *Rundfunk und Fernsehen.* Jg. 1], H. 1, 1953,
  S. 94-97.
Anz, Thomas: »Literaturkritik«. In: Heß, Dieter (Hg.): *Kulturjournalis-
  mus. Ein Handbuch für Ausbildung und Praxis.* 2. Aufl. München 1997,
  S. 59-68.
– /Baasner, Rainer (Hg.): *Literaturkritik. Geschichte, Theorie, Praxis.*
  5. Aufl. München 2007.
ARD/ZDF: *Online-Studie 2008.* Abrufbar unter: http://www.daserste.de/
  service/studie.asp (Abr. vom 30.1.2009).
Arlen, Michael J.: »Notes on the New Journalism«. In: *Atlantic,* May 1972,
  S. 43-47.
Armborst, Matthias: *Kopfjäger im Internet oder publizistische Avantgarde?
  Was Journalisten über Weblogs und ihre Macher wissen sollten.* Berlin,
  Münster 2006
Armbruster, Jörg: »Korrespondentenbericht: »Live aus…« Sechs Jahre im
  Nahen Osten«. In: Hahn/Lönnendonker/Schröder 2008, S. 449-453.

Arnold, Bernd-Peter: *ABC des Hörfunks.* Konstanz 1999.
Arntzen, Helmut: *Karl Kraus und die Presse.* München 1975.
Aschoff, Volker: *Geschichte der Nachrichtentechnik.* 2 Bände. Berlin 1984
   (1) und 1987 (2).

Bacher, Gerd: »Zwischen Zwangsbeglückung und Schwachsinn. Die Zu-
   kunft des öffentlich-rechtlichen Rundfunks in einer Medienwelt, die
   sich vor allem rechnen muss«. In: Hömberg, Walter (Hg.): *Kultur und
   Kultur-Rundfunk.* Münster 2000, S. 13-22.
Bachmann, Dieter: *Essay und Essayismus.* Stuttgart 1969.
Baerns, Barbara: *Öffentlichkeitsarbeit oder Journalismus? Zum Einfluß im
   Mediensystem.* Köln 1985.
Bartelt-Kircher, Gabriele: »Journalisten werden Reporter aus zweiter
   Hand«. In: Hooffacker, Gabriele (Hg.): *Wer macht die Medien? Online
   Journalismus zwischen Bürgerbeteiligung und Professionalisierung.* Mün-
   chen 2008, S. 39.
Basse, Dieter: *Wolff's telegraphisches Bureau: 1849 bis 1933. Agenturpubli-
   zistik zwischen Politik und Wirtschaft.* München u.a. 1991.
Baum, Achim: *Journalistisches Handeln. Eine kommunikationstheoretisch be-
   gründete Kritik der Journalismusforschung.* Opladen 1994.
Baumert, Andreas: *Interviews in der Recherche. Redaktionelle Gespräche zur
   Informationsbeschaffung.* Wiesbaden 2004.
Baumert, Dieter Paul: *Die Entstehung des deutschen Journalismus. Eine sozi-
   algeschichtliche Studie.* München, Leipzig 1928.
Bausch, Hans: *Rundfunkpolitik nach 1945.* 2 Bände. München 1980.
BDZV = Bundesverband Deutscher Zeitungsverleger (Hg.): *Zeitungen
   2008.* Berlin 2008.
–: Auszug 2008a: *Die deutschen Zeitungen in Zahlen und Daten* (http://www.
   bdzv.de/fileadmin/bdzv_hauptseite/markttrends_daten/wirtschaftliche_
   lage/2008/assets/ZahlenDaten_2008.pdf, Abr. vom 23.01.2009).
Beck, Klaus: *Medien und die soziale Konstruktion von Zeit.* Opladen 1994.
Belke, Horst: *Literarische Gebrauchsformen.* Düsseldorf 1973.
Belz, Christopher/Haller, Michael/Sellheim, Armin: *Berufsbilder im Jour-
   nalismus. Von den alten zu den neuen Medien.* Konstanz 1999.
Benjamin, Walter: »Der Flaneur«. In: *Charles Baudelaire. Ein Lyriker im Zeit-
   alter des Hochkapitalismus. Gesammelte Schriften,* hg. von Rolf Tiedemann
   und Herrmann Schweppenhäuser. Bd. III. Frankfurt a.M. 1974, S. 33-65.
Bense, Max: »Der Essay und seine Prosa«. In: Bense, Max: *Plakatwelt.*
   Stuttgart 1952.
Bentele, Günter: »Objektivität in den Massenmedien – Versuch einer his-
   torischen und systematischen Begriffserklärung«. In: Bentele, Günter/
   Ruoff, Robert (Hg.): *Wie objektiv sind unsere Medien?* Frankfurt a.M.
   1982, S. 111-155.
–: »Intereffikationsmodell«. In: Ders./Fröhlich, R./Szyszka, P. (Hg.):
   *Handbuch der Public Relations. Wissenschaftliche Grundlagen und beruf-
   liches Handeln.* 2. erw. Aufl., Wiesbaden 2008, S. 209-229.
–   /Rühl, Manfred (Hg.): *Theorien öffentlicher Kommunikation. Problemfelder, Positionen, Perspektiven.* München 1993.

Berg-Walz, Benedikt: *Vom Dokumentarfilm zur Fernsehreportage.* Berlin 1995.

Berger, Bruno: *Der Essay. Form und Geschichte.* München 1964.

Bergsdorf, Wolfgang: *Die Vierte Gewalt. Einführung in die politische Massenkommunikation.* Mainz 1980.

Berliner Medienwoche 2008 (Kongress): Pressemitteilung vom 1.9.2008: »Der Nutzer bestimmt über die Zukunft der Medien«. Abrufbar unter: http://www.medienwoche.de/WebObjects/Medienboard.woa/wa/CMSshow/1009905?mode=cms1777598 (Abr. vom 28.1.2009).

Bernstein, Carl/Woodward, Bob: *All the President's Men.* Washington 1974.

Bernstein, Carl/Woodward, Bob: *The Final Days. The Classic, Behind-the-Scenes Account of Richard Nixon's Dramatic Last Days in the White House.* New York 1976.

Betz, Anneliese: *Auftragskompositionen im Rundfunk (1946 – 1975).* Dt. Rundfunkarchiv, Frankfurt a.M. 1977.

Beuthner, Michael/Weichert, Stephan Alexander (Hg.): *Die Selbstbeobachtungsfalle. Grenzen und Grenzgänge des Medienjournalismus.* Wiesbaden 2005.

Biller, Maximiliane: *Exilstationen. Eine empirische Untersuchung zur Emigration und Remigration deutschsprachiger Journalisten und Publizisten.* Münster, Hamburg 1994.

Bleicher, Joan Kristin/Pörksen, Bernhard (Hg.): *Grenzgänger. Formen des New Journalism.* Wiesbaden 2004.

Blöbaum, Bernd: *Journalismus als soziales System. Geschichte, Ausdifferenzierung und Verselbständigung.* Opladen 1994.

–: *Zwischen Redaktion und Reflexion: Integration von Theorie und Praxis in der Journalistenausbildung.* Münster 2000.

Böll, Heinrich: *Die verlorene Ehre der Katharina Blum oder wie Gewalt entstehen und wohin sie führen kann.* Erzählung. Köln 1974.

Böning, Holger (Hg.): *Deutsche Presse. Biobibliographische Handbücher zur Geschichte der deutschsprachigen periodischen Presse von den Anfängen bis 1815.* Bd.1.1, 1.2, 1.3., 2. Stuttgart-Bad Cannstatt 1996, 1997.

–: »Das Intelligenzblatt«. In: Fischer, Ernst/Haefs, Wilhelm/Mix, York-Gothart (Hg.): *Von Almanach bis Zeitung: ein Handbuch der Medien in Deutschland 1700 – 1800.* München 1999, S. 89–104.

– /Kutsch, Arnulf/Stöber, Rudolf: *Jahrbuch für Kommunikationsgeschichte.* Stuttgart 1999ff.

Boenisch, Vasco: *Krise der Kritik? Was Theaterkritiker denken – und ihre Leser erwarten.* Berlin 2008.

Bösch, Frank: »Volkstribune und Intellektuelle: W.T Stead, Maximilian Harden und die Transformation des politischen Journalismus in Deutschland und Großbritannien«. In: Zimmermann, Clemens (Hg.): *Politischer Journalismus, Öffentlichkeit und Medien im 19. Und 20. Jahrhundert.* Ostfildern 2006, S. 99-120.

Bolz, Norbert: »Literarisches Kultmarketing«. In: Köhler, Andrea/Moritz, Rainer (Hg.): *Maulhelden und Königskinder.* Leipzig 1998, S. 245-254.

Bonfadelli, Heinz: *Medienwirkungsforschung I. Grundlagen und theoretische Perspektiven.* Konstanz 1999.

–: *Medienwirkungsforschung II. Anwendungen in Politik, Wirtschaft und Kultur.* Konstanz 2000.

Bosshart, Louis: »Infotainment im Spannungsfeld von Information und Unterhaltung«. In: *Medienwissenschaft Schweiz* 2/1991, S. 1-4.

–: »Information und/oder Unterhaltung?«. In: Scholl, Armin/Renger, Rudi/Blöbaum Bernd (Hg.): *Journalismus und Unterhaltung. Theoretische Ansätze und empirische Befunde.* Wiesbaden 2007, S. 17-30.

Boventer, Hermann: *Ethik des Journalismus. Zur Philosophie der Medienkultur.* Konstanz 1984.

–: *Wahrheit und Lüge im Journalismus.* Köln 1986.

–: »Eine verschwiegene Laudatio. Gelebte Moral im Journalismus«. In: Boventer, Hermann (Hg.): *Medien und Moral. Ungeschriebene Regeln des Journalismus.* Konstanz 1988, S. 173-184.

–: »Der Journalist in Platons Höhle. Zur Kritik des Konstruktivismus«. In: *Communicatio Socialis* 2/1992, S. 157-167.

–: »Muckrakers. Investigativer Journalismus zwischen Anspruch und Wirklichkeit«. In: Wunden, Wolfgang (Hg.): *Öffentlichkeit und Kommunikationskultur.* Hamburg, Stuttgart 1994, S. 215-230.

–: *Medien-Spektakel: wozu Journalismus? USA und Deutschland.* Frankfurt a.M. 1995.

Branahl, Udo: *Medienrecht. Eine Einführung.* 5. vollst. überarb. Aufl. Wiesbaden 2006.

Brecht, Bertolt: »Der Rundfunk als Kommunikationsapparat« (1932/33). In: *Werke. Große kommentierte Berliner und Frankfurter Ausgabe Bd. 21: Schriften 1.* Frankfurt a.M. 1992, S. 552-557.

Brendel, Matthias/Brendel Frank/Scherz, Christian/Schreiber, Henrik: *Richtig recherchieren. Wie Profis Informationen suchen und sich besorgen; ein Handbuch für Journalisten, Rechercheure, Öffentlichkeitsarbeiter.* 6. akt. Aufl. Frankfurt a.M. 2004.

Brenner, Peter J. (Hg.): *Der Reisebericht. Die Entwicklung einer Gattung in der deutschen Literatur.* Frankfurt a.M. 1989.

–: *Der Reisebericht in der deutschen Literatur. Ein Forschungsüberblick als Vorstudie zu einer Gattungsgeschichte.* Tübingen 1990.

Breunig, Christian: »Radiomarkt in Deutschland. Entwicklung und Perspektiven«. In: *MediaPerspektiven 9/2001, S.* 450-470. Abrufbar unter: http://www.media-perspektiven.de/uploads/tx_mppublications/09-2001_Breunig_neu.pdf (Abr. vom 26.01.2009).

Brosius Hans-Bernd/Koschel, Friederike: *Methoden der empirischen Kommunikationsforschung.* 2. Aufl. Wiesbaden 2003.

Brüggemann, Michael: »Intelligente Verknüpfung (Crossmedia)«. In: *journalist* 12/2001, S. 59-61.

Brumm, Dieter: »Sturmgeschütz der Demokratie? ›Der Spiegel‹«. In: Thomas, Michael Wolf (Hg.): *Portraits der deutschen Presse.* Berlin 1980, S. 183-200.

Bruns, Thomas/Marcinkowski, Frank: »Konvergenz Revisited. Neue Befunde zu einer älteren Diskussion«. In: *Rundfunk und Fernsehen* 44. Jg. 1996, H. 4, S. 461-478.

Bruns, Thomas/Marcinkowski, Frank: *Politische Information im Fernsehen.*

Eine Längsschnitt-Studie zur Veränderung der Politikvermittlung in Nachrichten und politischen Informationssendungen. Opladen 1997.

Buck, Theo/Steinbach, Dietrich (Hg.): *Tendenzen der deutschen Literatur (zwischen 1918 und 1945): Weimarer Republik, Drittes Reich, Exil.* Stuttgart 1985.

Camen, Rainer: *Die Glosse in der deutschen Tagespresse: zur Analyse »journalistigen« Raisonnements.* Bochum 1984.

Capote, Truman: *In Cold Blood.* 1966. (Dt.: *Kaltblütig. Wahrheitsgemäßer Bericht über einen mehrfachen Mord und seine Folgen.* Übers. von Kurt Heinrich Hansen. Wiesbaden 1966).

Cappon, Rene, J.: *Associated Press-Handbuch journalistisches Schreiben.* Übers. von Käthe H. Fleckenstein. Berlin 2005.

Capurro, Rafael: *Information. Ein Beitrag zur etymologischen und ideengeschichtlichen Begründung des Informationsbegriffs.* München u.a. 1978.

Cario, Ingmar: *Die Deutschland-Ermittler. Investigativer Journalismus und die Methoden der Macher.* Münster 2006.

Cunow, Heinrich: *Die Parteien der französischen Revolution und ihre Presse.* 2. erw. Aufl. Berlin 1912.

Curtius, Ernst Robert: *Kritische Essays zur europäischen Literatur.* Frankfurt a.M. 1984.

Debatin, Bernhard: »Medienethik als Steuerungsinstrument? Zum Verhältnis von individueller und korporativer Verantwortung in der Massenkommunikation«. In: Weßler, Hartmut u.a. (Hg.): *Perspektiven der Medienkritik – die gesellschaftliche Auseinandersetzung mit öffentlicher Kommunikation in der Mediengesellschaft; Dieter Roß zum 60. Geburtstag.* Opladen 1997, S. 287-303.

Demers, David Pearce/Nichols, Suzanne: *Precision Journalism. A Practical Guide.* Newbury Park, Beverly Hills, London, New Delhi 1987.

Dernbach, Beatrice/Quandt, Thorsten (Hg.): *Spezialisierung im Journalismus.* Wiesbaden 2009.

Deutscher Journalisten-Verband (DJV) (Hg.): *Berufsbild Journalistin/Journalist.* Schriften / DJV Reihe Nr. 4, 2009 (http://www.djv.de).

Deutscher Presserat (Hg.): *Publizistische Grundsätze (Pressekodex) in der Fassung vom 3. Dezember 2008* (http://www.presserat.de).

Dibelius, Ulrich: »Musikkultur aus eigener Kraft«. In: *ARD-Jahrbuch* 81, S. 26-37.

Döpfner, Mathias O.C.: *Musikkritik in Deutschland nach 1945. Inhaltliche und formale Tendenzen. Eine kritische Analyse.* Frankfurt a.M. u.a. 1991.

Dörner, Andreas/Vogt, Ludgera: »Literatur – Literaturbetrieb – Literatur als ›System‹«. In: Arnold, Heinz Ludwig/Detering, Heinrich: *Grundzüge der Literaturwissenschaft.* München 1996, S. 79-99.

Donsbach, Wolfgang: *Legitimationsprobleme des Journalismus: gesellschaftliche Rolle der Massenmedien und berufliche Einstellungen von Journalisten.* Freiburg i.Br., München 1982.

–: »Journalismusforschung in der Bundesrepublik. Offene Fragen trotz Forschungsboom«. In: Wilke, Jürgen (Hg.): *Zwischenbilanz der Jour-*

nalistenausbildung. (Schriftenreihe der Deutschen Gesellschaft für Publizistik- und Kommunikationswissenschaft, Bd. 14) München 1987, S. 105-142.

–: »Journalist«. In: Noelle-Neumann, Elisabeth/Schulz, Winfried/Wilke, Jürgen (Hg.): *Fischer Lexikon Publizistik und Massenkommunikation.* Frankfurt a.M. 1990, S. 50-69.

–: »Täter oder Opfer – die Rolle der Massenmedien in der amerikanischen Politik«. In: Donsbach, Wolfgang/Jarren, Otfried/Kepplinger, Hans M./Pfetsch, Barbara (Hg.): *Beziehungsspiele. Medien und Politik in der öffentlichen Diskussion. Fallstudien und Analysen.* Gütersloh 1993, S. 221-281.

– /Mathes, Rainer: »Rundfunk«. In: Noelle-Neumann, Elisabeth/Schulz, Winfried/Wilke, Jürgen (Hg.): *Fischer Lexikon Publizistik und Massenkommunikation.* Frankfurt a.M. 1990, S. 330-360.

– /Rentsch, Mathias/Schielicke, Anna-Maria, u.a.: *Entzauberung eines Berufs. Was die Deutschen vom Journalismus erwarten und wie sie enttäuscht werden.* Konstanz 2009.

Dorsch, Petra E.: *Die Zeitung. Medium des Alltags. Monographie zum Zeitungsstreik.* München 1984.

Dovifat, Emil: *Der amerikanische Journalismus.* Stuttgart, Berlin 1927.

– (Hg.): *Handbuch der Publizistik.* 3 Bände. Berlin 1968-1969.

–: *Die publizistische Persönlichkeit (in Memoriam Emil Dovifat zum 100. Geburtstag am 27. Dezember 1990)* / Emil Dovifat. Hg. von Dorothee von Dadelsen. Mit e. Vorw. von Otto B. Roegele. Berlin, New York 1990.

– /(Wilke, Jürgen): *Zeitungslehre I und II.* (Von Jürgen Wilke neubearb. 6. Aufl. d. Ausg. von 1937). Berlin 1976.

Duchkowitsch, Wolfgang (Hg.): *Journalismus als Kultur. Analysen und Essays.* Opladen 1998.

Dussel, Konrad/Lersch, Edgar/Müller, Jürgen K.: *Rundfunk in Stuttgart 1950 – 1959.* Süddeutscher Rundfunk, Stuttgart 1995.

–: *Deutsche Rundfunkgeschichte. Eine Einführung.* Konstanz 1999.

Duttenhöfer, Barbara: »Innovationen um 1900: Investigativer und lokaler Journalismus – Frauenjournalismus – Visualisierung« In: Zimmermann, Clemens (Hg.): *Politischer Journalismus, Öffentlichkeit und Medien im 19. und 20. Jahrhundert.* Ostfildern 2006.

Eggebrecht, Axel: »Über Hörfolgen (Features)«. Aushang im NWDR, November 1945. Abschrift im Internet abrufbar unter: http://radio-feature. de/literatur/lit_eggebrecht.html (Abr. vom 16.6.2009).

Eichmann, Hubert: *Medienlebensstile zwischen Informationselite und Unterhaltungsproletariat: Wissensungleichheiten durch die differentielle Nutzung von Printmedien, Fernsehen, Computer und Internet.* Frankfurt a.M. u.a. 2000.

Eisenstein, Elizabeth L.: *Die Druckerpresse. Kulturrevolutionen im frühen modernen Europa.* Wien, New York 1997.

Elitz, Ernst: »Verantwortung der Medienmacher«. Rede anlässlich des 6. Thüringer Mediensymposiums am 5./6. Oktober 2001 in Erfurt (im

Internet unter: http://www.thueringen.de/tkm/hauptseiten/grup_thme-
dien/medsymp6/rede_elitz.htm).

Emery, Edwin/Roberts, Nancy L./Emery Michael C.: *The Press and America.
An Interpretative History of the Mass Media.* (9th edition) Boston 1999.

Engelsing, Rolf: *Massenpublikum und Journalistentum im 19. Jahrhundert in
Nordwestdeutschland.* Berlin 1966.

Enzensberger, Hans Magnus: »Die willkommene Leere. Das Nullmedium
oder Warum alle Klagen über das Fernsehen gegenstandslos sind«. In:
Der Spiegel 43. Jg. 1988, H.20, S. 234-244.

Erlhofer, Sebastian: *Suchmaschinen-Optimierung für Webentwickler: Grundlagen, Funktionsweisen und Ranking-Optimierung.* 4. akt. u. erw. Aufl.
Bonn 2008.

Esser, Christian/Randerath, Astrid: »Das Pharma-Kartell. Wie Patien-
ten betrogen werden«. In: ZDF-Dokumentation (Frontal 21) vom
9.12.2008, 21-21.45 Uhr.

Esser, Frank: »Recherchier-Verhalten in Deutschland und den USA«. In:
message Nr.2/Oktober 1999, S. 26-31.

– /Reinemann, Carsten: »Spin-Doctors: Mit welchen Tricks sie die politische Berichterstattung manipulieren« In: *message* Nr.2/Oktober 1999,
S. 66-71.

Fabris, Hans-Heinz: *Journalismus und bürgernahe Medienarbeit. Formen
und Bedingungen der Teilhabe an gesellschaftlicher Kommunikation.* Salz-
burg 1979.

–: »Österreichs Beitrag zu Kommunikationswissenschaft und -forschung:
Zwischen Aufbruch und Verhinderung«. In: Langenbucher, Wolfgang
R. (Hg.): *Publizistik und Kommunikationswissenschaft: ein Textbuch zur
Einführung in ihre Teildisziplinen.* Wien 1988, S. 25-39.

–: »Vielfältige Qualität. Theoretische Ansätze und Perspektiven der Diskussion um Qualität im Journalismus«. In: Löffelholz, M. (Hg.): *Theorien des Journalismus. Ein diskursives Handbuch.* Wiesbaden 2000,
S. 363-374.

Fähler, Ruth: *Wekhrlin als Feuilletonist.* Münster 1947.

Fasel, Christoph: *Nutzwertjournalismus.* Konstanz 2004.

Fassihi, Floria Fee: *Werbebotschaften aus der Redaktion. Journalismus im
Spannungsfeld zwischen Instrumentalisierung und Informationsauftrag.*
Konstanz 2008.

Faulstich, Werner: *Medienwissenschaft.* Paderborn 2004.

– *Medienwandel im Industrie- und Massenzeitalter (1830-1900).* Göttingen
2004b.

Fengler, Susanne/Ruß-Mohl, Stephan: *Der Journalist als »Homo oeconomicus«.* Konstanz 2005.

Fischer, Heinz-Dietrich (Hg.): *Kritik in Massenmedien. Objektive Kriterien
oder subjektive Wertung?* Köln 1983.

Fischer, Ingo: »Lügen, Rügen und (k)ein Ende«. In: *journalist* 6/2001,
S. 40-44.

Fischer, Ludwig u.a. (Hg.): *Gebrauchsliteratur. Methodische Überlegungen
und Beispielanalysen.* Stuttgart 1976.

Flichy, Patrice: *Tele. Geschichte der modernen Kommunikation*. Frankfurt a.M. 1994.

Forster, Georg: *Ansichten vom Niederrhein*. Bd. 2 in: *Forsters Werke in zwei Bänden*, hg. von Gerhard Steiner. Berlin, Weimar 1979.

Frank, Andrea/Haacke, Stefanie/Lahm, Swantje: »Schreiben für das Internet.« In: Dies.: *Schlüsselkompetenzen: Schreiben in Studium und Beruf.* Stuttgart 2007, S. 194-196.

Franzetti, Dante Andrea: »Die Zukunft der Fakten.« In: *Die Zeit* v. 15.6.2000, Nr. 25/2000, S. 49-50.

Frei, Norbert/Schmitz, Johannes: *Journalismus im Dritten Reich*. 3. überarb. Aufl. München 1999.

Fretwurst, Benjamin: *Nachrichten im Interesse der Zuschauer. Eine konzeptionelle und empirische Neubestimmung der Nachrichtenwerttheorie*. Konstanz 2008.

Freytag, Gustav: *Die Journalisten. Lustspiel in vier Akten* (1853). 32. Aufl. Leipzig 1920.

Friedrich, Heinz: »Der Essay«. In: Heß, Dieter (Hg.): *Kulturjournalismus. Ein Handbuch für Ausbildung und Praxis*. 2. Aufl. München 1997, S. 188-195.

Friedrich, Hugo: *Montaigne*. Bern 1949.

Frühbrodt, Lutz: *Wirtschafts-Journalismus. Ein Handbuch für Ausbildung und Praxis*. Berlin 2007.

Galtung, Johan/Ruge, Mari Holmboe: »The Structure of Foreign News. The Presentation of the Congo, Cuba and Cyprus Crisis in Four Foreign Newspapers«. In: *Journal of Peace Research* 2 (1965), S. 64-91.

Geisler, Michael: *Die literarische Reportage in Deutschland. Möglichkeiten und Grenzen eines operativen Genres*. Königstein/Ts 1982.

Gemballa, Gero: »Recherche bringt kein Geld«. In: *message* Nr. 2/Oktober 1999, S. 45.

Gerhardt, Rudolf/Leyendecker, Hans: *Lesebuch für Schreiber. Vom richtigen Umgang mit der Sprache und von der Kunst des Zeitungslesens*. Frankfurt a.M. 2005.

GfK = Gesellschaft für Konsumforschung (Hg.): GfK-Studien Medien/ *GfK Online-Monitor: Ergebnisse der 7. Untersuchungswelle*. März 2001 (im Internet unter: http://www.gfk.de).

Giesecke, Michael: *Der Buchdruck in der frühen Neuzeit: eine historische Fallstudie über die Durchsetzung neuer Informations- und Kommunikationstechnologien*. Frankfurt a.M. 1991.

Gillmor, Dan: *We the Media. Grassroots Journalism By the People, For the People*. O'Reilly Media 2004.

Gissing, George: *Zeilengeld*. Roman. Aus dem Englischen von Adele Berger. Einrichtung des Textes und Revision der Übersetzung von Wulfhard Heinrichs und Helga Herborth. Nördlingen 1986.

Glotz, Peter/Langenbucher, Wolfgang R.: *Der missachtete Leser: Zur Kritik der deutschen Presse*. Berlin 1969. München 1993 (Nachdruck).

Göpfert, Winfried (Hg.): *Wissenschafts-Journalismus: Ein Handbuch für Ausbildung und Praxis. 5. vollst. akt. Aufl.* Berlin 2006.

Görke, Alexander: »Journalismus und Öffentlichkeit als Funktionssystem.«

In: Scholl, Arnim (Hg.): *Systemtheorie und Konstruktivismus in der Kommunikaitonswissenschaft.* Konstanz 2002, S. 69-90.

Goldschmidt, Hans E.: *Von Grubenhunden und aufgebundenen Bären im Blätterwald.* Wien/München 1981.

Gottschlich, Maximilian: *Journalismus und Orientierungsverlust. Grundprobleme öffentlich-kommunikativen Handelns.* Wien, Köln, Graz 1980.

Greenslade, Roy: »Macht euch vom Sockel!« (Reprint from: *Greenslade Blog*). In: *message* 4/2008, S. 10-11.

Greiner, Ulrich: »Wer hat Angst vorm Feuilleton? Anmerkungen zu einem diffusen Mißmut«. In: *Die Zeit*, Nr. 10 vom 28.2.1992, S. 59.

Grob, Norbert/Prümm, Karl (Hg.): *Die Macht der Filmkritik: Positionen und Kontroversen.* München 1990.

Grobe, Daniela: *Journalismus und Journalistik unter Parteidiktat: die Nachricht in der journalistischen Methodik der DDR; ein informationspolitisches Beispiel.* Egelsbach u.a. 1995.

Groeben, Norbert/Hurrelmann, Bettina (Hg.): *Lesesozialisation in der Mediengesellschaft: ein Forschungsüberblick.* Weinheim 2004.

Groth, Otto: *Die Zeitung. Ein System der Zeitungskunde (Journalistik),* Bd. *I-IV,* Mannheim, Berlin, Leipzig 1928-1930.

–: *Die unerkannte Kulturmacht. Grundlegung der Zeitungswissenschaft* (Periodik). Bd.1-6. Berlin 1960-1966.

Haacke, Wilmont: *Handbuch des Feuilletons.* 3 Bände. Emsdetten 1951-53.

Haarmann, Hermann: »Theaterkritik«. In: Kauffmann, Kai/Schütz, Erhard (Hg.): *Die lange Geschichte der kleinen Form. Beiträge zur Feuilletonforschung.* Berlin 2000, S. 205-211.

Haas, Gerhard: *Studien zum Essay und seinen Vorformen im Roman.* Tübingen 1966.

–: *Essay.* Stuttgart 1969.

Haas, Hannes: *Empirischer Journalismus.* Wien 1999.

Habermas, Jürgen: *Strukturwandel der Öffentlichkeit. Untersuchungen zu einer Kategorie der bürgerlichen Gesellschaft.* 12. Aufl. Frankfurt a.M. 1981.

–: *Moralbewusstsein und kommunikatives Handeln.* Frankfurt a.M. 1983.

–: *Erläuterungen zur Diskursethik.* Frankfurt a.M. 1991.

Hafner, Katie/Lyon, Metthew: *ARPA Kadabra oder Die Geschichte des Internet.* 2. korr. Aufl. Heidelberg 2000.

Hagemann, Jürgen: *Die Presselenkung im Dritten Reich.* Bonn 1970.

Hagemann, Walter: *Grundzüge der Publizistik.* Münster 1947.

–: *Die Zeitung als Organismus. Ein Leitfaden. Beiträge zur Publizistik Band 1.* Heidelberg 1950.

Hahn, Oliver/Lönnendonker, Julia/Schröder, Roland (Hg.): *Deutsche Auslandskorrespondenten. Ein Handbuch.* Konstanz 2008.

Hahn, Oliver/Lönnendonker, J./Scherschun, Nicole: »II.1 Forschungsstand – Deutsche Auslandskorrespondenten und -korrespondenz«. In: Hahn/Lönnendonker/Schröder 2008, S. 19-43.

Halefeldt, Horst O.: »Programmgeschichte des Hörfunks«. In: Wilke, Jürgen (Hg.): *Mediengeschichte der Bundesrepublik Deutschland.* Köln, Weimar, Wien 1999, S. 211-230.

Haller, Michael: »Das Medium als Wille und Vorstellung«. In: *Die Zeit* Nr. 27 vom 28. Juni 1991, S. 54.

–: »Politisierung des Kulturellen? Zum Funktionswandel des Kulturjournalismus.«. In: Bundeszentrale f. polit. Bildung (Hg.): Beilage zur Wochenzeitung *Das Parlament* B12/2003 (Aus Politik und Zeitgeschichte) vom 17.3.2003, S. 3-5.

–: *Recherchieren. Ein Handbuch für Journalisten*. 5. überarb. Aufl. Konstanz 2000, 6. überarb. Aufl. Konstanz 2004.

–: »Die zwei Kulturen. Journalismustheorie und journalistische Praxis«. In: Löffelholz, Martin (Hg.): *Theorien des Journalismus. Ein diskursives Handbuch*. Wiesbaden 2000b, S. 101-122. Sowie in: Ebd. 2. überarb. Aufl. 2004, S. 129-150.

–: »Die aufmüpfigen Info-Piraten.« In: *message* 4/2008, S. 15-18.

–: *Die Reportage. Ein Handbuch für Journalisten*. 6. Aufl. (unveränd. Nachdr. der 5. überarb. Aufl. 2006) Konstanz 2008 (sowie: Ausg. 1997).

–: *Das Interview. Ein Handbuch für Journalisten*. 4. Aufl. Konstanz 2008.

– /Holzwey, Helmut (Hg.): *Medien-Ethik. Beschreibungen, Analysen, Konzepte*. Opladen 1992.

– /Puder, Klaus/Schlevoigt, Jochen (Hg.): *Presse Ost – Presse West. Journalismus im vereinten Deutschland*. Berlin 1991.

Hardt, Hanno: »Das amerikanische Beispiel. Engagement für die Öffentlichkeit«. In: Langenbucher, Wolfgang R. (Hg.): *Journalismus & Journalismus. Plädoyers für Recherche und Zivilcourage*. München 1980, S. 67-72.

Harmand, Jost: »Einheit in der Vielfalt? Zur Geschichte des Begriffs Neue Sachlichkeit«. In: Bullivant, Keith (Hg.): *Das literarische Leben in der Weimarer Republik*. Königstein 1978, S. 1-88.

Häusermann, Jürg: *Journalistisches Texten. Sprachliche Grundlagen für professionelles Informieren*. Konstanz 2001, 2. aktual. Aufl. 2005.

Heijnk, Stefan: *Texten fürs Web. Grundlagen und Praxiswissen für Online-Redakteure*. Heidelberg 2002.

Hein, Jan-Philipp: »Weiter auf dem Propagandapfad«. In: *Kölner Stadtanzeiger*, Online-Ausgabe vom 15.6.2008 (http://www.ksta.de/jks/artikel.jsp?id=1212172883517).

Hepp, Andreas: *Cultural Studies und Medienanalyse: eine Einführung*. Opladen 1999.

– /Winter, Rainer (Hg.): *Kultur-Medien-Macht: cultural studies und Medienanalyse*. Opladen 1997 und (2. erw. Aufl.) 1999.

Heß, Dieter (Hg.): *Kulturjournalismus. Ein Handbuch für Ausbildung und Praxis*. München, Leipzig 1992, (2. Aufl.) 1997.

–: »Literaturkritik im Hörfunk«. In: Ders. (Hg.): *Kulturjournalismus. Ein Handbuch für Ausbildung und Praxis*. 2. Aufl. München 1997, S. 68-77.

Hickethier, Knut: *Geschichte der Fernsehkritik in Deutschland*. Berlin 1994.

–: *Film- und Fernsehanalyse*. Stuttgart 1996.

–: *Geschichte des deutschen Fernsehens*. Stuttgart 1998.

Hochstätter, Matthias: »Macht am Markt«. In: *journalist* 1/2000, S. 44-46.

Hömberg, Walter: »Rundfunk der Bürger. Chancen und Probleme der gesellschaftlichen Kontrolle«. In: Kops, Manfred (Hg.): *Öffentlich-recht-*

licher Rundfunk in gesellschaftlicher Verantwortung: Anspruch und Wirklichkeit. Berlin u.a. 2003, S. 73-97.

Hoff, Peter: »›Vertrauensmann des Volkes‹. Das Berufsbild des ›sozialistischen Journalisten‹ und die ›Kaderanforderungen‹ des Fernsehens der DDR – Anmerkungen zum politischen und professionellen Selbstverständnis von ›Medienarbeitern‹ während der Honecker-Zeit«. In: *Rundfunk und Fernsehen.* 38. Jg. (1990) H. 3, S. 385-399.

–: »Fernsehen als ›kollektiver Organisator‹ – Anfänge des DDR-Fernsehens: 1947 bis 1956«. In: Hickethier 1998, S. 95-109.

–: »Auf dem Weg zum Massenmedium – Der Ausbau des DDR-Fernsehens von 1956 bis 1961«. In: Hickethier 1998, S. 181-197.

–: »Zwischen Mauerbau und VII. Parteitag – Das Fernsehen in der DDR von 1961-1971«. In: Hickethier 1998, S. 281-313.

–: »Zwischen neuem Aufbruch und Untergang – Fernsehen in der DDR von 1971-1989«. In: Hickethier 1998, S. 383-413.

Hoffjann, Olaf: *Journalismus und Public Relations. Ein Theorieentwurf der Intersystembeziehungen in sozialen Konflikten.* Wiesbaden 2001. 2. Aufl. 2007.

Hoffmann, Hilmar: *Kultur für alle. Perspektiven und Modelle.* Frankfurt a.M. 1979.

Hoffmann, Jochen: *Inszenierung und Interpenetration. Das Zusammenspiel von Eliten aus Politik und Journalismus.* Wiesbaden 2003.

Hoffmann, Beate/Müller, Christina: *Public Relations kompakt.* Konstanz 2008.

Hohendahl, Uwe (Hg.): *Geschichte der deutschen Literaturkritik (1730-1980).* Stuttgart 1985.

Hohlfeld, Ralf: »Konvergenz und Konkurrenz. Programmprofile im dualen System«. In: Hömberg, Walter (Hg.): *Rundfunk-Kultur und Kultur-Rundfunk.* Münster 2000, S. 59-80.

Holderegger, Adrian (Hg.): *Ethik der Massenkommunikation. Grundlagen.* Freiburg 1992.

Hollowell, John: *Fact and Fiction: The New Journalism and the Nonfiction Novel.* University of North Carolina Press, 1977.

Holzweißig, Gunter: *Die schärfste Waffe der Partei: eine Mediengeschichte der DDR.* Köln u.a. 2002.

Hooffacker, Gabriele: *Online-Journalismus. Schreiben und Gestalten für das Internet. Ein Handbuch für Ausbildung und Praxis.* München 2001; 2. Aufl. 2004.

–: *Wer macht die Medien? Back to the Roots of Journalism. Online-Journalismus zwischen Bürgerbeteiligung und Professionalisierung.* München 2008.

Horkheimer, Max/Adorno, Theodor W.: *Dialektik der Aufklärung.* Frankfurt a.M. Ausg. 1979.

Hülsebus-Wagner, Christa: *Feature und Radio-Essay. Hörfunkformen von Autoren der Gruppe 47 und ihres Umkreises.* Aachen 1983.

Hurwitz, Harold: *Die Stunde Null der deutschen Presse.* Köln 1972.

Institut zur Förderung des publizistischen Nachwuchses (ifp)/Deutscher Presserat (Hg.): *Ethik im Redaktionsalltag.* (Erörterungen, Praxisbeispiele, Lösungsansätze - Anm.d.Verf.). Konstanz 2005.

Jacobi, Jutta: *Journalisten im literarischen Text. Studien zum Werk von Karl Kraus, Egon Erwin Kisch und Franz Werfel.* Frankfurt a.m., Bern, New York, Paris 1989.

Jaedicke, Ralf: »Das Mini-Feature. Kino im Kopf«. In: Mast 2008, S. 296-298.

Jäger, Christian/Schütz Erhard: *Städtebilder zwischen Literatur und Journalismus. Wien, Berlin und das Feuilleton der Weimarer Republik.* Wiesbaden 1999.

Jakobs, Hans-Jürgen: »Staat macht Journalisten zu Hilfspolizisten«. In: *Süddeutsche Zeitung,* Online-Ausgabe vom 21.08.2008. Unter: http://www.sueddeutsche.de/politik/214/307169/text/ (Abr. vom 24.01.2009).

Janisch, Wolfgang: *Investigativer Journalismus und Pressefreiheit. Ein Vergleich des deutschen und amerikanischen Rechts.* Baden-Baden 1998.

Jansen, Peter W.: »Filmkritik im Fernsehen«. In: Heß, Dieter (Hg.): *Kulturjournalismus. Ein Handbuch für Ausbildung und Praxis.* 2. Aufl. München 1997, S. 106-109.

Jarren, Otfried/Weßler, Hartmut: »Wissenschaft in den Medien als Politisierungsprozess. Überlegungen zu einer Neuorientierung in der Wissenschafts-Kommunikationsforschung.« In: Duchkowitsch u.a. 1998, S. 189-199.

Jessen, Jens: »Ort der Utopie. (Wieviel thematische Öffnung verträgt das Feuilleton?)«. In: *message* Nr. 3/Juli 2000, S. 35-38.

Jolmes, Johannes: »Liebe Presse, ich weiß nichts«. In: *Die Zeit online vom 13.3.2009. Unter:* http://www.zeit.de/online/2009/12/presse-onlinedienste (Abr. vom 24.3.09).

Kaase, Max/Schulz, Winfried: »Massenkommunikation: Theorien, Methoden, Befunde«. (*Kölner Zeitschrift für Soziologie und Sozialpsychologie*: Sonderheft 30). Opladen 1989.

Kahre, Mirko-Alexander: *»Ein in die Zeit gehängtes Netz« Der Essay als glaubwürdige Form der Moderne.* Diss. Konstanz 2002 (Online-Publikation). Abrufbar unter: http://deposit.d-nb.de/cgi-bin/dokserv?idn=964837714&dok_var=d1&dok_ext=pdf&filename=964837714.pdf (Abr. vom 17.6.2009).

Kaiser, Ulrike: »Journalismus GmbH & Co.KG«. In: *journalist* 7/1999, S. 12-15.

Kamps, Klaus/Meckel, Miriam (Hg.): *Fernsehnachrichten. Prozesse, Strukturen, Funktionen.* Opladen 1998.

Kapitza, Arne: *Transformation der ostdeutschen Presse: »Berliner Zeitung«, »Junge Welt« und »Sonntag/Freitag« im Prozess der deutschen Vereinigung.* Opladen 1997.

Karasek, Hellmuth: »Was sich stets und immer wird begeben...« In: Patka, Markus G. (Hg.): *Der rasende Reporter Egon Erwin Kisch. Eine Biographie in Bildern. Mit einem Vorwort von Hellmuth Karasek.* Berlin 1998, S. 5-7.

Karmasin, Matthias: *Journalismus: Beruf ohne Moral? Journalistisches Berufshandeln in Österreich.* 2. Aufl. Wien 1996.

Kauffmann, Kai: »Zur derzeitigen Situation der Feuilletonforschung«. In: Kauffmann/Schütz 2000, S. 10-24.

– /Schütz, Erhard: *Die lange Geschichte der kleinen Form. Beiträge zur Feuilletonforschung.* Berlin 2000.

Kaumanns, Ralf (Hg.): *Auslaufmodell Fernsehen? Perspektiven des TV in der digitalen Medienwelt*. Wiesbaden 2008.

– /Siegenheim Veit: *Die Google-Ökonomie. Wie Google die Wirtschaft verändert*. Norderstedt 2007.

Keppler, Angela: »Konventionen der Weltwahrnehmung. Thesen zur Dramaturgie des Magazinfilms im Fernsehen«. In: Kreuzer, Helmut/Schumacher, Heidemarie (Hg.): *Magazine audiovisuell. Politische und Kulturmagazine im Fernsehen der Bundesrepublik Deutschland*. Berlin 1988, S. 111-128.

Kepplinger, Hans Mathias (Hg.): *Angepasste Außenseiter. Was Journalisten denken u. wie sie arbeiten*. Freiburg i.br., München 1979.

–: »Funktionswandel der Massenmedien«. In: Rühl, Manfred/Stuiber, Heinz-Werner (Hg.): *Kommunikationspolitik in Forschung und Anwendung: Festschr. für Franz Ronneberger*. Düsseldorf 1983, S. 47-64.

–: *Die Demontage der Politik in der Informationsgesellschaft*. Freiburg i.br., München 1998.

– /Habermeier, Johanna: »Ereignis-Serien. Was kann man nach spektakulären Vorfällen über die Wirklichkeit wissen?« In: Mast, Claudia (Hg.): *Markt-Macht-Medien. Publizistik im Spannungsfeld zwischen gesellschaftlicher Verantwortung und ökonomischen Zielen*. Konstanz 1996, S. 261-272.

– /Vohl, Inge: »Professionalisierung des Journalismus? Theoretische Probleme und empirische Befunde«. In: *Rundfunk und Fernsehen*. 24. Jg. 1976, H.4, S. 309-343.

Kiefer, Marie-Luise: »Medienkultur als Nachfrageproblem?« In: Duchkowitsch u.a. 1998, S. 227-240.

–: »Hörfunk- und Fernsehnutzung«. In: Wilke, Jürgen (Hg.): *Mediengeschichte der Bundesrepublik Deutschland*. Köln, Weimar, Wien 1999, S. 426-446.

Kienzlen, Grit/Lublinski, Jan/Stollorz, Volker (Hg.): *Fakt, Fiktion, Fälschung: Trends im Wissenschaftsjournalismus*. Konstanz 2007.

Kiesel, Wolfgang: *Von Beruf frei. Der Ratgeber für freie Journalistinnen und Journalisten*. Hg. v. DJV. Bonn 2001.

Kirchner, Joachim: *Bibliographie der Zeitschriften des deutschen Sprachgebietes bis 1900 in 4 Bänden*. Stuttgart 1969, 1979, 1989 (Register bearb. von Chorherr, Edith).

Kirchner, Petra: *Literatur-Shows: die Präsentation von Literatur im Fernsehen*. Wiesbaden 1994.

Klaus, Elisabeth: *Kommunikationswissenschaftliche Geschlechterforschung. Zur Bedeutung der Frauen in den Massenmedien und im Journalismus*. Opladen, Wiesbaden 1998.

–: »Jenseits von Individuum und System. Journalismustheorien in der Perspektive der Geschlechterforschung«. In: Löffelholz, Martin (Hg.): *Theorien des Journalismus. Ein diskursives Handbuch*. Wiesbaden 2000, S. 333-350.

–: »Abschied von der Dichotomie. Zwischen Information und Unterhaltung, zwischen Fakten und Fiktionen – die widersprüchlichen Grundlagen des Journalismus«. In: Pörksen, Bernhard/Loosen, Wiebke/Scholl,

Armin (Hg.): *Paradoxien des Journalismus. Theorie – Empirie – Praxis. Festschrift für Siegfried Weischenberg.* Wiesbaden 2008, S. 343-360.

– /Wischermann, Ulla/Röser, Jutta (Hg.): *Kommunikationswissenschaft und Gender studies.* Wiesbaden 2001.

Klingler, Walter/Roters, Gunnar/Gerhards, Maria (Hg.): *Medienrezeption seit 1945. Forschungsbilanz und Forschungsperspektiven.* Baden-Baden 1998.

Kloepfer, Michael: *»Innere Pressefreiheit« und Tendenzschutz im Lichte des Artikels 10 der Europäischen Konvention zum Schutze der Menschenrechte und Grundfreiheiten.* Berlin 1996.

Koch-Gombert, Dominik: *Fernsehformate und Formatfernsehen. TV-Angebotsentwicklung in Deutschland zwischen Programmgeschichte und Marketingstrategie.* München 2005.

Koebner, Thomas: »Des Kritikers Dilemma. Anmerkungen, beinahe Glossen, zu Musik-, Theater-, Film- und Fernsehkritik«. In: *Zeitschrift für Literaturwissenschaft und Linguistik. Heft 71: Wertung und Kritik,* Jahrgang 18/1988, S. 114-128.

Köcher, Renate: *Spürhund und Missionar – eine vergleichende Untersuchung über Berufsethik und Aufgabenverständnis britischer und deutscher Journalisten.* München 1985.

Köhler, Otto: *Unheimliche Publizisten. Die verdrängte Vergangenheit der Medienmacher.* Überarb. Ausg. unter Mitarb. von Monika Köhler. München 1995.

Köpf, Peter: *Schreiben nach jeder Richtung. Goebbels-Propagandisten in der westdeutschen Nachkriegspresse.* Berlin 1995.

Kohlmann-Viand, Doris: *NS-Pressepolitik im Zweiten Weltkrieg. Die »vertraulichen Informationen« als Mittel der Presselenkung.* München, London, New York, Paris 1991.

Kohring, Matthias: *Wissenschaftsjournalismus. Forschungsüberblick und Theorieentwurf.* Konstanz 2005.

Koszyk, Kurt: *Deutsche Presse 1914 – 1945.* Berlin 1972.

–: »Professionalisierung durch Wissenschaft. Journalistenausbildung zwischen Berufung und Beruf«. In: *Aus Politik und Zeitgeschichte.* B24/74, 1974, S. 27-37.

–: *Pressepolitik für Deutsche 1945-1949.* Berlin 1986.

–: »Die deutsche Presse 1945-1949«. In: Wagner, Hans (Hg.): *Idee und Wirklichkeit des Journalismus. Festschrift für Heinz Starkulla.* München 1988, S. 61-74.

–: »Presse unter alliierter Besatzung«. In: Wilke, Jürgen (Hg.): *Mediengeschichte der Bundesrepublik Deutschland.* Köln, Weimar, Wien 1999, S. 31-58.

Kraus, Karl: »Sprüche und Widersprüche«. In: *Die Fackel,* Nr. 275-276, 22. März 1909. (Nachdr. in zwölf Bänden. Frankfurt a.M. 1977. Bd. 5, Nr. 275/76, S. 26-30).

–: *Heine und die Folgen.* In: Karl Kraus. Schriften zur Literatur. Ausgew. und erl. von Christian Wagenknecht. Stuttgart 1986.

Kreuzer, Helmut: *Die Bohème. Analyse und Dokumentation der intellektuellen Subkultur vom 19. Jahrhundert bis zur Gegenwart.* Mit einem Erratatverz. vers., sonst textlich unveränd. Stuttgart 2000.

– /Thomsen, Christian W. (Hg.): *Geschichte des Fernsehens in der Bundes-republik Deutschland*. Bd. 1-5. München 1993/94.

Kribus, Felix: *Das deutsche Hörfunk-Feature: Geschichte, Inhalt und Sprache einer radiogenen Ausdrucksform*. Tübingen 1995.

Krolop, Kurt: *Reflexionen der Fackel: neue Studien über Karl Kraus*. Wien 1994.

Krüger, Udo Michael: »Unterschiedliches Informationsverständnis im öffentlich-rechtlichen und privaten Fernsehen. Programmanalyse 1999: ARD, ZDF, RTL, SAT.1 und ProSieben im Vergleich«. In: *Media Perspektiven* 7/2000, S. 278-296.

– /Müller-Sachse, Karl H.: *Medienjournalismus. Strukturen, Themen, Spannungsfelder*. Opladen, Wiesbaden 1999.

Kruse, Jürn/Wrusch, Paul: »Rauchverbot: Dafür, Dagegen, Egal?« (Kurzstudie). In: *message* 4/2008, S. 19-23.

Kürnberger, Ferdinand: »Die Blumen des Zeitungsstils (1876)«. In: Ferdinand Kürnberger: *Literarische Herzenssachen. Reflexionen und Kritiken. Gesammelte Werke hg. von Otto Erich Deutsch. Zweiter Band*. München, Leipzig 1911, S. 8-17.

Kurz, Josef u.a.: *Stilistik für Journalisten*. Wiesbaden 2000.

Kutsch, Arnulf/Westerbarkey, Joachim: »Zur publizistischen ›Funktion‹ von Nachrichten«. In: Straßner, Erich (Hg.): *Nachrichten. Entwicklungen, Analysen, Erfahrungen*. München 1975, S. 9-26.

Langenbucher, Wolfgang R.: »Kommunikation als Beruf. Ansätze kommunikationswissenschaftlicher Berufsforschung«. In: *Publizistik* 19/ 20. Jg. 1974, H. 3-4, S. 256-277.

–: (Hg.): *Journalismus & Journalismus: Plädoyers für Recherche und Zivilcourage*. München 1980.

–: (Hg.): *Publizistik und Kommunikationswissenschaft: ein Textbuch zur Einführung in ihre Teildisziplinen*. Wien 1988.

–: »Journalismus als Kulturleistung. Aufklärung, Wahrheitssuche, Realitätserkundung«. In: *Aviso*, Nr. 11/1994, S. 7-10.

– /Neufeldt, Günther: »Journalistische Berufsvorstellungen im Wandel von drei Jahrzehnten«. In: Wagner, Heinz (Hg.): *Idee und Wirklichkeit des Journalismus. Festschrift für Heinz Starkulla*. München 1988, S. 257-272.

Langer, John: *Tabloid Television. Popular Journalism and the »other News«*. London, New York 1998.

La Roche, Walther von: *Einführung in den praktischen Journalismus: mit genauer Beschreibung aller Ausbildungswege Deutschland, Österreich, Schweiz*. Mitarbeit: Klaus Meier. 15. Aufl. München, Leipzig 1999, 17. Aufl. 2006, sowie: 18. akt. und erw. Aufl. (Mitarbeit: Klaus Meier, Gabriele Hooffacker) Berlin 2008.

– /Buchholz, Axel (Hg.): *Radio-Journalismus. Ein Handbuch für Ausbildung und Praxis im Hörfunk*. 9. vollst. akt. Aufl. Berlin 2009.

Leif, Thomas (Hg.): *Mehr Leidenschaft Recherche: Skandal-Geschichten und Enthüllungs-Berichte. Ein Handbuch zur Recherche und Informationsbeschaffung*. Wiesbaden 2003a.

–: (Netzwerk Recherche) (Hg.): *Trainingshandbuch Recherche. Informationsbeschaffung professionell.* Wiesbaden 2003b.

– /Speth, Rudolf (Hg.): *Die fünfte Gewalt. Lobbyismus in Deutschland.* Bundeszentrale f. politische Bildung. Bonn 2006.

Lesle, Lutz: *Notfall Musikkritik.* Wiesbaden 1981.

–: *Der Musikkritiker – Gutachter oder Animateur? Aspekte einer publikumspädagogischen Handlungstheorie der Musikpublizistik.* Hamburg 1984.

Lewandowski, Dirk: *Handbuch Internet-Suchmaschinen,* Heidelberg 2008.

Leyendecker, Hans: »Auf Kuscheltour mit der Macht«. In: *message* Nr. 2/ Oktober 1999, S. 10-12.

Liebermann, Martina: *Die Rolle des Boulevardformats im deutschen Fernsehen: Tränen, Titten, Tote, Tiere.* Saarbrücken 2008.

Lies, Jan (Hg.): *Public Relations. Ein Handbuch.* Konstanz 2008.

Lindemann, Klaus/Bauernfeind, Wolfgang: »Die Wirklichkeit in den Griff bekommen. Ein kurze Geschichte des deutschen Features«. In: Zindel, Udo/Rein, Wolfgang (Hg.): *Das Radio-Feature. Ein Werkstattbuch.* Konstanz 1997, S. 25-34.

Linden, Peter: *Wie Texte wirken. Anleitung zur Analyse journalistischer Sprache.* Berlin 2000.

– /Bleher, Christian: *Glossen und Kommentare in den Printmedien.* Berlin 2000.

Lindner, Rolf: *Die Entdeckung der Stadtkultur. Soziologie aus der Erfahrung der Reportage.* Frankfurt a.M. 1990.

Link, Jürgen: *Die Struktur des Symbols in der Sprache des Journalismus. Zum Verhältnis literarischer und pragmatischer Symbole.* München 1978.

Lippmann, Walter: *Public Opinion.* New York 1922. Deutsche Ausgabe: *Die öffentliche Meinung.* München 1964.

Löffelholz, Martin: »Kommunikatorforschung: Journalistik«. In: Bentele, Günter/Brosius, Hans-Bernd/Jarren, Otfried (Hg.): *Öffentliche Kommunikation. Handbuch der Kommunikations- und Medienwissenschaft.* Wiesbaden 2003, S. 28-53.

–: »Kapitel 1: Theorien des Journalismus«. In: Ders. (Hg.): *Theorien des Journalismus. Ein diskursives Handbuch.* 2. vollst. überarb. und erw. Aufl. Wiesbaden 2004, S. 17-63.

Löffler, Martin: *Der Verfassungsauftrag der Presse.* Karlsruhe 1963.

Lucht, Martina: *Erfüllung der Informations- und Meinungsbildungsfunktion im Fernsehen: eine experimentelle Studie zum Vergleich von herkömmlicher Dokumentation und Multiperspektivdokumentation.* Saarbrücken 2007.

Ludwig, Johannes: *Investigativer Journalismus.* 2. Aufl. Konstanz 2007 (aktualisierte Buchkapitel unter: http://www.recherchieren.org, Abr. vom 15.6.2009).

Lückemeier, Kai: *Information als Verblendung: die Geschichte der Presse und der öffentlichen Meinung im 19. Jahrhundert.* Stuttgart 2001.

Lüger, Heinz-Helmut: *Pressesprache.* 2. neu bearb. Aufl. Tübingen 1995.

Lüke, Falk: »Billige Presse: Ist das noch Reklame? Oder doch schon Journalismus? [...]«. In: *Zeit online* vom 15.8.2007. Unter: http://www.zeit.de/online/2007/33/flaskamp-bmwi-pr-journalismus (Abr. vom 21.6.2009).

Lünenborg, Margreth: *Journalismus als kultureller Prozess: zur Bedeutung von Journalismus in der Mediengesellschaft*; *ein Entwurf.* Wiesbaden 2005.
Luhmann, Niklas: *Die Realität der Massenmedien.* 2. erw. Aufl., durchges. Nachdr., Opladen 1999.

MacDougall, Curtis D.: *Interpretative Reporting.* New York 1938.
– /Reid, Robert D.: *Interpretative Reporting.* 6. Aufl. New York 1987.
Machill, Marcell/Beiler, Markus (Hg.): *Die Macht der Suchmaschinen.* Köln 2007.
Machill, Marcell/Beiler, Markus/Zenker, Martin: *Journalistische Recherche im Internet. Eine Bestandsaufnahme journalistischer Arbeitsweisen in Zeitungen, Hörfunk, Fernsehen und Online* (Studie im A. der Landesanst. f. Medien NRW). Berlin 2008 (Abstract abrufbar unter: http://www.lfm-nrw.de/downloads/veranstaltungen/zus-jourrech.pdf, Abr. vom 18.6.2009).
Macias, José: *Die Entwicklung des Bildjournalismus.* München u.a. 1990.
Mailer, Norman: *The Armies of the Night. History as a Novel. The Novel as History.* New York 1968.
Maletzke, Gerhard: *Psychologie der Massenkommunikation.* Hamburg 1963.
–: *Publizistikwissenschaft zwischen Geistes- und Sozialwissenschaften. Zum Standort der Wissenschaft von der öffentlichen Kommunikation.* Berlin 1967.
–: *Einführung in die Massenkommunikationsforschung.* Berlin 1972.
Malik, Maja: *Journalismusjournalismus. Funktion, Strukturen und Strategien der journalistischen Selbstthematisierung.* Wiesbaden 2004.
Marcinkowski, Frank: *Publizistik als autopoietisches System. Politik und Massenmedien. Eine systemtheoretische Analyse.* Opladen 1993.
Martens, Wolfgang: *Die Botschaft der Tugend. Die Aufklärung im Spiegel der dt. moral. Wochenschriften.* Stuttgart 1971.
Mast, Claudia: *Berufsziel Journalismus. Aufgaben, Anforderungen und Ansprechpartner.* 2. Aufl. Wiesbaden 2000a.
– (Hg.): *ABC des Journalismus. Ein Handbuch.* 11., überarb. Aufl. Konstanz 2008.
– »Vorwort«. In: Mast 2008, S. 11-13.
– /Spachmann, Klaus (Mitarb.): *Wirtschaftsjournalismus. Grundlagen und neue Konzepte für die Presse.* Opladen, Wiesbaden 1999.
Matthes, Achim: *Convergence Journalism. Die Auswirkungen der Mediakonvergenz auf den praktischen Journalismus.* Saarbrücken 2006.
May, Frank Christian: *Pressefreiheit und Meinungsvielfalt.* Baden-Baden 2008.
McCombs, Maxwell: »Agenda Setting. Zusammenhänge zwischen Massenmedien und Weltbild«. In: Schorr, Angela (Hg.): *Publikums- und Wirkungsforschung. Ein Reader.* Wiesbaden 2000, S. 123-136.
Meckel, Miriam: »Das epische Medium«. In: *Frankfurter Allgemeine Zeitung* Nr. 19 vom 23.1.2009, S. 35.
– /Kriener, Markus (Hg.): *Internationale Kommunikation. Eine Einführung.* Opladen 1996.
Medienbericht 2008 (s. unter: Presse- und Informationsamt, 11.1).
Meier, Klaus (Hg.): *Internet-Journalismus. Ein Leitfaden für ein neues Medi-*

um. 2. überarb. Aufl. Konstanz 1999, sowie 3. überarb. und erw. Aufl. Konstanz 2002.

–: *Journalistik.* Konstanz 2007.

Meik, Frank: *Redaktionen outsourcen? Die outgesourcte Lokalredaktion der Tageszeitung. Dokumentation des Marburger Medientages 1999.* Marburg 1999.

Merschmeier, Michael: *Aufklärung – Theaterkritik – Öffentlichkeit, mit einem zeitgenössischen Exkurs.* Berlin 1985.

Merten, Klaus: *Konvergenz der deutschen Fernsehprogramme. Eine Langzeituntersuchung 1980-1993.* Münster, Hamburg 1994.

–: *Einführung in die Kommunikationswissenschaft.* Bd. 1/1: *Grundlagen der Kommunikationswissenschaft.* Münster 1999.

–/ Schmidt, Siegfried J./Weischenberg, Siegfried (Hg.): *Die Wirklichkeit der Medien. Eine Einführung in die Kommunikationswissenschaft.* Opladen 1994.

Meunier, Ernst/Jessen, Hans: *Das deutsche Feuilleton. Ein Beitrag zur Zeitungskunde.* Berlin 1931.

Meyer, Jens-Uwe: *Radio-Strategie.* Konstanz 2007.

Meyer, Kathrin: *Crossmediale Kooperation von Print- und Online-Redaktionen bei Tageszeitungen in Deutschland. Grundlagen, Bestandsaufnahme und Perspektiven.* München 2005.

Meyer, Philip: *Precision Journalism. A Reporter's Introduction to Social Science Methods.* Bloomington/Ind., London 1973. 4. Aufl. 2002.

Meyer, Thomas: *Mediokratie. Die Kolonisierung der Politik durch die Medien.* Frankfurt a.M. 2001.

Mikos, Lothar: *Fern-Sehen: Bausteine zu einer Rezeptionsästhetik des Fernsehens.* Berlin 2001.

Moritz, Karl Philipp: »Ideal einer vollkommnen Zeitung«. Band 3 in: Karl Philipp Moritz. Werke in drei Bänden. Hg. von Horst Günther. 2. Aufl. Frankfurt a.M. 1993, S. 171-177.

Mühlfeld, Emily: *Literaturkritik im Fernsehen.* Wien u.a. 2006.

Mülder, Inka: *Siegfried Kracauer – Grenzgänger zwischen Theorie und Literatur. Seine frühen Schriften 1913 – 1933.* Stuttgart 1985.

Müller, Burkhard: *Karl Kraus. Mimesis und Kritik des Mediums.* Stuttgart 1995.

Müller, Michael: *Investigativer Journalismus. Seine Begründung und Begrenzung aus der Sicht der christlichen Ethik.* Münster 1997.

Müller-Funk, Wolfgang: *Erfahrung und Experiment. Studien zur Theorie und Geschichte des Essayismus.* Berlin 1995.

Müller-Ulrich, Burkhard: *Medienmärchen. Gesinnungstäter im Journalismus.* Berlin 1998.

Müller von Blumencron, Mathias: »Nachrichten online – ein Haus auf Treibsand errichten«. In: Mast 2008, S. 631-635.

Nagel, Lars-Marten: *Bedingt ermittlungsbereit. Investigativer Journalismus in Deutschland und in den USA.* Berlin 2007.

Neitemeier, Martin: »Die Telegraphen-Union«. In: Wilke, Jürgen (Hg.): *Telegraphenbüros und Nachrichtenagenturen in Deutschland. Untersu-*

chungen zu ihrer Geschichte bis 1949. New York, London, Paris 1991, S. 87-134.

Neuberger, Christoph: »Zeitung und Internet. Über das Verhältnis zwischen einem alten und einem neuen Medium«. In: Ders./Tonnemacher, Jan (Hg.): *Online – die Zukunft der Zeitung? Über das Engagement deutscher Tageszeitungen im Internet.* 2. Aufl. Wiesbaden 2003, S. 16-109.

– (Hg.): *Journalismus im Internet. Zwischen Profession, Partizipation und Technik.* Wiesbaden 2008.

–: »Internet und Journalismusforschung: Theoretische Neujustierung und Forschungsagenda«. In: Quandt, Thorsten/Schweiger, Wolfgang (Hg.): *Journalismus online – Partizipation oder Profession?* Wiesbaden 2008, S. 17-42.

–: »Journalismus im Internet. Zwischen Profession, Partizipation und Technik.« In: *Media Perspektiven* 4/2009, S. 174-188. Im Internet unter: http://www.media-perspektiven.de/uploads/tx_mppublications/04-2009 _Neuberger.pdf (Abr. vom 10.6.2009).

– /Nuernbergk, Christian/Rischke, Melanie: »Weblogs und Journalismus: Konkurrenz, Ergänzung oder Integration? Eine Forschungssynopse zum Wandel der Öffentlichkeit im Internet«. In: *Media Perspektiven* 2/2007, S. 96-112. Im Internet unter: http://www.media-perspektiven.de/uploads/tx_mppublications/02-2007_Neuberger.pdf (Abr. vom 10.6.2009).

Neuhaus, Stefan: *Literaturkritik: Eine Einführung.* Konstanz 2004.

Neverla, Irene: »Die verspätete Profession. Journalismus zwischen Berufskultur und Digitalisierung«. In: Duchkowitsch u.a. 1998, S. 53-62.

Nickel, Gunther (Hg.): *Kaufen! statt Lesen! Literaturkritik in der Krise?* Göttingen 2006.

Nielsen, Jakob: *useit.com: Jakob Nielsen's Website.* Im Internet abrufbar unter: http://www.useit.com/ bzw. http://www.useit.com/alertbox/print-vs-online-content.html (Abr. vom 20.06.2009).

Niggemeier, Stefan: »Bitte hier klicken! Sollen wir die schönsten Zahlen zwischen 1 und 10.000 bringen? Oder hundert Bauchnabel? Wie der Online-Journalismus seine Autorität verspielt«. In: *Frankfurter Allgemeine Zeitung*, Nr. 28 vom 13.7.2008, S. 31.

–: »Die Nutzer werden zu wenig eingebunden« (Interview mit Philippe Patra). In: Hooffacker, Gabriele (Hg.): *Wer macht die Medien?* München 2008, S. 9-14.

Noelle-Neumann, Elisabeth: »Der demoskopische Korrespondent. Ein neuer Nachrichtenstoff, eine neue Art Journalismus«. In: Schreiber, Erhard/Langenbucher, Wolfgang R./Hömberg, Walter (Hg.): *Kommunikation im Wandel der Gesellschaft. Festschrift für Otto B. Roegele.* Konstanz 1985, S. 165-176.

–: *Öffentliche Meinung. Die Entdeckung der Schweigespirale.* Frankfurt a.M., Berlin 1989.

–: »Wirkung der Massenmedien«. In: Noelle-Neumann, Elisabeth/Schulz, Winfried/Wilke, Jürgen (Hg.): *Fischer Lexikon Publizistik und Massenkommunikation.* Frankfurt a.M. 1990, S. 360-400.

Nowag, Werner/Schalkowski, Edmund: *Kommentar und Glosse*. Konstanz 1998.

Nussberger, Ulrich: *Das Pressewesen zwischen Geist und Kommerz*. Konstanz 1984.

Opaschowski, Horst W.: *Medienkonsum. Analysen und Prognosen. Aktuelle Ergebnisse aus der qualitativen Freizeitforschung*. BAT-Freizeit-Forschungsinstitut. Hamburg 1995.

Pätzold, Ulrich: »Die Reportage als Beispiel der Genreforschung in der Journalistik«. In: Schäfer, Ulrich P. u.a. (Hg.): *Journalismus in Theorie und Praxis. Beiträge zur universitären Journalistenausbildung; Festschrift für Kurt Koszyk*. Konstanz 1999, 145-171.

Pater, Monika: *Ein besserer Journalismus? Informationsflut und Komplexität als Probleme und Chancen aktueller Medienberichterstattung*. Bochum 1993.

Patka, Markus G.: *Egon Erwin Kisch. Stationen im Leben eines streitbaren Autors*. Wien, Köln, Weimar 1997.

Paus-Haase u.a. (Hg.): *Information, Emotion, Sensation: wenn im Fernsehen die Grenzen zerfließen*. Bielefeld 2000.

Petersen, Jens: *Medienrecht: ein Studienbuch*. 4. Aufl. München 2008.

Pieper, Wolfgang: »Kultur und Öffentlichkeitsarbeit«. In: Faulstich, Werner (Hg.): *Medien und Kultur. Beiträge zu einem interdisziplinären Symposium der Universität Lüneburg*. Göttingen 1991, S. 144-148.

Pörksen, Bernhard: »Das Problem der Grenze. Die hintergründige Aktualität des New Journalism – eine Einführung.« In: Bleicher, Joan Kristin/Pörksen, Bernhard (Hg.): *Grenzgänger. Formen des New Journalism*, Wiesbaden 2004, S. 15-28.

–: »Konstruktivismus«. In: Weischenberg, Siegfried/Kleinsteubner, Hans J./Pörksen, Bernhard (Hg.): *Handbuch Journalismus und Medien*. Konstanz 2005, S. 177-181.

–: *Die Beobachtung des Beobachters. Eine Erkenntnistheorie der Journalistik*. Konstanz 2006.

–/ Loosen, Wiebke/Scholl, Armin (Hg.): *Paradoxien des Journalismus. Theorie, Empirie, Praxis*. Wiesbaden 2008.

Pöttker, Horst: »Kompensation von Komplexität. Journalismustheorie als Begründung journalistischer Qualitätsmaßstäbe«. In: Löffelholz, M. (Hg.): *Theorien des Journalismus. Ein diskursives Handbuch*. Wiesbaden 2000, S. 375-390.

–: »News and Its Communicative Qualitiy: the Inverted Pyramid - When and Why Did it Appear«. In: *Journalism Studies* 4 (2003), S. 501-511.

Pokern, Ulrich: »Der Kritiker als Zirku(lation)sagent. Literaturkritik am Beispiel von Patrick Süskinds ›Das Parfum. Die Geschichte eines Mörders‹. In: *Text+Kritik*. Heft 100: »Über Literaturkritik«, Oktober 1988, S. 70-76.

Popper, Karl R.: *Logik der Forschung*. Tübingen 1969.

Porombka, Stephan: *Kritiken schreiben. Ein Trainingsbuch*. Konstanz 2006.

–: »Kulturjournalismus«. In: Anz, Thomas (Hg.): Handbuch Literaturwissenschaft. Bd.3: Institutionen und Praxisfelder (Berufsfelder). Stuttgart 2007, S. 270-283.

Postman, Neil: *Wir amüsieren uns zu Tode. Urteilsbildung im Zeitalter der Unterhaltungsindustrie.* Aus dem Amerikan. übers. von Reinhard Kaiser. Frankfurt a.M. 1994.

Preger, Sven: *Mangelware Recherche.* Münster 2004.

Prokop, Dieter: *Massenkommunikationsforschung.* 3 Bände. Frankfurt a.M. 1972.

Prutz, Robert E.: *Geschichte des deutschen Journalismus 1. Theil.* Hannover 1845.

–: »Der deutsche Journalismus«. In: *Neue Schriften zur deutschen Literatur- und Kulturgeschichte* Bd. I, Halle 1854, S. 1-103.

Pürer, Heinz (Hg.): *Praktischer Journalismus in Zeitung, Radio und Fernsehen.* 4. Aufl. Konstanz 1996.

–: *Publizistik- und Kommunikationswissenschaft. Ein Handbuch.* Konstanz 2003.

– / Raabe, Johannes: *Presse in Deutschland.* 3. überarb. und erw. Aufl. Konstanz 2007.

Dies.: Medien in Deutschland. Bd. 1: Presse. Konstanz 1996.

Quandt, Siegfried / Schichtel, Horst (Hg.): *Fachjournalismus Geschichte. Das Gießener Modell.* Marburg 1995.

Quandt, Thorsten: »Neues Medium, alter Journalismus? Eine vergleichende Inhaltsanalyse tagesaktueller Print- und Online-Nachrichtenangebote«. In: Quandt / Schweiger 2008, S. 131-155.

– / Schweiger, Wolfgang (Hg.): *Journalismus online – Partizipation oder Profession?* Wiesbaden 2008.

– / Schweiger, Wolfgang: »Einführung«. In: Dies. 2008, S. 11-15.

Queißer, Günter: *Die Komposition der Kisch-Reportage.* Leipzig 1957.

Quinn, Stephen: *Convergent Journalism. The Fundamentals of Multimedia Reporting.* New York u.a. 2005.

Quittner, Joshua: »The Birth of Way New Journalism«. In: *HotWired*: http://www.gyford.com/archive/1995/11/13/NotWiredDemo/i-agent/index.htm (Abr. v. 27.7.2009).

Raabe, Paul: *Bücherlust und Lesefreuden. Beiträge zur Geschichte des Buchwesens in Deutschland.* Stuttgart 1984.

Rauchenzauner, Elisabeth: *Schlüsselereignisse in der Medienberichterstattung.* Wiesbaden 2008.

Rauter, Ernst A.: *Die neue Schule des Schreibens: von der Gewalt der Wörter.* Düsseldorf 1996.

Redelfs, Manfred: *Investigative Reporting in den USA. Strukturen eines Journalismus der Machtkontrolle.* Opladen 1996.

Renger, Rudi: *Populärer Journalismus. Nachrichten zwischen Fakten und Fiktion.* Innsbruck, Wien, München 2000a.

–: »Journalismus als kultureller Diskurs. Cultural Studies als Herausforderung für die Journalismustheorie«. In: Löffelholz, Martin (Hg.): *Theorien des Journalismus. Ein diskursives Handbuch.* Wiesbaden 2000b, S. 467-481.

Renner, Karl N.: *Fernsehjournalismus. Entwurf einer Theorie des kommunikativen Handelns.* Konstanz 2007.

–: *Storytelling im Fernsehjournalismus – ein Zukunftskonzept mit offenen Fragen.* Berlin 2008, S. 1-9. Im Internet unter: http://www.journalistik. uni-mainz.de/Dateien/Renner_TV_3_MR.pdf (Abr. vom 25.01.2009).

Requate, Jörg: *Journalismus als Beruf: Entstehung und Entwicklung des Journalistenberufs im 19. Jahrhundert; Deutschland im internationalen Vergleich.* Göttingen 1995.

–: »Muckraker. Aufklären per Im-Dreck-Wühlen«. In: *message* Nr. 2/Oktober 1999, S. 132-133.

Reumann, Kurt: »Journalistische Darstellungsformen«. In: Noelle-Neumann, Elisabeth/Schulz, Winfried/Wilke, Jürgen: *Fischer Lexikon Publizistik und Massenkommunikation.* Frankfurt a.M. 1990, S. 69-83.

Reus, Gunter: *Ressort Feuilleton. Kulturjournalismus für Massenmedien.* Konstanz 1995. 2., überarb. Aufl. 1999.

Rheingold, Howard: *Virtuelle Gemeinschaft. Soziale Beziehungen im Zeitalter des Computers.* Bonn, Paris u.a. 1994.

Ricklefs, Sven: »Theaterkritik«. In: Heß, Dieter (Hg.): *Kulturjournalismus. Ein Handbuch für Ausbildung und Praxis.* 2. Aufl. München 1997, S. 78-89.

Riehl-Heyse, Herbert: »Ware Wahrheit«. In: *Medium Magazin* 10/95. 1995, S. 38-43.

Riepl, Wolfgang: *Das Nachrichtenwesen des Altertums mit besonderer Rücksicht auf die Römer.* Leipzig 1913.

Riesmeyer, Claudia: *Wie unabhängig ist Journalismus? Zur Konkretisierung der Determinationshypothese.* Konstanz 2007.

Röper, Horst: »Konzentrationssprung im Markt der Tageszeitungen. Daten zur Konzentration der Tagespresse in der Bundesrepublik Deutschland im I. Quartal 2008«. In: *Media Perspektiven* 8/2008, S. 420-437. Im Internet unter: http://www.media-perspektiven.de/uploads/tx_mppublications/08-2008_Roeper.pdf (Abr. vom 23.01.2009).

Roesler, Alexander: »Bequeme Einmischung. Internet und Öffentlichkeit«. In: Münker, Stefan/Roesler, Alexander: *Mythos Internet.* Frankfurt a.M. 1997, S. 171-192.

Rössler, Patrick: *Agenda-Setting. Theoretische Annahmen und empirische Evidenzen einer Medienwirkungshypothese.* Opladen 1997.

Röttger, Ulrike (Hg.): *Theorien der Public Relations. Grundlagen und Perspektiven der PR-Forschung.* 2. akt. und erw. Aufl. Wiesbaden 2009.

Rohner, Ludwig/Heissenbüttel Helmut: »Der deutsche Begriff des Essays im heutigen durchschnittlichen Sprachgebrauch; vorläufige definitorische Auskünfte«. In: Roloff, Eckart Klaus: *Journalistische Textgattungen.* München 1982, S. 54-56.

Rolke, Lothar: »Journalisten und PR-Manager – eine antagonistische Partnerschaft mit Zukunft«. In: Rolke/Wolff 1999, S. 223-247.

– /Wolff, Volker (Hg.): *Wie die Medien Wirklichkeit steuern und selbst gesteuert werden.* Opladen; Wiesbaden 1999.

Rollka, Bodo: *Die Reise ins Souterrain: Notizen zur Strategie des aufklärerischen Erfolgs: Eugène Sues »Geheimnisse von Paris« und Günter Wallraffs »Ganz unten«.* Berlin 1987.

Roloff, Eckart Klaus: *Journalistische Textgattungen*. München 1982.
Roosevelt, Theodore: »The Man with the Muckrage. Speech on Laying of the Cornerstone of the New House of Representatives Offices Building (14.4.1906)«. In: Goldstein, Tom (Hg.): *Killing the Messenger. 100 Years of Media Criticism*. New York 1989, S. 55-63.
Rothe, Wolfgang (Hg.): *Die deutsche Literatur in der Weimarer Republik*. Stuttgart 1974.
Rühl, Manfred: *Die Zeitungsredaktion als organisiertes soziales System*. 2. Aufl. Freiburg 1979.
–: *Journalismus und Gesellschaft. Bestandsaufnahme und Theorieentwurf*. Mainz 1980.
–: *Organisatorischer Journalismus. Tendenzen der Redaktionsforschung*. In: Kaase/Schulz 1989, S. 253-269.
–: *Publizieren*. Opladen 1999.
Ruß-Mohl, Stephan: *Der I-Faktor. Qualitätssicherung im amerikanischen Journalismus. Modell für Europa?* Zürich, Osnabrück 1994.
–: »Am eigenen Schopfe... Qualitätssicherung im Journalismus. Grundfragen, Ansätze, Näherungsversuche«. In: Wilke, Jürgen (Hg.): *Ethik der Massenmedien*. Wien 1996, S. 100-114.
–: »Spoonfeeding, Spinning, Whistleblowing. Beispiel USA: Wie sich die Machtbalance zwischen PR und Journalismus verschiebt.«. In: Rolke/Wolff 1999, S. 163-176.
– /Fengler, Susanne (Hg.): *Medien auf der Bühne der Medien. Zur Zukunft von Medienjournalismus und Medien-PR*. Berlin 2000.
– /Fengler, Susanne: *Der Journalist als »Homo oeconomicus«*. Konstanz 2005.

Saxer, Ulrich: »Dysfunktionale Folgen unzulänglicher Journalistenaus- und -fortbildung«. In: *Publizistik* 3-4/1974/1-2/1975, 278-315.
–: »Soziologische Aspekte von Infotainment«. In: *Medienwissenschaft Schweiz*, 2/1991, S. 5-10.
–: »Thesen zur Kritik des Konstruktivismus«. In: *Communicatio Socialis* 2/1992, S. 178-183.
–: *Kunstberichterstattung. Analyse einer publizistischen Struktur*. Zürich 1995.
– (Hg.): *Medien-Kulturkommunikation*. Wiesbaden 1998.
– /Bonfadelli, Heinz (Hg.): *Einführung in die Publizistikwissenschaft: eine Textsammlung*. Zürich 1994.
– /Kull, Ulrich: *Publizistische Qualität und journalistische Ausbildung*. Zürich 1981.
Schalkowski, Edmund: *Rezension und Kritik*. Konstanz 2005.
Schenda, Rudolf: *Volk ohne Buch. Studien zur Sozialgeschichte der populären Lesestoffe 1770-1910*. Frankfurt a.M. 1988.
Schenk, Michael: *Medienwirkungsforschung*. 3. Aufl. Tübingen 2007.
Schicha, Christian: »›Infotainment‹ – Zur politischen Berichterstattung zwischen Information und Unterhaltung«. In: *Zeitschrift für Kommunikationsökologie* 1/1999, S. 25-30.
Schilder, Peter: »Sie wollen die Zeitung der Autoren sein«. In: *Frankfurter Allgemeine Zeitung* Nr. 21 vom 26.1.2009, S. 31.

Schlegel, Friedrich: »Kritische Fragmente«. In: Friedrich Schlegel: *Schriften zur Literatur*. Hg. von Wolfdietrich Rasch. 2. Aufl. München 1985, S. 7-24.

Schlenstedt, Dieter: *Die Reportage bei Egon Erwin Kisch*. Berlin 1959.

Schlösser, Hermann: »Unter Niveau. Beobachtungen zum Feuilletonismus neuesten Datums«. In: Kauffmann, Kai/Schütz, Erhard (Hg.): *Die lange Geschichte der kleinen Form. Beiträge zur Feuilletonforschung*. Berlin 2000, S. 189-204.

Schlüter, Hans-Joachim: »Zeitungs-Journalismus. Darstellungsformen«. In: Pürer, Heinz/Rahofer, Meinrad/Reitan, Claus (Hg.): *Praktischer Journalismus. Presse, Radio, Fernsehen, Online*. Konstanz 2004, S. 139-159.

Schmidt, Holger: »Der Strom der Nachrichten. Die Zeit der großen Destinationen im Internet geht zu Ende. [...]«. In: *Frankfurter Allgemeine Zeitung* Nr. 120 vom 26.5.2009, S. 19.

Schmidt, Siegfried J.: »Skizze einer konstruktivistischen Mediengattungstheorie«. In: *Spiel* 6. Jg. (1987) H. 2, S. 163-205.

–: *Die Selbstorganisation des Sozialsystems Literatur im 18. Jahrhundert*. Frankfurt a.M. 1989.

–: »Die Wirklichkeit des Beobachters«. In: Merten u.a. 1994, S. 3-19.

–: *Die Welten der Medien: Grundlagen und Perspektiven der Medienbeobachtung*. Braunschweig, Wiesbaden 1996.

–: *Die Zähmung des Blicks. Konstruktivismus, Empirie, Wissenschaft*. Frankfurt a.M. 1998.

– /Weischenberg, Siegfried: »Mediengattungen, Berichterstattungsmuster, Darstellungsformen«. In: Merten, Klaus/Schmidt, Siegfried J./Weischenberg, Siegfried (Hg.): *Die Wirklichkeit der Medien. Eine Einführung in die Kommunikationswissenschaft*. Opladen 1994, S. 212-236.

Schmitz, Ulrich: *Postmoderne Concierge. Die »Tagesschau«: Wortwelt und Weltbild der Fernsehnachrichten*. Opladen 1990.

Schmuck, Lieselotte: »Literaturkritik und literarische Wertung. Aspekte einer inhaltsanalytischen Untersuchung deutschsprachiger Romankritik (1945-75)«. In: Kreuzer, Helmut/Viehoff, Reinhold: *Literaturwissenschaft und empirische Methoden. Eine Einführung in aktuelle Projekte*. Göttingen 1981, S. 96-115.

Schnedler, Thomas: *Getrennte Welten? Journalismus und PR in Deutschland* (Dokumentation, erst. 26.6.2006). Im Internet unter: http://www.mainzermediendisput.de/downloads/Getrennte_Welten.pdf (Abr. vom 21.6.2009).

Schneider, Beate: »Massenmedien im Prozess der deutschen Vereinigung«. In: Wilke, Jürgen (Hg.): *Mediengeschichte der Bundesrepublik Deutschland*. Köln, Weimar, Wien 1999, S. 602-629.

Schneider, Wolf: *Deutsch für Profis. Wege zum guten Stil*. Hamburg 1984, Ausg. München 1999.

– /Raue, Paul-Josef: *Handbuch des Journalismus*. Hamburg 1999.

Schöfthaler, Ele: »Das Porträt«. In: Heß, Dieter (Hg.): *Kulturjournalismus. Ein Handbuch für Ausbildung und Praxis*. 2. Aufl., München 1997, S. 177-188.

–: *Die Recherche. Ein Handbuch für Ausbildung und Praxis*. Berlin 2006.

Schöhl, Wolfgang: »Organisatorische Veränderungen in den Medien durch neue Informations- und Kommunikationstechnologien«. In: Mast, Claudia (Hg.): *Markt-Macht-Medien. Publizistik im Spannungsfeld zwischen gesellschaftlicher Verantwortung und ökonomischen Zielen.* Konstanz 1996, S. 89-104.

Schönbach, Klaus: *Trennung von Nachricht und Meinung. Empirische Untersuchung eines journalistischen Qualitätskriteriums.* Freiburg, München 1977.

– /Stürzebecher Dieter/Schneider, Beate: »Oberlehrer und Missionare? Das Selbstverständnis deutscher Journalisten«. In: Neidhardt, Friedhelm (Hg.): *Öffentlichkeit, öffentliche Meinung, soziale Bewegungen.* Opladen 1994, S. 139-161.

Scholl, Armin/Weischenberg, Siegfried: *Journalismus in der Gesellschaft. Theorie, Methodologie und Empirie.* Wiesbaden 1998.

Schomers, Michael: *Die Fernsehreportage: Von der Idee zur Ausstrahlung. Reportage, Dokumentation, Feature: ein Buch für Einsteiger im Film- und TV-Business.* Frankfurt a.M. 2001.

Schopenhauer, Arthur: »Über Schriftstellerei und Stil«. In: *Sämtliche Werke, Bd.V.: Parerga und Paralipomena. Kleine philosophische Schriften II.* Hg. von Wolfgang Frhr. v. Löhneysen. Stuttgart, Frankfurt a.M. 1965, S. 589-650.

Schottenloher, Karl/Binkowski, Johannes: *Flugblatt und Zeitung. Ein Wegweiser durch das gedruckte Tagesschrifttum.* Berlin 1922. Nachdruck in 2 Bd., neu hg., eingel., erg. von Johannes Binkowski. München 1985.

Schrag, Wolfram: *Medienlandschaft Deutschland.* Konstanz 2007.

Schütz, Erhard: *Kritik der literarischen Reportage. Reportagen und Reiseberichte über die USA und die Sowjetunion.* München 1977.

–: »Das schweinischste Handwerk auf der Welt‹ – oder: Der ›andere‹ Autor. Journalisten in Romanen der Weimarer Republik«. In: *lfl* 84/4 (1984), S. 199-210.

–: *Romane der Weimarer Republik.* München 1986.

–: »Fliegen des Geistes‹. Vom Journalismus her: Reporter, Kolumnisten u.a.«. In: Delabar, Walter/Schütz, Erhard: *Deutschsprachige Literatur der 70er und 80er Jahre. Autoren. Tendenzen. Gattungen.* Darmstadt 1997, S. 53-74.

–: »Journailliteraten. Autoren zwischen Journalismus und Belletristik«. In: Andreas Erb (Hg.): *Baustelle Gegenwartsliteratur. Die neunziger Jahre.* Opladen, Wiesbaden 1998, S. 97-106.

– /Wegmann, Thomas: »Literatur und Medien«. In: Arnold, Heinz Ludwig/Detering, Heinrich: *Grundzüge der Literaturwissenschaft.* München 1996, S. 52-78.

– /Wegmann, Thomas/Oels, David/Porombka, Stephan (Hg.): *Das BuchMarktBuch. Der Literaturbetrieb in Stichworten.* Reinbek 2005.

Schütz, Walter J.: »Lizenzpresse – Basis der heutigen Zeitungslandschaft«. In: *BPS-Report* 5/1986. Baden-Baden 1986.

– (Hg.): *Medienpolitik. Dokumentation der Kommunikationspolitik in der Bundesrepublik Deutschland von 1945 bis 1990.* Konstanz 1998.

–: »Entwicklung der Tagespresse«. In: Wilke, Jürgen (Hg.): *Medienge-*

schichte der Bundesrepublik Deutschland. Köln, Weimar, Wien 1999, 109-134.

Schult, Gerhard/Buchholz, Axel (Hg.): *Fernseh-Journalismus. Ein Handbuch für Ausbildung und Praxis*. 7. Aufl., völlig neu bearb. von A. Buchholz. Berlin 2006.

Schulz, Winfried: »Nachricht«. In: Noelle-Neumann, Elisabeth/Schulz, Winfried/Wilke, Jürgen (Hg.): *Fischer Lexikon Publizistik und Massenkommunikation*. Frankfurt a.M. 1990, S. 216-240. 2. Aufl. 2003, S. 328-362.

Schulze, Gerhard: *Die Erlebnis-Gesellschaft. Kultursoziologie der Gegenwart*. Frankfurt a.M. 1992.

Schulze, Volker: *Die Zeitung. (Medienkundliches Handbuch)*. Aachen 1991.

Schumacher, Heidemarie: *Fernsehen fernsehen: Modelle der Medien- und Fernsehtheorie*. Köln 2000.

Schweinsberg, Klaus: »Magazinjournalismus transportiert Nutzwert«. In: Mast 2008, S. 326-329.

Schwiesau, Dietz/Ohler, Josef: *Die Nachricht in Presse, Radio, Fernsehen, Nachrichtenagentur und Internet. Ein Handbuch für Ausbildung und Praxis*, München 2003.

Seeber, Tino: *Weblogs – die 5. Gewalt? Eine empirische Untersuchung zum emanzipatorischen Mediengebrauch von Weblogs*. Boizenburg 2008.

Segler, Daland: »Journalismus-Debatte: Auf zu neuen Höhen«. *FR-online. de* vom 2.12.2008. Unter: http://www.fr-online.de/in_und_ausland/ kultur_und_medien/medien/?em_cnt=1638837&em_loc=91 (Abr. vom 28.1.2009).

Seibt, Gustav: »Strukturveränderungen in der kulturellen Öffentlichkeit. Die neue Ohnmacht des Feuilletons.« In: *Merkur* Heft 8, 52 (1998), S. 731-736.

Seume, Johann Gottfried: *Spaziergang nach Syrakus im Jahre 1802*. 1. Band in: *Seumes Werke in zwei Bänden*, hg. von Anneliese und Karl-Heinz Klingenberg. Berlin, Weimar 1983.

Simon, Nicole/Bernhardt, Nikolaus: *Twitter. Mit 140 Zeichen zum Web 2.0*. Open Source Press o.O. 2008.

Sims, Norman (ed.): *Literary Journalism in the Twentieth Century*. Oxford University Press 1989/90.

Sitt, Martina, u.a.: *Kunstkritik. Die Sehnsucht nach der Norm*. München 1993.

Sloterdijk, Peter: »Essayismus in unserer Zeit« In: Ders.: *Medien-Zeit. Drei gegenwartsdiagnostische Versuche*. Stuttgart 1994, S. 43-64.

Sommer-Guist, Christine: »netzwerk recherche – für mehr investigativen Journalismus« In: *Dokumentation Journalismus in Deutschland*. Goethe Institut/online. Juni 2007. Im Internet unter: http://www.goethe.de/ wis/med/dos/jou/miw/de2373270.htm (Abr. vom 21.6.2009).

Soper, Aileen: »Making it up on deadline. New York Newsday's serial fiction«. In: *Columbia Journalism Review*. Sept./Okt. 1994. Im Internet unter: http://www.cjr.org/year/94/5/makeup.asp.

Spielkamp, Matthias/Wieland, Melanie/u.a.: *Schreiben fürs Web. Konzeption, Text, Nutzung*. Konstanz 2003.

Spinner, Helmut F.: *Das »wissenschaftliche Ethos« als Sonderethik des Wissens. Über das Zusammenwirken von Wissenschaft und Journalismus im gesellschaftlichen Problemlösungsprozess.* Tübingen 1985.

–: »Wissensorientierter Journalismus: Der Journalist als Agent der Gelegenheitsvernunft«. In: Erbring, Lutz, u.a. (Hg.): *Medien ohne Moral. Variationen über Journalismus und Ethik.* Berlin 1988, S. 238-266.

Staab, Joachim Friedrich: *Nachrichtenwert-Theorie. Formale Struktur und empirischer Gehalt.* Freiburg i.Br., München 1990.

Stadler, Michael/Kruse, Peter: »Der psychische Apparat des Menschen«. In: Merten, K. u.a. 1994, S. 20-42.

Stadler, Michael/Kruse, Peter: *Theorie kognitiver Selbstorganisation.* Heidelberg 1996.

Stegert, Gernot: *Feuilleton für alle. Strategien im Kulturjournalismus der Presse.* Tübingen 1998.

Steindl, Gertraude (Hg.): *Publizistik aus Profession. Festschrift für Johannes Binkowski.* Düsseldorf 1978.

Steinfeld, Thomas: »Passt schon! Journalismus und Boulevard.« In: *sueddeutsche.de*, 26.12.2008 (http://www.sueddeutsche.de/kultur/904/452607/text/, 21.6.2009).

Steinmetz, Rüdiger: »Initiativen und Durchsetzung privat-kommerziellen Rundfunks«. In: Wilke, Jürgen (Hg.): *Mediengeschichte der Bundesrepublik Deutschland.* Köln, Weimar, Wien 1999, S. 167-191.

Stieler, Kaspar von: *Zeitungs Lust und Nutz.* Vollst. Neudr. d. Orig.-Ausg. von 1695. Hg. von Gert Hagelweide. Bremen 1969.

Stober, Rolf: »Medien als vierte Gewalt«. In: Wittkämper, Gerhard W. (Hg.): *Medien und Politik.* Darmstadt 1992, S. 27-36.

Stöber, Rudolf: *Deutsche Pressegeschichte. Einführung, Systematik, Glossar.* Konstanz 2000, sowie 2. verbesserte Aufl. ebd. 2005.

– : *Mediengeschichte. Die Evolution neuer Medien von Gutenberg bis Gates.* 2 Bde. Opladen, Wiesbaden 2003.

Storch, Karin: »Korrespondentenbericht: Zwischen Israelis und Palästinensern.« In: Hahn/Lönnendonker/Schröder 2008, S. 429-431.

Straßner, Erich: *Journalistische Texte.* Tübingen 2000.

Strauß, Botho: »Refrain einer tieferen Aufklärung«. In: Figal, Günter/ Schwilk, Heino (Hg.): *Magie der Heiterkeit. Ernst Jünger zum Hundertsten.* Stuttgart 1995, S. 323-324.

Stuiber, Heinz-Werner: *Medien in Deutschland, Band 2, Teilbd. 1 und 2: Rundfunk.* Konstanz 1998.

Sundermeyer, Olaf: »Autorisierung von Interviews: Das will ich so in keinem Fall gedruckt sehen«. In: *Frankfurter Allgemeine Zeitung* vom 7.7.2008. Unter: http://www.faz.net/s/Rub475F682E3FC24868A8A5276D4FB916D7/Doc~E2A72885B78DC4AC7B821B2ACA01D0BD0~ATpl~Ecommon~Scontent.html (Abr. vom 15.6.2009).

Tadday, Ulrich: *Die Anfänge des Musikfeuilletons: der kommunikative Gebrauchswert musikalischer Bildung in Deutschland um 1800.* Stuttgart 1993.

Thiel, Thomas: »Wer bloggt so spät durch Nacht und Wind?« In: *Frankfurter Allgemeine Zeitung* Nr. 86 vom 12.4.2008, Z1.

Thim-Mabrey, Christiane: *Grenzen der Sprache – Möglichkeiten der Sprache. Untersuchungen zur Textsorte Musikkritik.* Frankfurt a.M. u.a. 2001.

Thomas, Hans: »Was scheidet Unterhaltung von Information?« In: Bosshart, Louis/Hoffmann-Riem, Wolfgang (Hg.): *Medienlust und Mediennutz. Unterhaltung als öffentliche Kommunikation.* München 1994, S. 61-80.

Thomaß, Barbara: »Von Aristoteles zu Habermas. Theorien zur Ethik des Journalismus«. In: Löffelholz, Martin (Hg.): *Theorien des Journalismus. Ein diskursives Handbuch.* Wiesbaden 2000, S. 351-362.

– (Hg.): *Mediensysteme im internationalen Vergleich.* Konstanz 2007.

Thorbrietz, Petra: »Journalismus als Suchmaschine«. In: Duchkowitsch u.a. 1998, S. 49-51.

Todorow, Almut: »Das Feuilleton im medialen Wandel der Tageszeitung im 20. Jahrhundert. Konzeptionelle und methodische Überlegungen zu einer kulturwissenschaftlichen Feuilletonforschung«. In: Kauffmann, Kai/Schütz, Erhard (Hg.): *Die lange Geschichte der kleinen Form. Beiträge zur Feuilletonforschung.* Berlin 2000, S. 25-34.

Ueding, Gert: *Rhetorik des Schreibens. Eine Einführung.* 4. Aufl. Weinheim 1996.

Utz, Peter: »›Sich gehenlassen‹ unter dem Strich. Beobachtungen zum Freigehege des Feuilletons«. In: Kauffmann, Kai/Schütz, Erhard (Hg.): *Die lange Geschichte der kleinen Form. Beiträge zur Feuilletonforschung.* Berlin 2000, S. 142-162.

Uzulis, André: *Nachrichtenagenturen im Nationalsozialismus. Propagandainstrumente und Mittel der Presselenkung.* Frankfurt a.M., Berlin, Bern, New York, Paris, Wien 1995.

Viehoff, Reinhold: »Literaturkritik als literarisches Handeln und als Gegenstand der Forschung. Hinweise auf Situationsbedingungen und Handlungskontexte«. In: *Zeitschrift für Literaturwissenschaft und Linguistik. Heft 71: Wertung und Kritik.* Jahrgang 18/1988, S. 73-91.

Virilio, Paul: *Revolutionen der Geschwindigkeit.* Aus dem Französischen von Marianne Karbe. Berlin 1993.

Vogel, Andreas: »Online-Geschäftsfelder der Pressewirtschaft« In: *Media Perspektiven* 5/2008, S. 236-246. Im Internet unter: http://www.media-perspektiven.de/uploads/tx_mppublications/05- 2008_Vogel.pdf (Abr. vom 25.01.2009).

Volpers, Helmut/Bernhard, Uli/Schnier, Detlef: *Public Relations und werbliche Erscheinungsformen im Fernsehen. Eine Typologisierung persuasiver Kommunikationsangebote des Fernsehens* (Bd. 61 der Schriftenreihe der LfM/NRW). Berlin 2008.

Voß, Peter: »Demokratie-Hierarchie-Medien. Zum Verhältnis von Journalismus und Politik. Vortrag beim Festakt zum 30jährigen Bestehen des Instituts zur Förderung des publizistischen Nachwuchses (IFP) am 22.4.1999«. In: Ders.: *Revolution im Rundfunk? Texte zum Streit um ein öffentliches Gut.* Baden-Baden 1999, S. 71-85.

Wadle, Elmar: »Kontrolle und Schutz – Presserecht des 19. Jahrhunderts im Spannungsfeld von öffentlichem Recht und Privatrecht«. In: Zimmermann, Clemens (Hg.): *Politischer Journalismus, Öffentlichkeit und Medien im 19. und 20. Jahrhundert.* Ostfildern 2006, S. 61-77.

Wagner, Hans: »Das Unwandelbare im Journalismus«. In: Duchkowitsch u.a. 1998, S. 95-111.

Wallisch, Gianluca: »Kreative Wirklichkeit (New Journalism)«. In: *message* Nr. 2, April 2000.

Wallraff, Günter: *Industriereportagen. Als Arbeiter in deutschen Großbetrieben.* Hamburg 1970.

–: *Der Aufmacher. Der Mann, der bei Bild Hans Esser war.* Köln 1977.

–: *Ganz unten.* Köln 1985.

–: »Ich wollte mich über andere verwirklichen‹. Interview mit Heinz Ludwig Arnold.« In: *Schriftsteller im Gespräch mit Heinz Ludwig Arnold.* Bd. 2 (Neuausg.) Zürich 1990, S. 79-138.

–: *Ich - der andere: Reportagen aus vier Jahrzehnten.* Köln 2002.

Warren, Carl: *Modern News Reporting.* New York 1934. Dt. Ausgabe: *ABC des Reporters.* München 1953.

Weber, Johannes: *Götter-Both Mercurius. Die Urgeschichte der politischen Zeitschrift in Deutschland.* Bremen 1994a.

–: »Die Novellen sind eine Eröffnung des Buchs der gantzen Welt‹. Entstehung und Entwicklung der Zeitung im 17. Jahrhundert«. In: Beyrer, Klaus/Dallmeier, Martin (Hg.): »*Als die Post noch Zeitung machte« – Eine Pressegeschichte.* Frankfurt a.M. 1994b, S. 15-25.

–: »Presse«. In: Jäger, Hans-Wolf (Hg.): »*Öffentlichkeit« im 18. Jahrhundert.* Göttingen 1997, S. 143f.

Weber, Max: »Zu einer Soziologie des Zeitungswesens« [1911]. In: Langenbucher, Wolfgang R. (Hg.): *Publizistik und Kommunikationswissenschaft: ein Textbuch zur Einführung in ihre Teildisziplinen.* (*Studienbücher zur Publizistik- und Kommunikationswissenschaft*). Wien 1988, S. 18-24.

Weber, Stefan: *Was steuert Journalismus? Ein System zwischen Selbstreferenz und Fremdsteuerung.* (Reihe *Forschungsfeld Kommunikation 12.* Hg. von Walter Hömberg, Heinz Pürer und Ulrich Saxer). Konstanz 2000.

Weinberg, Steve: »Tell it Long, Take Your Time, Go in Depth. In: *Columbia Journalism Review.* January/February 1998 (http://www.cjr.org/year/98/1/long.asp).

Weischenberg, Siegfried: »Investigativer Journalismus und ›kapitalistischer Realismus‹. Zu den Strukturbedingungen eines anderen Paradigmas der Berichterstattung«. In: *Rundfunk und Fernsehen* 3-4/1983, S. 349-369.

–: »Journalismus als soziales System«. In: Merten u.a. 1994, S. 427-454.

–: »Selbstbezug und Grenzverkehr. Zum Beziehungsgefüge zwischen Journalismus und Public Relations«. In: *public relations forum* 1/97, 1997, S. 6-9.

–: *Nachrichten-Journalismus. Anleitungen und Qualitäts-Standards für die Medienpraxis.* Wiesbaden 2001.

– (Hg.): *Medien-Qualitäten: öffentliche Kommunikation zwischen ökonomischem Kalkül und Sozialverantwortung* (Jahrestagung der dt. Ges. für Publizistik- und Kommunikationswissenschaft Hamburg 2005). Konstanz 2006.

–: »Nischendasein oder Nichtsein? Fragezeichen zu Thesen über Spezialisierung und Entdifferenzierung im Journalismus (Keynote)«. In: Dernbach, Beatrice/Quandt, Thorsten (Hg.): *Spezialisierung im Journalismus.* Wiesbaden 2009, S. 23-36.

– /Altmeppen, Klaus Dieter/Löffelholz, Martin (Hg.): *Die Zukunft des Journalismus. Technologische, ökonomische und redaktionelle Trends.* Opladen 1994.

– /Kriener, Markus. Unter Mitarb. von Wiebke Loosen: *Journalistik: Theorie und Praxis aktueller Medienkommunikation.* Bd. 1 (*Mediensysteme, Medienethik, Medieninstitutionen*) und 2 (verf. von Siegfried Weischenberg). Opladen, Wiesbaden. 1992; 2004 (Bd.1), 1995 (Bd.2).

– /Malik, Maja/Scholl, Martin: *Die Souffleure der Mediengesellschaft: Report über die Journalisten in Deutschland.* Konstanz 2006.

Weissenberger, Klaus: *Prosakunst ohne Erzählen.* Tübingen 1985.

Welke, Martin: »Zeitung und Öffentlichkeit im 18. Jahrhundert«. In: *Presse und Geschichte. Neue Beitr. zur histor. Kommunikationsforschung.* Band 1: *Referate einer internationalen Fachkonferenz der Deutschen Forschungsgemeinschaft und der Deutschen Presseforschung, Universität Bremen.* München 1977, S. 71-99.

– /Fuchs, Boris (Beitr.), Institut für Zeitungsforschung der Stadt Dortmund (Hg): *Zeitungsdruck. Die Entwicklung der Technik vom 17. zum 20. Jahrhundert.* München 2000.

Werner, Horst: *Fernsehen machen.* Konstanz 2009.

Westermann, Klaus: *Joseph Roth, Journalist. Eine Karriere 1915-1939.* Bonn 1987.

Weßler, Hartmut u.a. (Hg.): *Perspektiven der Medienkritik – die gesellschaftliche Auseinandersetzung mit öffentlicher Kommunikation in der Mediengesellschaft; Dieter Roß zum 60. Geburtstag.* Opladen 1997.

Wetzstein, Thomas/Dahm Hermann u.a.: *Datenreisende. Die Kultur der Computernetze.* Opladen 1995.

White, David Manning: »The ›Gatekeeper‹: A Case Study in the Selection of News«. In: *Journalism Quarterly* 27 (1950), S. 383-390.

Wiegerling, Klaus: *Medienethik.* Stuttgart 1998.

Wiener, Joel H. (ed.): *The New Journalism in Britain, 1850s to 1914.* Westport (Conn.) 1988.

Wildermann, Rudolf/Kaltenfleiter, Werner: *Funktionen der Massenmedien.* Frankfurt a.M. u.a. 1965.

Wilke, Jürgen: *Literarische Zeitschriften des 18. Jahrhunderts (1688-1789).* 2. Bd., Stuttgart 1978.

–: »Zeitung«. In: Faulstich, Werner (Hg.): *Kritische Stichwörter zur Medienwissenschaft.* München 1979, S. 373-417.

– (Hg.): *Telegraphenbüros und Nachrichtenagenturen in Deutschland. Untersuchungen zu ihrer Geschichte bis 1949.* München 1991.

–: »Einleitung: Überblick und Phasengliederung«. In: Wilke, Jürgen (Hg.): *Mediengeschichte der Bundesrepublik Deutschland.* Köln, Weimar, Wien 1999, S. 15-30.

–: »Leitmedien und Zielgruppenorgane«. In: Wilke 1999, S. 302-329.

–: »Zukunft Multimedia«. In: Wilke 1999, S. 751-774.

–: *Presseanweisungen im zwanzigsten Jahrhundert Erster Weltkrieg – Drittes Reich – DDR.* Köln, Weimar, Wien 2007.

–: (Hg.): *Journalisten und Journalismus in der DDR: Berufsorganisation – Westkorrespondenten – »Der Schwarze Kanal«,* Köln, Weimar, Wien 2007b.

–: *Grundzüge der Medien- und Kommunikationsgeschichte. Von den Anfängen bis ins 20. Jahrhundert.* Köln, Weimar, Wien 2000 (2. erg. Aufl. ebd. 2008).

– /Noelle-Neumann, Elisabeth:»Pressegeschichte«. In: Noelle-Neumann, Elisabeth/Schulz, Winfried/Wilke, Jürgen: *Fischer Lexikon Publizistik und Massenkommunikation.* Frankfurt a.M. 1990, S. 287-313.

Winkels, Hubert: *Leselust und Bildermacht: über Literatur, Fernsehen und Neue Medien.* Frankfurt a.M. 1999.

Wischermann, Ulla: *Frauenpublizistik und Journalismus. Vom Vormärz bis zur Revolution von 1848.* Weinheim 1998.

Wittmann, Reinhard: *Geschichte des deutschen Buchhandels.* Erw. Ausg. München 1999a.

–: »Gibt es eine Leserevolution am Ende des 18. Jahrhunderts?« In: Chartier, Roger/Cavallo, Guglielmo (Hg.): *Die Welt des Lesens. Von der Schriftrolle zum Bildschirm.* Frankfurt a.M., New York, 1999b, S. 419-454.

Wittwen, Andreas: *Infotainment. Fernsehnachrichten zwischen Information und Unterhaltung.* Bern u.a. 1995.

Wolfe, Tom: *The Kandy-Kolored Tangerine-Flake Streamline Baby.* New York 1965.

–: *The Bonfire of the Vanities.* New York 1987. (Dt.: *Fegefeuer der Eitelkeiten.* Aus d. Amerikan. von Benjamin Schwarz. München 1988).

Wolff, Volker: *ABC des Zeitungs- und Zeitschriftenjournalismus.* Konstanz 2006.

Wunden, Wolfgang (Hg.): *Medien zwischen Markt und Moral. Beiträge zur Medienethik, Bd.1.* Stuttgart 1989.

– (Hg.): *Öffentlichkeit und Kommunikationskultur. Beiträge zur Medienethik, Bd.2.* Stuttgart 1994.

– (Hg.): *Wahrheit als Medienqualität. Beiträge zur Medienethik, Bd. 3.* Stuttgart 1996.

– (Hg.): *Freiheit und Medien. Beiträge zur Medienethik, Bd. 4.* Stuttgart, 1998.

Wunderlich, Christine: »Telegraphische Nachrichtenbüros in Deutschland bis zum Ersten Weltkrieg«. In: Wilke, Jürgen (Hg.): *Telegraphenbüros und Nachrichtenagenturen in Deutschland.* München, New York, London, Paris 1991, S. 23-86.

Wuthenow, Ralph-Rainer: »Literaturkritik, Tradition und Politik. Zum deutschen Essay in der Weimarer Republik«. In: Rothe, Wolfgang (Hg.): *Die deutsche Literatur in der Weimarer Republik.* Stuttgart 1974, S. 434-457.

Zehnder, Matthias W.: »Die Dekonstruktion der Journalisten. Wie das Internet Arbeit und Rolle der Journalisten verändert«. In: Pfammatter, René (Hg.): *MultiMediaMania. Reflexionen zu Aspekten Neuer Medien.* Konstanz 1998, S. 181-190.

Zimmer, Dieter E.: »Leuchtbojen auf einem Ozean der Gutwilligkeit. Wie die deutsche Sprache unter ihre Betroffenen fiel«. In: *Die Zeit*, Nr. 9 vom 23.2.1996, S. 56.

Zimmermann, Clemens: *Medien im Nationalsozialismus: Deutschland 1933-1945, Italien 1922-1943, Spanien 1936-1951.* Wien u.a. 2007.

Zindel, Udo/Rein, Wolfgang (Hg.): *Das Radio-Feature. Ein Werkstattbuch.* 2. überarb. Aufl. Konstanz 2007.

Zons, Achim: »Den Leser an die Hand nehmen«. In: Mast, Claudia (Hg.): *ABC des Journalismus. Ein Leitfaden für die Redaktionsarbeit.* 11. überarb. Aufl. Konstanz 2008, S. 292-296.

Zschunke, Peter: *Agenturjournalismus. Nachrichtenschreiben im Sekundentakt.* 2. überarb. Aufl. Konstanz 2000.

–: »*Agenturjournalismus - eine Einführung« (überarb. Fassung von Peter Zschunke:* »Agenturjournalismus«). In: Brauner, Detlev J. u.a. (Hg.): *Lexikon der Presse- und Öffentlichkeitsarbeit.* München, Wien 2001 (auch unter: http://www.agenturjournalismus.de/einfuehrung.html, 13.6.2009).

Personenregister

Sammlung Metzler

Printed in the United States
By Bookmasters